U0450539

NATIONAL GEOGRAPHIC

人 类 简 史

［美］理查德·波茨（Richard Potts）　［美］克里斯托弗·斯隆（Christopher Sloan）/ 著
惠家明　刘洋　郭林 / 译

天津出版传媒集团

天津人民出版社

Copyright © 2010 Smithsonian Institution
Simplified Chinese Edition Copyright © 2025 Beijing Highlight Press Co., Ltd
All rights reserved. Reproduction of the whole or any part of the contents without written permission from the publisher is prohibited.
NATIONAL GEOGRAPHIC and Yellow Border Design are trademarks of the National Geographic Society, used under license.
This edition is published by Beijing Highlight Press Co., Ltd under licensing agreement with National Geographic Partners, LLC.

著作权合同登记号 图字：02-2024-109 号

图书在版编目（CIP）数据

人类简史 /（美）理查德·波茨，（美）克里斯托弗·斯隆著；惠家明，刘洋，郭林译. -- 天津：天津人民出版社，2025. 3. -- ISBN 978-7-201-20596-0

Ⅰ. K02-49

中国国家版本馆 CIP 数据核字第 202478GV46 号

人类简史
RENLEI JIANSHI

出　　版	天津人民出版社
出 版 人	刘锦泉
地　　址	天津市和平区西康路 35 号康岳大厦
邮政编码	300051
邮购电话	（022）23332469
电子信箱	reader@tjrmcbs.com
责任编辑	佟　鑫
特约编辑	申　晨　王玮红
装帧设计	姜　姜
印　　刷	河北尚唐印刷包装有限公司
经　　销	新华书店
开　　本	700 毫米 ×980 毫米　1/16
印　　张	14.5
字　　数	195 千字
版次印次	2025 年 3 月第 1 版　2025 年 3 月第 1 次印刷
定　　价	68.00 元

版权所有　侵权必究

图书如出现印装质量问题，请致电联系调换（022-23332469）

WHAT DOES IT MEAN TO BE HUMAN?

目录
CONTENT

前言　人类特性从何而来？　2
导言　生命起源的意义　4

第一部分
从古猿到智人

第 1 章　灵长类动物的遗产 …… 20
第 2 章　人类谱系树 ………… 34
第 3 章　适者生存 …………… 52

第二部分
人类独特性的开端

第 4 章	迈出第一步	……………	70
第 5 章	家庭和成长	……………	84
第 6 章	工具和食物	……………	100
第 7 章	人体的比例	……………	114
第 8 章	大脑的进化	……………	128

第三部分
现代人类行为的源头

第 9 章	人类的创新	…………	148
第 10 章	想象力的源头	………	162
第 11 章	一个遍布全球的物种		178
第 12 章	历史的转折点	………	194

尾声	未来还属于我们吗?	208
附录	术语表	224
图片来源	226	

前言

人类特性从何而来？

克里斯蒂安·桑佩尔
（Cristián Samper）

人类的起源是科学最基本的问题之一，而这本书可以为我们提供答案。《人类简史》（What Does It Mean to Be Human?）将引领我们踏上一段史诗般的旅程，探索在横跨600万年的时间长河中，人类的特征是怎样进行演化的。它将揭示人类独一无二的体质特征、行为以及与周边环境的互动方式是怎样在我们祖先急剧动荡的生活状态下逐渐形成的。

这本书的出版恰逢科学发现层出不穷的时期，科学家因而获得了拼成人类进化史"拼图"的前所未有的良机。史密森学会美国自然历史博物馆彼得·巴克（Peter Buck）人类起源项目主席——里克·波茨（里克是理查德的昵称），将与《国家地理》杂志古人类专栏编辑克里斯·斯隆（克里斯是克里斯托弗的简称）一起，为我们讲述人类演化的故事。

几年前，我有幸在里克·波茨的帮助下参观了史密森学会（Smithsonian Institution）在肯尼亚奥洛格赛利（Olorgesailie）地区的研究站。我和妻子在干涸的土地上徒步了几天，见到了几百万年来我们充满创造精神的祖先曾经生活的地方。他们制造出大量的工具，这些工具有助于早期人类掌控生活环境。并不是所有人都和我一样有机会亲眼得见远古人类生活的世界，而这本书将会给您提供这样一个体验的机会。

史密森学会美国自然历史博物馆戴维·科克（David H. Koch）人类起源馆在2010年3月17日宣告向公众开放，这一天正值该博物馆成立 100 周年。这本书按计划用于充当戴维·科克人类起源馆的参观手册。没有那些慷慨无私的朋友们的帮助,尤其是戴维·科克和彼得·巴克的帮助,这一展览和这本书都绝无实现的可能。这些对科学、教育以及我们人类起源研究项目热诚奉献的学者足以成为每一个人的榜样。

我相信这本书会帮助大家更好地理解 600 万年来人类在面对变化的世界时所走过的旅程。欢迎你们在不久的将来参观史密森学会的戴维·科克人类起源馆。

克里斯蒂安·桑佩尔
美国自然历史博物馆馆长

下图
黑猩猩与人类的手相遇喻示着人类与自然世界的联结。

导言

生命起源的意义

生而为人，意义何在？面对着从世界各地来参观人类起源展览的观众，里克·波茨时常问起这个问题。观众们的答案五花八门，其中有一些答案令人惊讶。例如：人类可以创造并欣赏美；我们可以选择破坏周遭世界，但也可以选择去关爱它；我们有操作遥控装置的能力；我们的体毛很少——除了我认识的个别人；我们有大拇指，多么神奇的大拇指；人类可以怀念祖先，憧憬未来……其实所有这些答案都证明，大家对于自己是谁、从何而来，各自有着自己的思索和体会。与此同时，科学家们正在将有关人类演化的证据拼接在一起。

人类起源的问题触及人类未解之谜的根本。千百年来，世界各地的宗教、神话塑造着人们对于自身从何而来以及人类身份的认知。然而，人类起源的新发现却对此提出了挑战。一门足以改变人类对自身起源以及对自我认知的科学，既有可能获得热情的拥护，也有可能因为彻底改变了人类有关自身与世界的定位等核心信仰而被无视，甚至遭到嘲笑。

尽管在查尔斯·达尔文（Charles Darwin）之前便有其他学者提出过进化思想，但是达尔文关于物种起源提出的综合论据受到了公众最大程度的关注，同时，也遭到了最大规模的抵制。达尔文将他细致入微的观察和实验结果融入以下这一假说：物种是在漫长的自然演变中形成的。反对者认为所有物种都是上帝创造的，达尔文直面了这些反对的声音。他提出，随着时间的推移，地球上的生物会逐渐适应周边环境，这一过程被他称为自然选择。自然选择推动了新物种的形

右页图

古斯塔夫·克里木特（Gustav Klimt）的画作《生命之树》（Tree of Life）的局部图。该作品呈现了克里木特对于这一通行符号充满想象力的诠释。

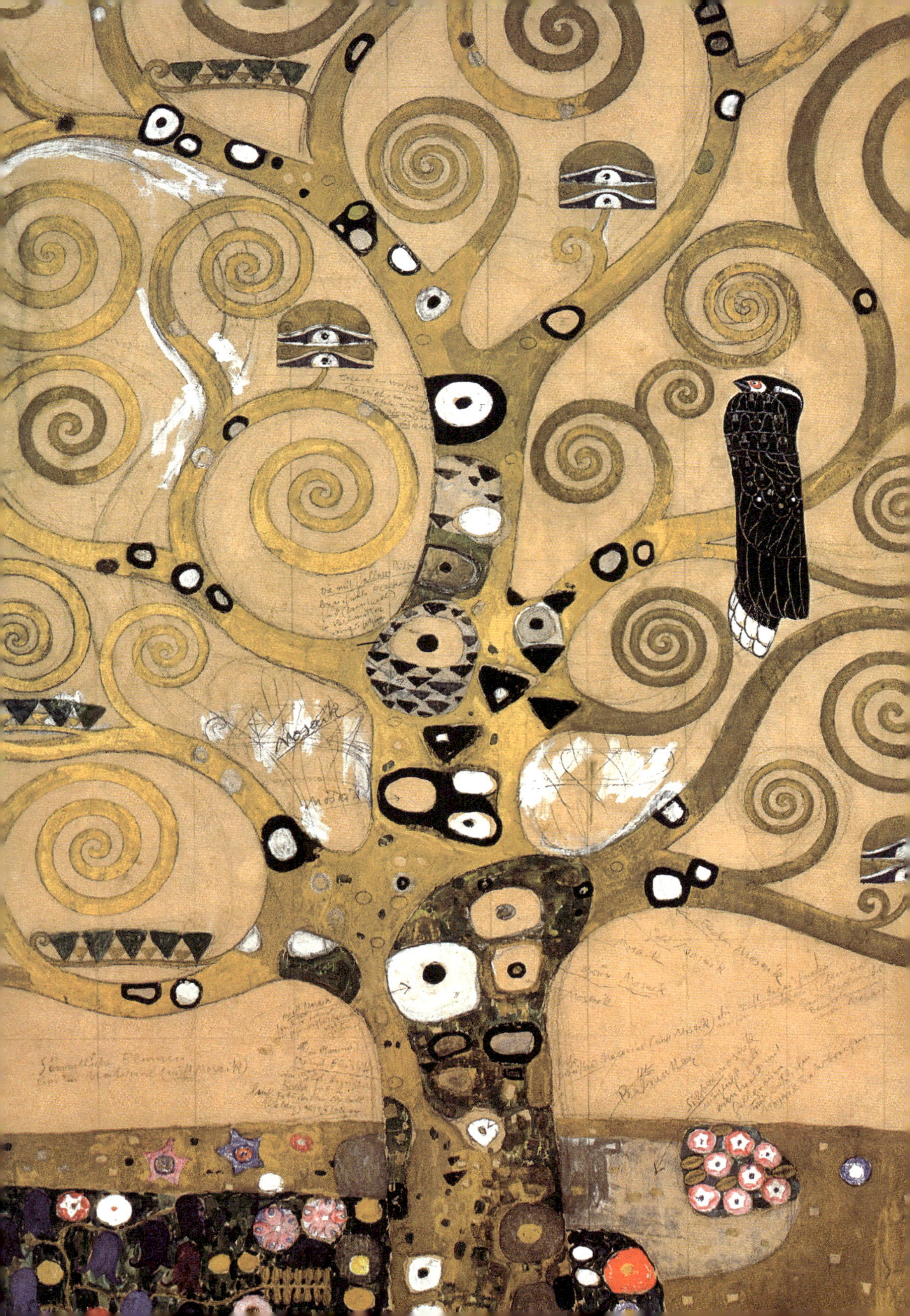
Mosaik

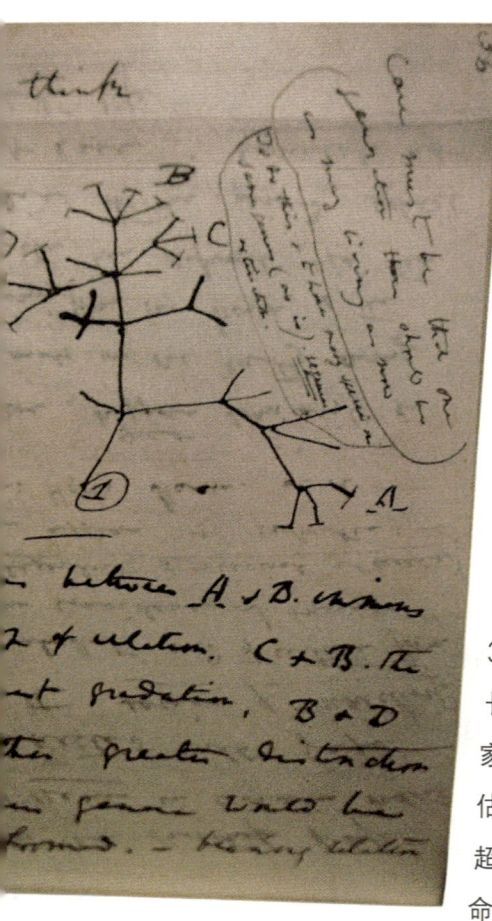

上图

查尔斯·达尔文在 1837 年的一本笔记中勾勒的"生命之树"。它代表着一位伟人所提炼出的伟大思想：现生植物和动物都是由同一个祖先变异和演化而来的。

成，造就了当今世界的生物多样性。进化论这一"大创见"（big idea）认为所有的有机生物在某种程度上彼此关联，回溯时间长河，它们有着共同的祖先。生命像一棵巨大的亲缘关系树，而并非各自独立形成的物种阵列。达尔文还意识到进化的过程包含灭绝，某些生命形式终将走向末路。也就是说，生命之树的枝条会在地球上的各个生命时期被加以修剪。

1882 年，当达尔文去世时，支持他的假说的证据依然很少，其中一大难题是缺少相应的化石证据。物种间的过渡型，尤其是主要的生物类群之间的过渡型更是罕见。《物种起源》出版 30 多年后，人们仍然不知道地球的历史到底有多长，是否足以允许进化发生。当时最著名的物理学家开尔文勋爵（Lord Kelvin）根据地球的冷却速率估算，地球从熔融状态冷却到现在的温度耗时不会超过数千万年。这一估算对达尔文的理论来说是致命的，因为达尔文认为地球上的生物要逐渐演化成如今的模样，至少需要几亿年。

在 1882 年，人们对 DNA（脱氧核糖核酸）这种包含着生命有机体遗传密码的大分子仍一无所知，当然，更不会有人知道 DNA 可以成为检测生物间亲缘关系的强大工具。奥古斯丁修道院的修道士格雷戈尔·孟德尔（Gregor Mendel）在其很大程度上被大众忽略的论文《植物杂交实验》（*Experiments with Plant Hybrids*）中，依据对豌豆进行的实验，描述了遗传学的基本规律。但是，达尔文与其他学者并没有注意到基因，更不清楚基因的化学构成如何在代与代之间建立起蕴含大量变异的基因池。达尔文所知道的仅仅是他的理论的关键在于新的类型或变异，现在我们知道这其实是基因的突变和重组。达尔文的设想如果是正确的，那么一定存在着某种方式，能够创造极为丰富的原始形态，以此作为通过自然选择形成塑造有机生物不同特征的起始点，并最终演化出地球上种类繁多的生物物种。尽管达尔文对新的变异进行了实验和描述，期望证明某些变异使有机体更易存活和繁衍，但人们仍不能通过田野调查来证明自然选择在野外环境中的重要性。

下图

缘于数十亿年的进化，人类和其他所有生物体共享一些同源基因。生物体基因的相似程度反映出生命之树上不同物种之间的亲缘远近。

人类和黑猩猩有 **98.8%** 的基因相似性

人类和鼠类有 **85%** 的基因相似性

人类和大猩猩有 **98.4%** 的基因相似性

人类和鸡有 **75%** 的基因相似性

人类和红毛猩猩有 **96.9%** 的基因相似性

现代人的各个族群之间有 **99.9%** 的基因相似性

人类和香蕉树有 **60%** 的基因相似性

人类和恒河猴有 **93%** 的基因相似性

右页图
作为生物特征的拼接体，人体含有许多远比 800 万—600 万年前人类谱系出现前更早期的物种所具备的特征。

任何变数都有可能推翻他的理论。不过，达尔文对于生物学的贡献已经扬名天下，因为来自物理学、化学、古生物学、基因组学等学科的发现，为生物适应环境的过程、所有生物体间的相关性、各个物种起源与灭绝的历史以及由此而来的生物多样性的起落提供了不容辩驳的证据。科学就是一段批判修正的过程，20 世纪对达尔文进化论的检验已经将其最初的版本升华到了新的高度。

在达尔文逝世的那个时期，人们除发现了一些尼安德特人（Neanderthals）化石以外，没有发现其他任何有关人类演化的化石证据。而如今，我们已经发现了超过 6000 具早期人类的化石，从独立的牙齿到近乎完整的整具人体骨架，这些化石的时间跨度长达 600 万年。对任何大型哺乳动物种

人类在世界各地的起源

人们对于人类起源的好奇与探求，在世界各地的神话故事中都有充分的体现。以下仅选取几个例子来说明不同族群如何解释人类从何而来以及我们在宇宙中所处的位置。

- **马来群岛加里曼丹岛西北部的卡扬人（Kayan）**：一条藤蔓与一棵从太阳中掉落的木头长出的大树纠缠在一起。大树生下了一对双胞胎。他们相互结合，成为人类的始祖。
- **尼日利亚的约鲁巴人（Yoruba）**：天空神之一的奥巴塔拉（Obatala）创造了大地，并从黏土中造人，将他们放在太阳下烘干。至高无上神奥罗伦（Olorun）向人类吹入生命之息，指导人类做他们该做的事情。
- **危地马拉的基切-玛雅人（Quiché Maya）**：造物者首先想用泥土造人，后来改用木头，但是都失败了，最后成功地从玉米中造出了人类。
- **伊朗的波斯人（Persia）**：在一个被杀的早期人类的鲜血中长出了一根芦苇。在这根芦苇中分别长出一名男子和一名女子，他们便是人类第一对夫妻。

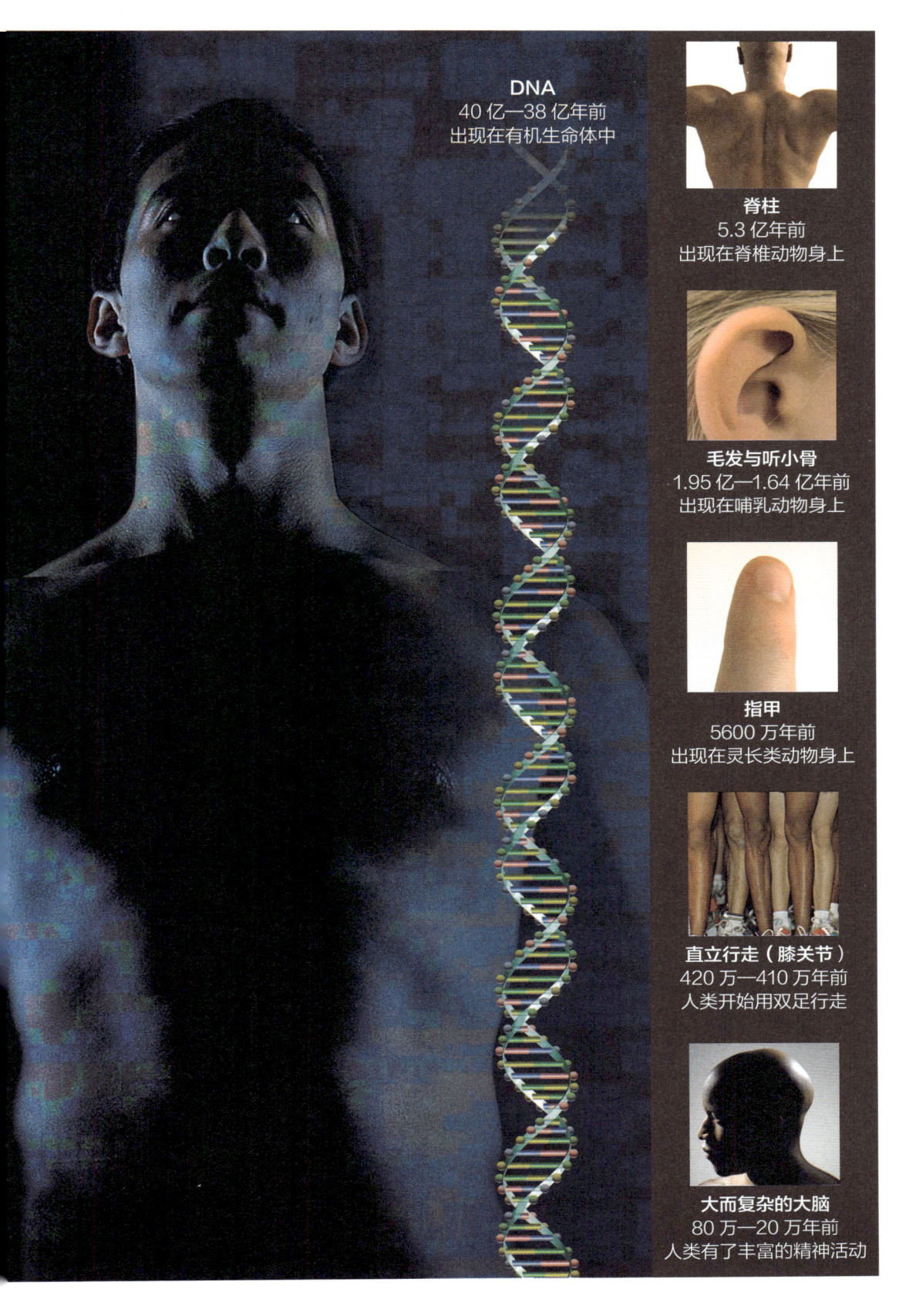

DNA
40 亿—38 亿年前
出现在有机生命体中

脊柱
5.3 亿年前
出现在脊椎动物身上

毛发与听小骨
1.95 亿—1.64 亿年前
出现在哺乳动物身上

指甲
5600 万年前
出现在灵长类动物身上

直立行走（膝关节）
420 万—410 万年前
人类开始用双足行走

大而复杂的大脑
80 万—20 万年前
人类有了丰富的精神活动

群来说，这些化石都足以建立极有价值的化石库。该领域的研究者可以借此追踪人类大脑、体型、颅骨形状的许多关键转变，以及牙齿细微结构与骨骼的变化。我们可以通过计算机断层扫描术（computer tomography，CT）和扫描电子显微镜（scanning electron microscope，SEM）等先进的医学技术来深入研究化石的内部及表面细节。这些进步给我们带来了一些新的见解，例如，早期人类婴儿要用多长时间长大成人，以及不同的饮食习惯在我们祖先的牙齿上形成了何种特定的划痕与凹坑。

此外，遗留在成千上万座考古遗址中的难以计数的工具及其他人工制品，向我们揭示了我们的祖先是如何创造出各类技术，到哪里去采集用来制作工具的石料，如何获取足够的食物，以及从什么时候开始学会用火。原始石器为我们了解人类起源的地理分布以及这些祖先的生存环境提供了丰富的线索。早期人类留下的雕像、岩画、贝壳项链则揭示出抽象行为成为人类生活的关键构成及人类社群出现分化与互动的具体时点。

随着科学家对地质形成的物理学与化学原理的逐步理解，地球生命经历了40亿年演化的观点取代了以前达尔文提出的生物多样性的进化需要数亿年的假说。至于人类起源的时间，我们已经掌握了10多种技术可以对含有化石的岩层或化石本身进行年代测定以及数据对比。相比于19世纪科学家们的想象，我们现在对人类起源时间的判定的精确性已经大为提高。

人类直到20世纪50年代才发现了DNA的双螺旋结构及其功能，从而为检测个体乃至种群之间的基因关联开辟出一条道路。达尔文对基因学一无所知，但是根据进化原理，他预测人类与其他灵长类动物共同的祖先将在非洲猿类栖居的非洲大陆上被发现。人们原本以为非洲猿类的基因最接近于狐猴或其他与人类亲缘关系较远的灵长类动物。实际上，在所有哺乳动物之中，黑猩猩和大猩猩的基因与人类是最相似的。

通过化石猎人在各个大陆数十年的搜寻，我们现在知道最早的人类化石很多来自非洲。因此，作者认为非洲可以被称为"人类的摇篮"。新的发现让我们能够愈加深入地审视800万—600万年前的一次物种分化[①]，根据DNA研究，当时黑猩猩与人类的进化路径出现了分岔，分化中人类这一支的骨骼化石与猿类非常接近。随着古生物学家不断发现陆生哺乳动物与鲸类、鱼类与高等脊椎动物、"恐怖的蜥蜴"恐龙与鸟类之间过渡型的化石，研究者在人类进化之路上也补充了越来越多的过渡型。

进化史上的里程碑

对化石这一宝藏的搜寻还在以惊人的速度进行，在过去的20年里，研究者在人类的谱系树中至少加入了6个新的化石种类。本书没有对搜寻化石的过程以及这些发现的激动人心之处做正式的说明，因为旨在聚焦人类漫长的进化史上具有里程碑意义的事件，即标志着所有人类共同的进化史的那些物种特性的出现。现在我们可以肯定地说，直立行走在进化序列里一定先于人类对工具的使用。这两种进步又远远早于大脑容量的扩展以及更晚期的制作抽象器具和艺术品能力的出现。这些特征只在一小群古人类中露出了微光，因为当时人类还必须每天四处觅食。向农业这一生活方式的转变发生得更晚，后来人类才会储存食物并且借由耕种和收获供养更多的人。我们的地球如今之所以能够成为数十亿人的家园，

[①] 事实上，600万年是人类进化史的大致时间。人类与非洲大猿的共同祖先于800万—600万年前发生分化，故称人类的历史最早开始于600万年前。——译者注

进化论提出的挑战

对于进化论的科学研究依然火热，新的发现或进展时常占据各类媒体的头版头条。尽管公众对此有着不小的兴趣，但有一些人仍然认为，从宗教的角度来看，进化论是让人难以接受的。在这件事情上，公众两极分化的舆论受到关注，而现代宗教对于进化论的多样反应却遭到了忽视。基于此，我们获得了一个良机，营造科学与宗教之间是具有创造性关系的，不必假定人类进化的科学发现与宗教信仰之间必然要面临冲突。

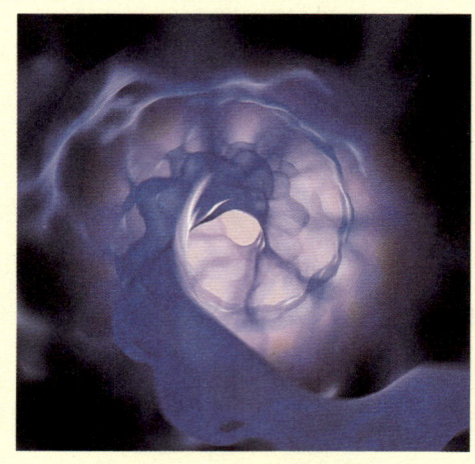

上图 艺术家笔下的 DNA 双螺旋结构。当前许多有关生命起源与演化历史的科学发现都与它有关。

我们可以用很多不同的方式来处理科学与宗教之间的关系。例如，我们可以将科学和宗教视为两个各自独立的领域，它们分别提出不同的问题，科学研究自然界，而宗教则帮我们理解上帝。这一方式要求尊重和维持清晰的边界，但是有时候的确忽略了科学解释会给宗教信仰带来冲击。当有人想要取消这种方式所要求的相互独立时，冲突便会出现。无论是科学还是宗教，一旦它设定了非此即彼的真理标准，二者的冲突就会被迅速激化。另一种替代性的处理方式是用更积极的态度看待科学与宗教之间的纽带，这包括：个体将自身对科学和宗教的理解相结合；宗教组织发布肯定乃至赞赏科学发现的声明；神学家和科学家为寻求共同基础而进行建设性互动，相互尊重，就进化论对了解人类特性的作用分享观点；等等。

从有关公众对进化论的接受程度的调查来看，冲突对于人们对科学研究和当前发现的理解是有阻碍作用的。然而，如果换一个角度来看，我们可以看到相当多对于以下这种观点的支持，即在接受进化论乃至人类也是进化而来的事实基础的同时，仍可以维系自宗教视角理解世界的完整性。

正是源于这一系列不断延绵的里程碑事件,其中充斥着人类祖先的各个分支在数百万年间直面环境变化的适应和形成的变化。

我们知道人类祖先得以幸存的核心是对环境变化的适应。人类600万年的进化史适逢地球历史上气候变化最剧烈的时期之一。这一发现可能让一些人大感惊讶,因为他们认为人类祖先早期的栖居地仅限于干燥的非洲草原或者处于寒冷冰期时的欧洲。然而事实上,人类进化史的标志之一就是生存环境的持续变化。每一代早期人类采集者群体都要面对如何更好地忍受和适应他们所处环境的问题。从长期看来,族群昌盛或灭亡的关键在于如何更好地适应从潮湿多雨到干旱、从寒冷到温暖的气候变化的不确定性。古代气候环境变化与人类起源这两个令人兴奋的科学领域的交叉,为我们提供了审视人类进化的各种证据的全新途径。

人类起源的故事曾经被演绎成一个不断进步与成功的标准版本,而真相却与此背道而驰。研究者发现,在人类谱系树中加入许多新发现的早期人类的化石和支系之后,只有一支人类支系得以存活,早期人类祖先和人类进化路上的许多近亲所特有的多样的生活方式现今已经绝迹。这不仅仅是科学家一时兴起的论断。基因研究表明,在大约10万年前的某一段时间里,人类这一物种几乎行将消亡。当时处于繁育期的智人(*Homo sapiens*)人口减少到只有数千人。回顾人类进化过程中所经历的环境,我们将会发现人类生命的脆弱正是近期有关人类起源研究的内涵之一。这一视角或许也会令那些认为人类有主宰大自然之权力的人们大感惊讶。

人类起源的故事曾经被演绎成一个不断进步与成功的标准版本,而真相却与此背道而驰。

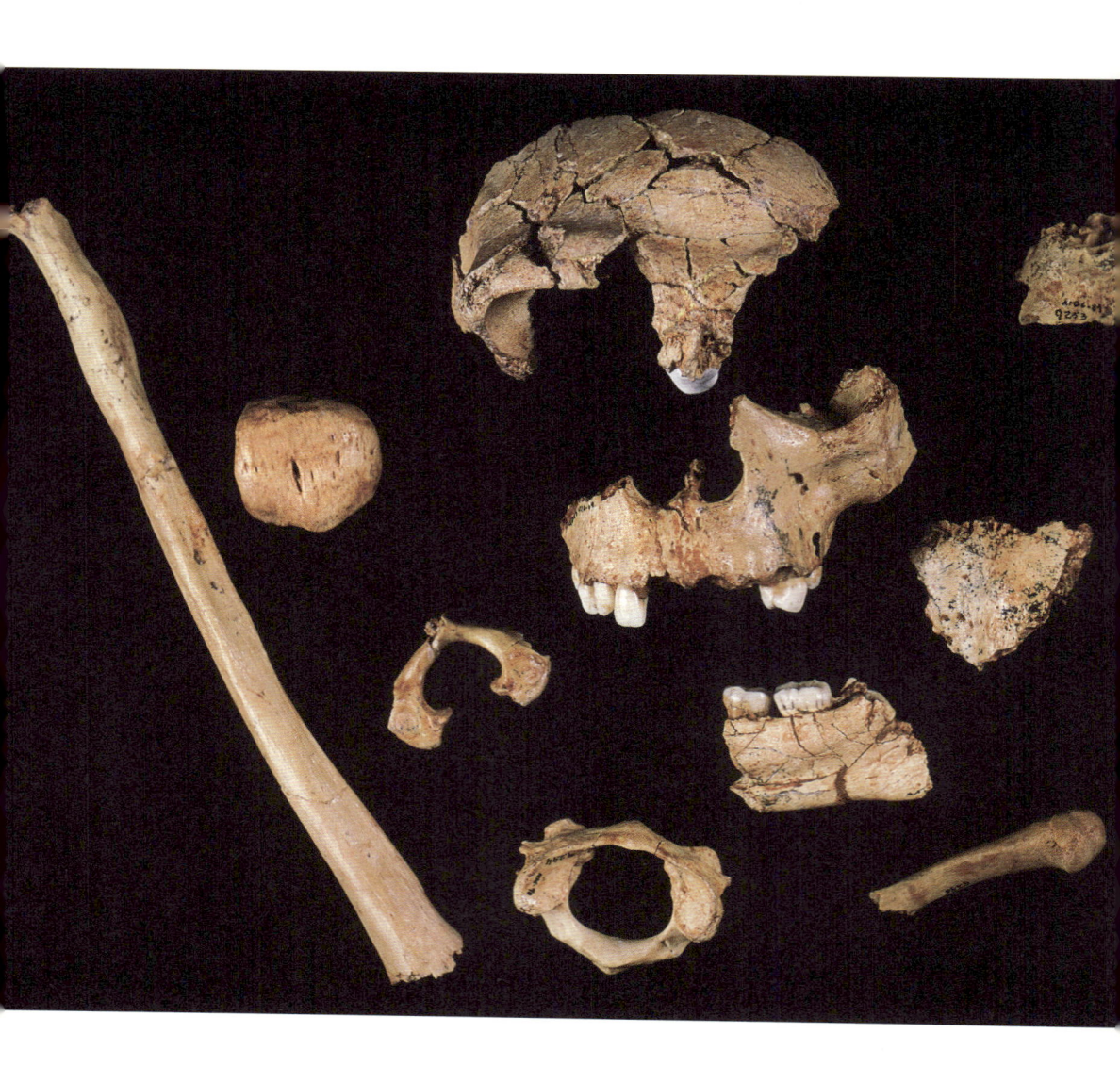

人类演化的核心概念

古人类学这一研究人类起源的学科,由多种学科交叉而成。测定遗址年代需要研究者掌握物理学、化学的核心知识。具备地质学知识对于理解进化史中事件的发生顺序大有裨益。建立环境记录与人类进化的关联,了解自然选择过程中不断变化的环境,要依靠地球科学领域的多种研究方法。化石研究、古生物物种的分类以及后者在谱系树上的分布，需要研究者具备生物学的基础知识。研究智人及其他古人类通过历史上的一系列共同祖先与非洲猿类以及所有其他灵长类动物之间的密切关联，则要靠基因学基本原理的相关知识以及有关 DNA 的研究来解答。可以说，古人类学这一学科领域建立在横跨多领域科学成就的知识基础之上。

因此，公众有时会对人类是否实现了进化或儿童是否应该了解这一完备的知识体系持有深刻的质疑与否定。一般来说，这对于古人类学的研究者和科学家而言是极其难以理解和接受的。从他们的视角来看，这类否定不仅破坏了科学教育的整体目标，也低估了人类因探索世界从而发现新事物所获得的价值。

同样明显的是，科学家也常常误解公众对进化的理解。有时，科学和宗教必然存在冲突的观念还会放大这种误解。对很多人来说，人类的标志性特征在于具有宗教信仰及道德准则，人类灵魂、来生、苦难以及其他有关"我们是谁"的根本命题是无法从实证科学的角度加以解释的。正如一些著作者所认为的那样，所谓科学使得宗教与精神信仰变得可有可无或错漏百出的观点，是一种在科学上站不住脚的哲学观。那些认为进化论会对其所持宗教信仰构成威胁的人，将进化论以及大多数科学学科描绘为不得体的哲学或无神论，而不是一种开启未知世界的富有意义的方式。生物进化无疑是一个客观存在的过程，如同重力、大陆板块漂移以及致病性微生物一样有着坚实有力的科学依据。显然，有关进化的发现与《圣经》中上帝 7 日创世的记载是矛盾的。然而这些事实并不意味着要停止沟通或理解他人，因为许多人接受并衷心认为多元化会令人类的生活更为丰富。

左页图
这些人类骨骼化石于 1994—1995 年出土于格兰多利纳（Gran Dolina）遗址。在本次发掘中，研究人员总共发现了 80 块人类化石，它们至少来自 6 个人，其中既有年轻人，也有老年人。

> 我们就是带着这样的想法写下此书，希望将大家领入探索的大门，看看人类的某些特征对于人类进化的重大意义。

本书致力于探索人类起源的奥秘，然而进化并不是人类存在的唯一意义，人生的意义因人而异。本书的目的恰在于通过当前对人类进化的研究来揭示人性。我们每个人都携带有人类特征突现的证据。人类特征的出现不是一蹴而就的，大量证据表明人类在不断积累同行走方式、大脑运转、与环境进行互动及社会行为复杂化有关的适应力。人类祖先生活环境中的剧变带来生存挑战，而特定性适应的形成则要付出代价。例如，直立行走使得人类容易感到背疼，脑容量的扩大使得母亲生产大脑袋的婴儿很困难。仔细观察一下大猿，我们可以在这些与人类共同进化的近亲身上看到惊人的延续性以及陆续出现在人类进化历程中的一些特征。这些延续性意味着人类是灵长类动物的分支之一。最后，日新月异的化石发现证明人类的谱系树就像所有其他生物的谱系树一样，有许多的分支和多样的变化。

有关人类进化的研究在不断充实着上述这些核心概念。对受到这一话题吸引的研究者来说，关于人类进化的研究不但具有极其深远的意义，还更进一步提出了许多值得思考和追寻的课题。我们就是带着这样的想法写下此书，希望将大家领入探索的大门，看看人类的某些特征对于人类进化的重大意义。

现今

制造出可以捕获迅猛猎物的工具
（10万年前）

植物和动物的驯化
（1.05万年前）

智人的出现
（19.5万年前）

用符号交流
（25万年前）

脑容量快速增长
（50万年前）

童年期和青春期变长
（50万—16万年前）

100万年前

人类进化历史上的里程碑

人类为何如此独特，与其他猿类、灵长类和哺乳动物都全然不同？

人类有许多独特的体质特征与行为。它们不是同时进化出来的，而是人类祖先在长达600万年的时间里应对各种生存挑战时慢慢积累下来的。

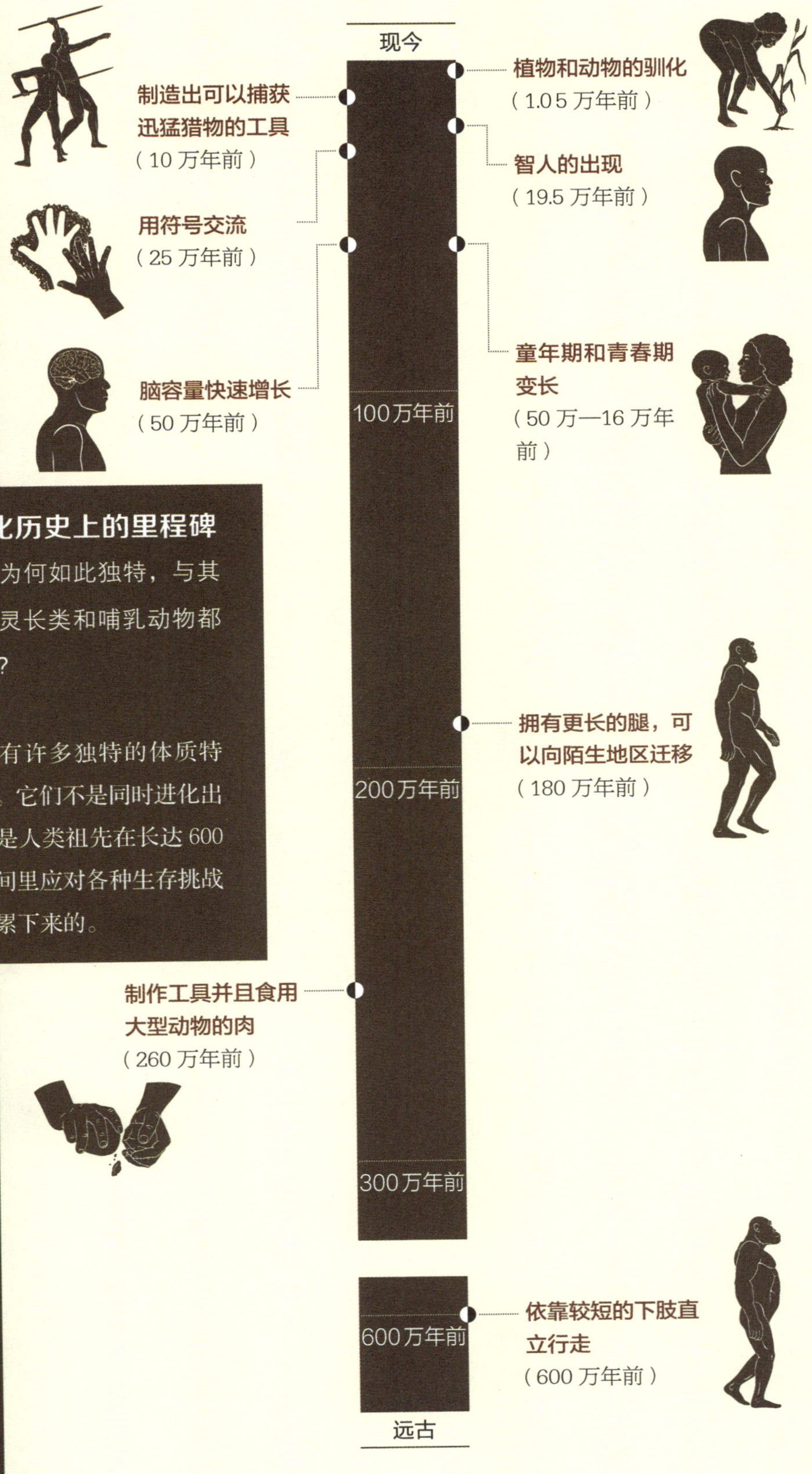

拥有更长的腿，可以向陌生地区迁移
（180万年前）

200万年前

制作工具并且食用大型动物的肉
（260万年前）

300万年前

600万年前

依靠较短的下肢直立行走
（600万年前）

远古

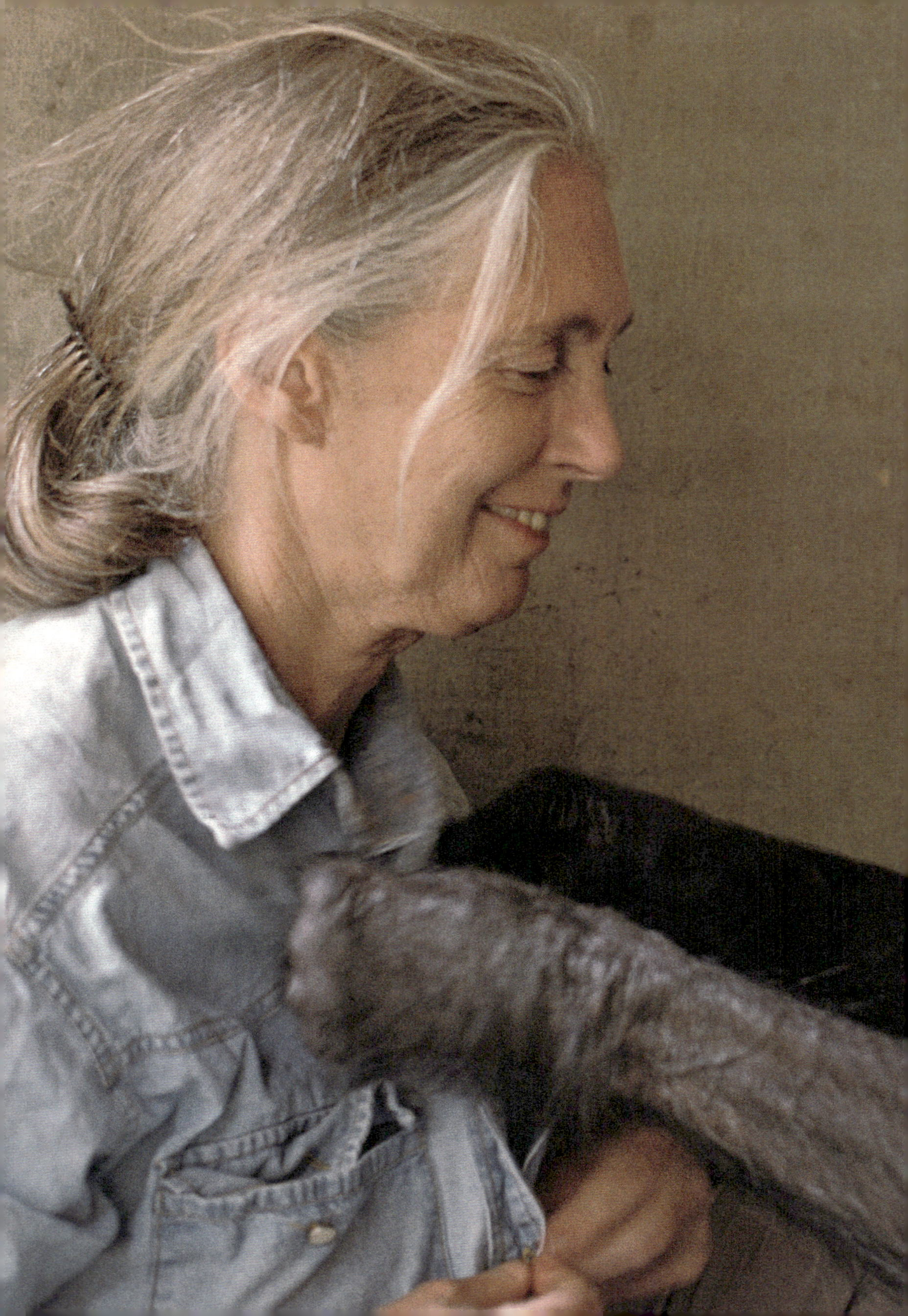

第一部分
从古猿到智人

第1章 | 灵长类动物的遗产　　第2章 | 人类谱系树　　第3章 | 适者生存

第 1 章

灵长类动物的遗产

珍妮·古道尔（Jane Goodall）在其著作《黑猩猩在召唤》（*In the Shadow of Man*）一书中这样写道："虽然不敢相信是真的，但这是我亲眼所见，我看见两只黑猩猩从一小片林中旷地一侧的草丛中露出头窥视着我，那是一只雌性黑猩猩和一只幼崽。当我把头朝向它们时，它们低下了身子，但很快又相继出现在30多米外一棵大树的低矮枝条下。它们几乎一动不动地坐在那里瞧着我。"

18~19 页图

灵长类动物学家珍妮·古道尔的研究有助于弥合人类和猿类之间巨大的沟隙。

右页图

这只雌性成年倭黑猩猩和它们的近亲黑猩猩一样，与人类拥有生活在 800 万—600 万年前的共同祖先。与黑猩猩相比，倭黑猩猩在社会行为的某些方面与人类更加接近。

你能拿起这本书，能读懂它并从中获得知识，看完后把它扔到沙发上，以及在社交网络上把这本书推荐给你的朋友——以上行为都证明你是灵长类动物的一员。能抓握的双手、准确的三维立体视野、灵活的上肢以及学习行为、社交欲望，是人类与狐猴、眼镜猴、猕猴以及猿类共有的特征。除此之外，还有很多特征能够帮助我们把灵长类动物和非灵长类动物区分开来。毋庸置疑，人类应被归为灵长类动物。

著名的生物分类学家卡尔·林奈（Carolus Linnaeus）在 1758 年命名了生物学中的灵长目，并将人类（他称之为智人）、黑猩猩、红毛猩猩、眼镜猴、环尾狐猴以及其他 37 种生物归入其中。早在《物种起源》问世前的一个世纪，人类应被归为灵长类动物就已是再明显不过的事实。通过研究灵长类动物，我们不仅可以观察到这些最接近人类的近亲的行为，还能借此重建人类祖先的演化历史。

人类和地球上现存的大约 250 种灵长类动物共享着大量身体特征。因为有着能对握的大拇指，我们才能用手抓取东西。

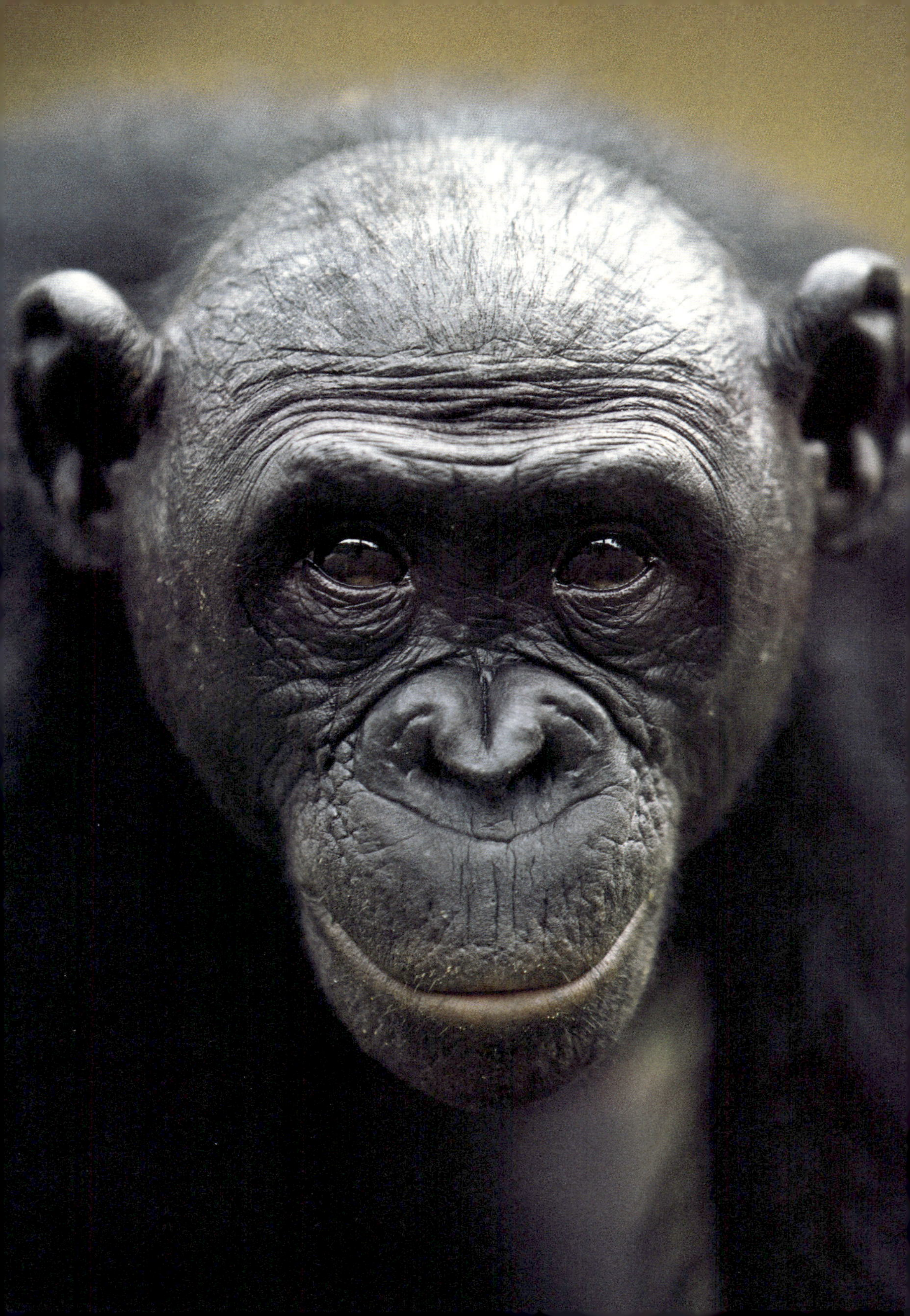

下图

化石和 DNA 证据都表明，人类应被归为灵长类动物，并且是大猿家族中的一员。人类虽然并非由现生猿类进化而来，但是我们和黑猩猩、大猩猩、红毛猩猩及其他猿类有许多相似的特征。

所有灵长类都没有爪而有指甲，这一点使我们的手更加灵活，因此，我们才可以抓握枝条或者单杠以及进行各种精细的操作，例如，梳洗打扮或给自己系鞋带。和其他哺乳动物相比，灵长类动物的脑容量更大，因此，它们能够学习和进行社交活动。灵长类的行为相对复杂，卷尾猴可以向它的同伴展示如何用石块敲开营养又美味的坚果，而雌性黑猩猩懂得如何教它的子女用树枝钩取藏在地下的蚂蚁。人类的大脑能记住成千上万类似的行为。这种对信息的积累才使文明得以发展。

灵长类动物可以将视觉信号与相当丰富的声带发声组合

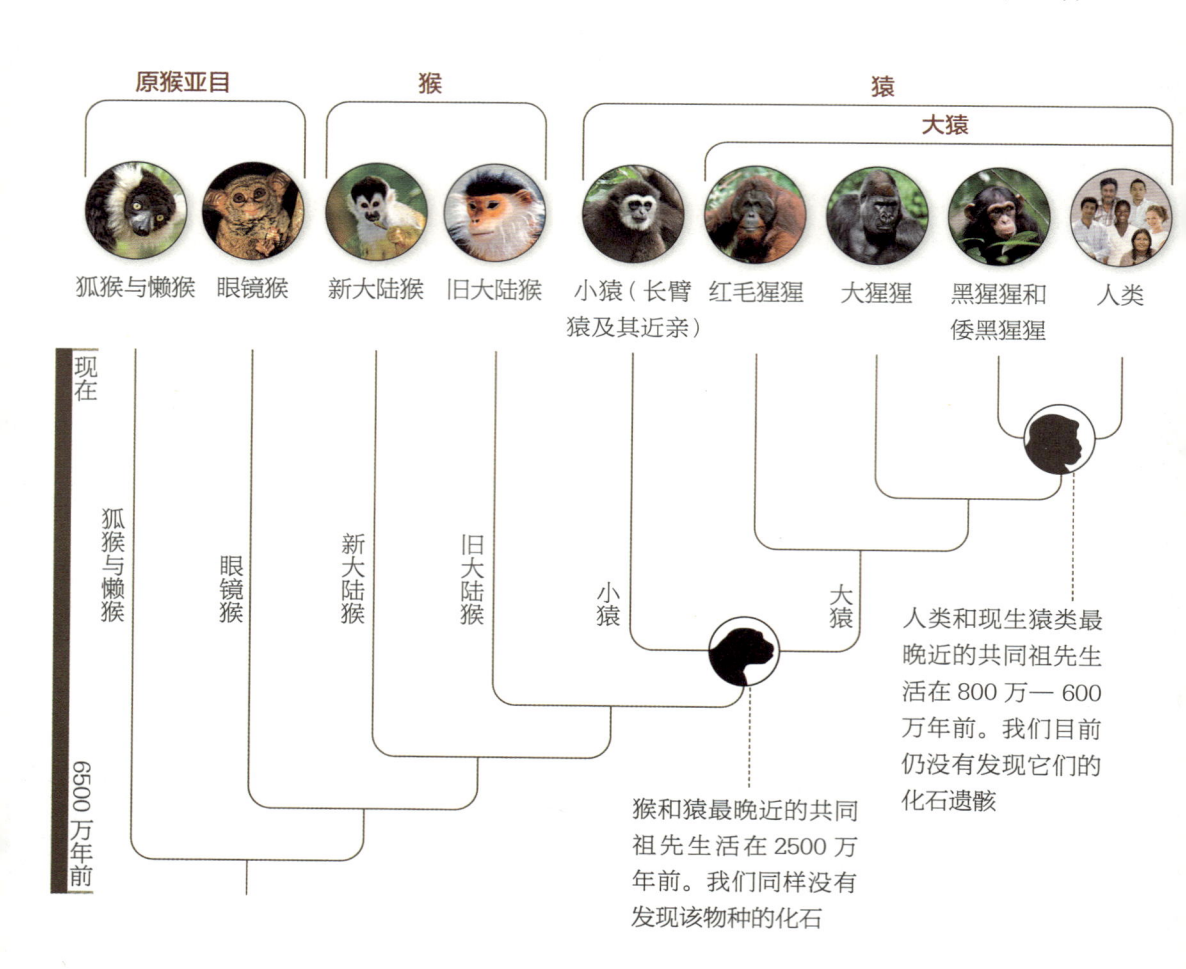

原猴亚目：狐猴与懒猴、眼镜猴
猴：新大陆猴、旧大陆猴
猿：小猿（长臂猿及其近亲）
大猿：红毛猩猩、大猩猩、黑猩猩和倭黑猩猩、人类

现在 — 6500 万年前

猴和猿最晚近的共同祖先生活在 2500 万年前。我们同样没有发现该物种的化石

人类和现生猿类最晚近的共同祖先生活在 800 万—600 万年前。我们目前仍没有发现它们的化石遗骸

起来，从而成为最善于交流的动物之一。灵长类动物的双眼长在头的前部，因此可以做出丰富的面部表情，例如，做鬼脸、传达情感信息以及做出抚慰或威胁的表情。朝向前方的双眼还带来了敏锐的立体视野和完美的手眼配合，而这对于抓捕猎物、判断距离、操纵物体以及在树枝间跳跃来说是十分有利的。然而，我们在视觉中获得的优势，却被嗅觉的退化所抵消。近期一项基因研究表明，灵长类动物辨别色彩的视觉基因的进化导致了其对嗅觉有影响的嗅觉接收基因的退化。将灵长类动物和其他哺乳动物相比较，我们可以看到，相对于大脑的增长，灵长类动物的口鼻部是有所退化的。

灵长类动物展示出许多惊人的移动方式，例如，攀爬、跳跃、奔跑、摇摆、行走、弹跳，它们的移动可以通过四肢来完成，也可通过双臂，甚至只用身体就能进行移动。人类

共同祖先起源于哪里？

人类和非洲大猿的共同祖先最早出现在非洲还是欧亚大陆？在 2300 万—1100 万年前，古猿在这两个地区繁衍得都很兴旺。一些科学家认为生活在欧亚大陆的森林古猿（*Dryopithecus*）和乌朗诺古猿（*Ouranopithecus*）最有可能是人类和非洲大猿的共同祖先，在 900 万—700 万年前，它们中的一支有可能由于欧亚大陆气候变冷而退回到非洲温暖的热带栖息地。欧亚大陆的古猿随后在非洲分化出了最终演变为现生猿类和人类的支系。

然而，其他科学家认为现在在非洲发现的化石资料还太少，不足以排除人类与非洲大猿的共同祖先是在非洲本土出现继而分化的。最近的两项新发现——来自肯尼亚的纳卡里猿（*Nakalipithecus*）和来自埃塞俄比亚的脉络猿（*Chororapithecus*）有可能支持非洲起源的观点。我们目前只能期待更多的化石发现，以便澄清这一人类进化史上的核心问题。

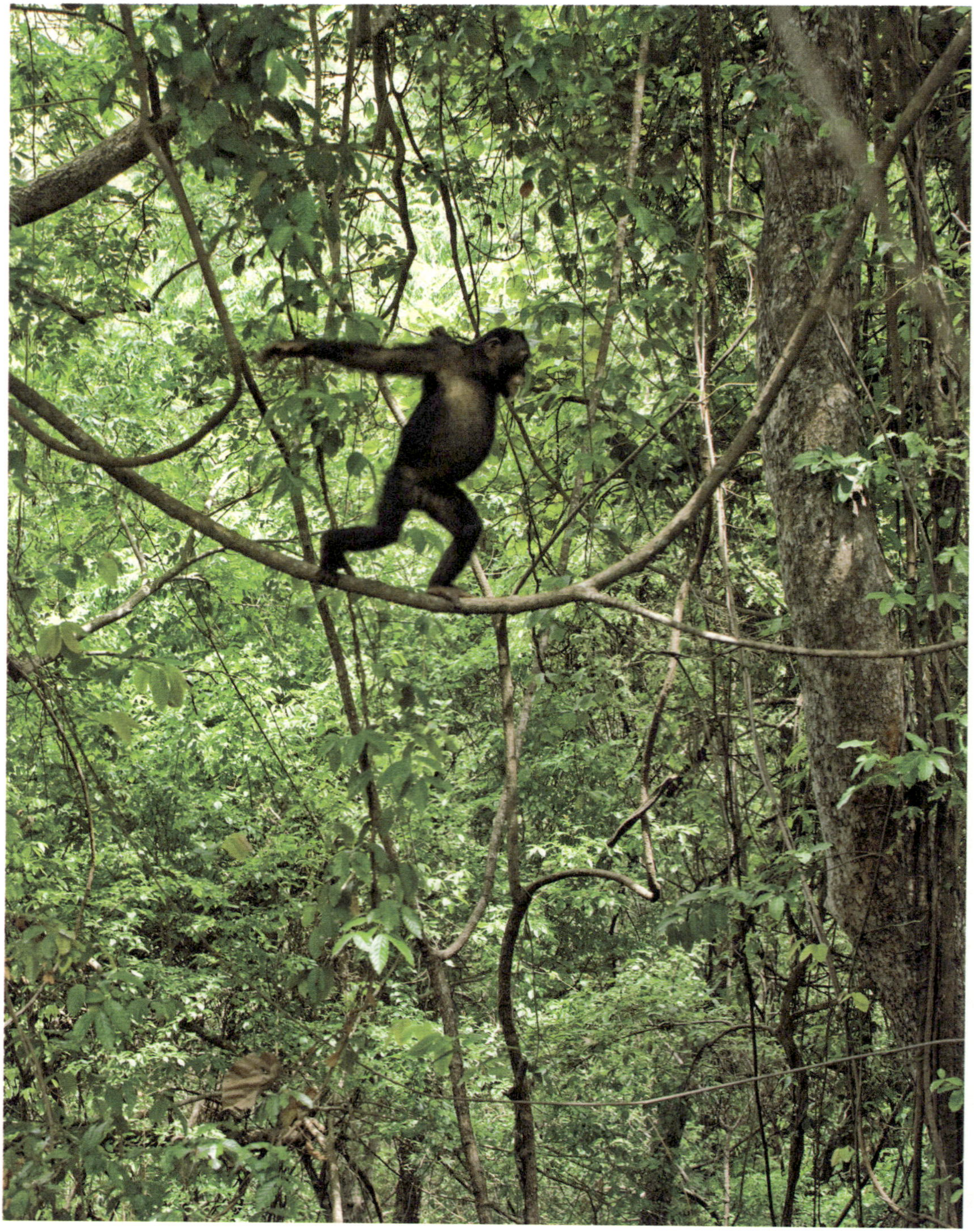

学会了游泳并且可以借助技术掌握灵长类动物的各种动作。灵长类动物最初在热带的栖息地中进化并继续居住在那里，然而凭借其灵活的移动方式、对头脑的使用和改造环境的能力，它们可以进入并适应从湿热到寒冷的各类环境。

想一想我们人类是多么灵活多变，我们的食物和居住环境是那样丰富，我们在行走、攀爬、奔跑、跳跃之间是如此自如地转换；想一想人类那张嵌在一个充实大脑之上的小脸，富于表情的眼睛和面容，对声音交流的依赖性，以及生存过程中依靠的人与人之间的联系、学习能力、掌握的技术和对周边环境的操控。人类尽管有着如此种种非凡的特质，但也都是从灵长类动物那里继承的遗产。它们定义了人类在自然界所应处的位置。

左页图

大猿。例如，这只年轻的黑猩猩，能自如地在丛林之间和地面上穿行。人类谱系中最早的一批成员同样是攀缘的能手。

猿类家族

早在一个多世纪以前，科学家就已表明人类与猿的差别比猿与猴子之间的差别更小。早在 1860 年，解剖学家托马斯·亨利·赫胥黎（Thomas Henry Huxley）就曾指出，人类与猿之间的相似性表现在解剖特征的各个方面，小到牙齿的细微结构，大到颅骨和其他各个身体部位。赫胥黎强调说，相比于黑猩猩与猕猴、狐猴的大脑之间的差异，黑猩猩和人类的大脑在许多细节上几乎没有差别，他的观点已为现代神经学的研究所证实。达尔文正是因为人类和非洲大猿的高度相似而在 1871 年提出非洲可能是人类起源的地方，人类、黑猩猩、大猩猩的祖先都曾经生活在那里。

近年来，DNA 揭示出物种之间的关联。DNA 是一种构成有机体基因组的大分子。它影响有机体的生长过程以及血液、骨骼、大脑的生理功能。物种之间 DNA 的差异水平足以

上图

两只大猿孤儿。一只黑猩猩（左）和一只大猩猩，表现出灵长类动物共同的特征——对于抚摸、梳理毛发、拥抱和亲吻的渴望。

反映它们彼此之间亲缘的远近。

人类个体的基因差异是微乎其微的，大约只有0.1%，而有关研究在比对了黑猩猩和人类相同的基因组之后，认为二者的差异约为1.2%。黑猩猩的近亲倭黑猩猩与人类之间的基因差异也与此相近。人类与另一种非洲大猿——大猩猩的基因差异约为1.6%。更有意思的是，黑猩猩、倭黑猩猩以及人类，三者与大猩猩之间的基因差异都是相近的。人类和非洲大猿与红毛猩猩等亚洲大猿的基因差异约为3.1%。那么，人类与猴子的基因差异会更高吗？将人类和所有大猿的基因与恒河猴的基因进行比对，二者的差异约为7%。

实际上，全面地比对人类和黑猩猩的基因组，会从其中发现大量差异。人类基因组中一些被删除、复制或转移的DNA片段，在黑猩猩体内是找不到的，反之亦然。虽然我们可以通过很多方式计算基因的相似程度，但是结论都是相同的：人类与黑猩猩、倭黑猩猩之间的关系更近，与大猩猩和其他的灵长类关系则较远。

从生物亲缘关系的角度来看，人类不仅仅是与非洲大猿的关系比较近，二者其实可以归为一个家族。DNA 证据向我们揭示了生物学领域最大的惊喜之一：人类长久以来深信不疑的人类与猿之间那堵清晰分割彼此的墙实际上并不存在。人类应被归入进化之树中非洲大猿家族这一支。

DNA 证据还证实了达尔文有关人类进化的一些大胆猜想。事实上没有哪个科学预测能像达尔文宣布的人类进化始于非洲那样，如此地全无禁忌，而且与其所处的时代格格不入。持续发现的化石证据表明，人类进化史上最初的 400 万年基本上是在非洲大陆度过的。人们仍在非洲寻找人类和黑猩猩这两大分支出现分化的时间点前后的化石。

何时出现？从哪一物种进化而来？

既然我们可以计算物种之间的基因差异，那么我们自然可以推算出物种分化的时间点。灵长类动物化石为这一"分子钟"的校正提供了多种方法。据目前已知的化石记录来看，研究者认为 1600 万年前大致是红毛猩猩的祖先自非洲大猿这一分支中分化出来的时间点。鉴于红毛猩猩和非洲大猿的基因差异约是大猩猩和人类的基因差异的 2 倍，我们可以认为红毛猩猩分化后演化的时间约是大猩猩的 2 倍。据此计算，大猩猩大概是在 800 万年前从它与黑猩猩以及人类的共同祖先中分化出去的。人类和黑猩猩、倭黑猩猩的分化出现在约 620 万年前，这一数字与我们目前已知最早的人类始姐的化石证据相匹配。

人们通常将进化解释为从共同祖先发展出一系列分支，

猴（恒河猴）

原康修尔猿

猿（红毛猩猩）

上图

化石猿类原康修尔猿的脊柱、肩部、前肢、臀部、手足等部位混合着猴与猿的特征。如同现生猿类一样，它也没有尾巴。

这加深了一种常见的误解，认为人类由黑猩猩或某种猴子进化而来的错误认知，常常为进化论以及相关科学招来各种恶评。人类的确与其他灵长类动物乃至地球上的一切生物都有血缘关系，然而，人类并非是由任何一种现生灵长类动物进化而来的。我们进化的源头不是黑猩猩，而是大约600万年前的人类和黑猩猩的共同祖先。研究者根据这种密切的关系将人类归入人猿超科。人类的确有自己的谱系树，不过人类谱系只是更加巨大的进化之树上的一个枝杈，其他的枝杈则代表着黑猩猩、倭黑猩猩、大猩猩、红毛猩猩，而如果再向前追溯的话，还要加上所有的灵长类动物。

连续性与特殊性

通过对在其栖息地生活的猿类及它们与人类的互动进行研究，我们已经推翻了一度设想的分离人类与猿的标准，比如使用工具和抽象符号的能力。在某种意义上来说，狗可以"说话"，蜜蜂通过身体的摆动来进行"沟通"，某些鸟类能用它们的喙衔起树枝作为工具使用。我们意识到人类的特性和现生的猿类有很多相似之处，这是从早期灵长类祖先遗传下来的。人类与猿的关系正是这样框定了人类演化过程中的特殊性。

1971年，著名的生物学家、人类行为学家戴维·汉堡（David A. Hamburg）在评价珍妮·古道尔杰出的野外黑猩猩研究时说：

> 黑猩猩的生活展现出一幅引人入胜的图景。它们是智力很高的生物，有强烈的社交欲；它们有能力建立亲密持久的依恋关系，尽管与人类之间的爱仍相差甚远；它们还可以通过姿势、动作、面部表情和声音进行复杂的交流，但仍没有发展出语言。黑猩猩不仅能有效地运用工具，在制造工具时还表现出相当可观的预判能力；它们分享食物，尽管不像人类分享得那样多；它们懂得恐吓与震慑的艺术，容易激动也充满攻击性，能够使用武器，尽管还不能从事人类那样的战争行为。黑猩猩经常有组织地合作猎杀其他小型物种，而且似乎对猎杀和品尝战利品饶有兴趣。黑猩猩的攻击和防御、安抚和问候，与人类在类似情境中的行为具有不可思议的相似性。

人类的确与其他灵长类动物乃至地球上的一切生物都有血缘关系，然而，人类并非是由任何一种现生灵长类动物进化而来的。

汉堡透过珍妮·古道尔的研究所看到的一切，足以代表所有曾在野外研究黑猩猩的学者的所见所得。黑猩猩具有某些人类所特有的物理特征，例如，能将手臂举过头顶并在头顶上方旋转手臂以及没有尾巴等。人类在接受进化的遗产时也继承了这些特征。正如汉堡所述，大猿和人类在行为、情感、社交活动等很多方面都具有共性。这种延续性一如进化论的预测。人类具有猿类的特性，而猿类表现出人类的特质，这一点仍将为进行中的灵长类动物研究结论所证明。

大猿的兴起与没落

乌朗诺古猿是生活在欧亚大陆的古代大猿之一，它可能是非洲大猿的祖先。

大猿正面临着灭顶之灾。红毛猩猩成为濒危动物，仅幸存于加里曼丹岛和苏门答腊岛。自20世纪90年代起，非洲大猩猩在其栖息地（非洲西部低地）的数量已经下降了50%～70%。黑猩猩的状况要略好一些，尽管在地理分布上呈碎片化且种群被相互隔离，但有约30万只黑猩猩生活在非洲19个国家的50座国家公园里。人类的另一支近亲——倭黑猩猩，则已走到了灭绝的边缘。

我们不得不追溯到950万年前，才能看到一个适合猿类

问与答

人类是从黑猩猩进化来的吗？

当然不是！人类既不是从黑猩猩也不是从任何现生灵长类动物进化来的。但是，人类和黑猩猩同样属于灵长类动物，而且人类和黑猩猩的亲缘关系比其他现生灵长类动物更近。人类和黑猩猩拥有共同的祖先，即一种很早就灭绝了的大猿。化石和基因学研究表明，这一共同祖先生活在800万—600万年前。我们和黑猩猩的许多相似之处都来自这一史前祖先。所有猴类和猿类拥有一个距今更加遥远的共同祖先，其生活的年代大约在2500万年前。还有人认为人类的祖先是一只猴子（人类从猴子进化而来），这其实也是错误的看法。

生存的时代。从那以后，栖息地的缩减和走向灭绝就成为大趋势。在过去的600万年里，只有人类这一支逐渐走向了昌盛。

原康修尔猿（Proconsul）是一种古老且化石保存相完好的猿类，它是东非2000万—1800万年前几种猿类的代表。原康修尔猿化石的总体特征十分有趣，其中一些预示了晚期猿类的发展，另一些则从更古老的祖先继承而来。两具在肯尼亚出土且保存得相当完好的原康修尔猿骸骨显示出所有晚期猿类的一些典型特征，例如，灵活的髋关节、踝关节以及尾巴的退化。与这些特征共同出现的是从某个古老的共同祖先继承而来的猴类特征，例如，长而富有弹性的脊柱、较窄的胸腔以及远古和现有猴类四肢着地的水平体态。

在1600万—1200万年前，自原康修尔猿这一支进化来的化石猿类，显然已积累了现生猿类的一些典型特征。人类从它们身上遗传到相当灵活的肩关节、腕关节、踝关节以及其他一些关节，更宽的胸腔和稳定坚实的背部。现代大猿的祖先继而进化出更加灵活的关节，它们在肩部旋转的同时可以完全伸直其肘部。这些特征使得大猿可以在枝条或藤蔓上悬挂或攀爬，进而可以在林木低矮的枝条之间甚至在地面上随意移动。这种灵活性后来解放了人类的双手，我们因而能够掌握从投掷尖矛到制作工具的各种技能。对枝条和藤蔓的精细操控还赋予早期猿类利用树枝构筑每晚在其中安睡的巢穴的天赋，所有大猿都具有这样一种令人兴奋的与其他灵长类动物的差别。

大猿的兴盛期为1100万—950万年前，那是全球物种十分繁盛的时期。在亚洲和欧洲温暖湿润的森林中，爆发式地

上图

乌朗诺古猿是生活在欧亚大陆的古代大猿之一，它可能是非洲大猿的祖先。

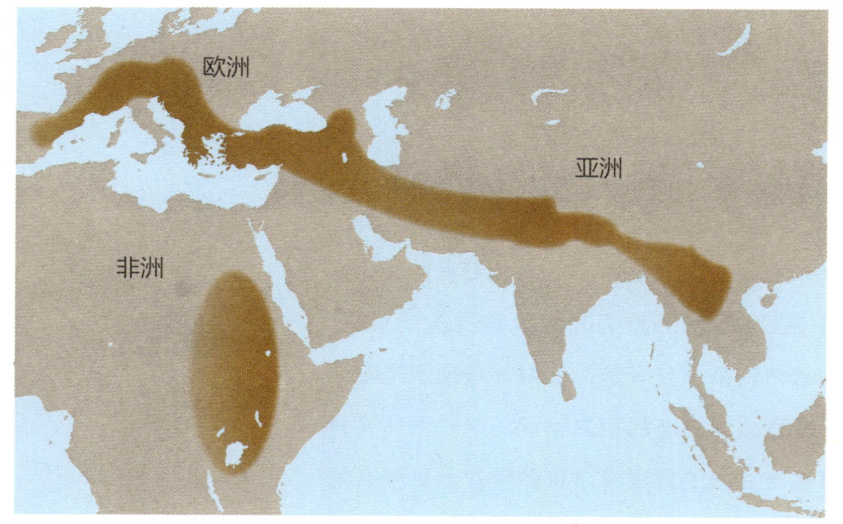

大猿在 1200 万—950 万年前的活动范围

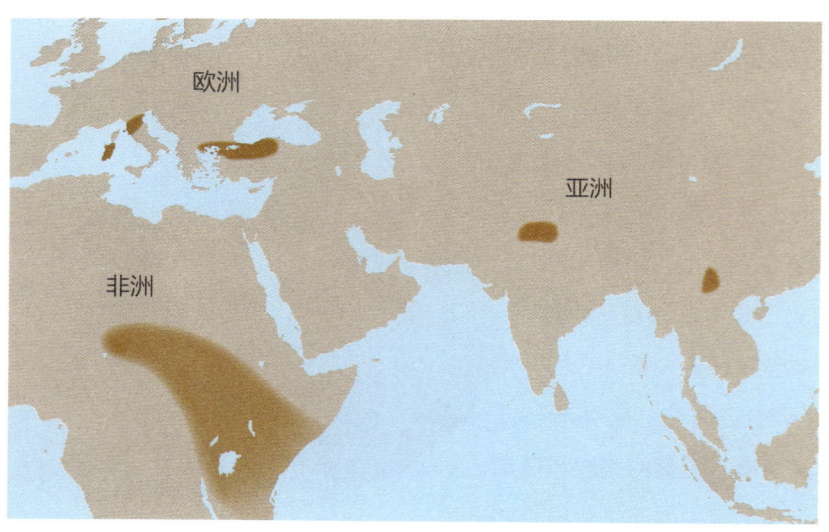

大猿在 900 万—700 万年前的活动范围

大猿在 700 万—500 万年前的活动范围

演化出了数十个新物种。我们通过对这些古猿的牙齿形态和结构进行研究了解到，当时大多数猿类的主要食物是柔软熟透的水果，其中一些古猿也吃树叶、种子或坚果等食物。在那之后，欧亚大陆的气候迅速变冷，旱季与雨季逐渐变得泾渭分明。最终，猿类在欧洲消失了，而仅仅幸存在非洲热带地区和东南亚的温暖雨林中。

在过去的数百万年中，大猿借助相对发达的大脑和复杂多变的食物，适应了森林以及非洲和东南亚热带栖息地的不断缩减。人类的祖先恰恰就是第一批打破对热带栖息地依赖的古代大猿。

人类的起源

我们可以说人类是大猿的一种，但是大猿却不能被算作人类。其他大猿只是偶尔站立并借助双足行走，只有人类是习惯性直立行走的。大猿的个体要用相当长的一段时间才能达到性成熟，而人类相比大猿还要再多用上几年，并且度过生育期之后的寿命也更长。尽管大猿懂得使用工具，但是只有人类懂得利用工具来制造新的工具。尽管大猿可以用声音交流，具有理解符号的微妙能力，但是只有人类依赖利用符号和语言进行交流。尽管大猿的社交程度很高，但是只有人类会与相对遥远的社群成员进行交流。

对于人类进化的研究者来说，最大的问题莫过于人类独有的特性是何时出现的，以及哪一条进化路径导致了现代人（智人）的出现。这些问题乍看上去很容易回答。然而，由于人类并不是突然进化为现代人的，而是用了几百万年的时间来积累双足行走、发达的大脑、工具制作等适应性，所以上述问题的答案要综合许多条证据链和成百上千的新发现。

左页图

数百万年前，有很多大猿物种生活在欧亚大陆和非洲大陆（见图中阴影处），随着气候变冷，它们逐渐在欧洲和亚洲绝迹。

第 2 章

人类谱系树

在阁楼的储藏间，我们很多人可能都堆有一盒盒的家庭老照片。其中有些珍藏着家族中好几代人的影像，记录有上百年的历史。在老照片中，我们有时会发现某些眼型、鼻型乃至神似的笑容在几代人之间延续。现在，我们需要设想一下 50 万代人的情况，并为此回溯到 800 万—600 万年前。我们必须回到那个时代，才能发现人类和黑猩猩的共同祖先中的最后一代。经过如此漫长的时间跨度，人类化石记录仍然清晰地表现出我们与这些遥远亲属的相似性。

达尔文 1859 年出版的《物种起源》只有一幅插图，那便是生命之树。达尔文由衷地认为大树的形态最适合表现进化关系。众多枝条从共同的树干上生发出来，其中每一支都代表不同的类群与物种，它们都处于进化之中。达尔文同样解释了某些枝条在进化过程中是如何走向灭绝的。他没有特别强调生命之树的比喻同样适用于人类的历史，但是这一观点是不言自明的。由于指出人类之外的生物体由进化而来，达尔文已经给自己招致了太多麻烦。

现在我们知道历史上曾经存在过许多史前生物，而达尔文的生命进化之树不仅适用于地球上其他的生命形式，对于人类来说也同样适用。

在《物种起源》出版的 3 年前，距德国杜塞尔多夫不远的尼安德山谷（Neander Valley）的一座采石场中，一名石灰工人挖掘到了人类化石。这具人类化石的眉骨突出，额骨低矮，腿骨粗大且呈弓形。起初，一些科学家认为这不过是

右页图
102 岁的镰田仲里効（Kamada Nakazato）抱着她 4 个月大的玄孙女柚木（Yukuzi）。家族特征常常能在数代人之间延续。

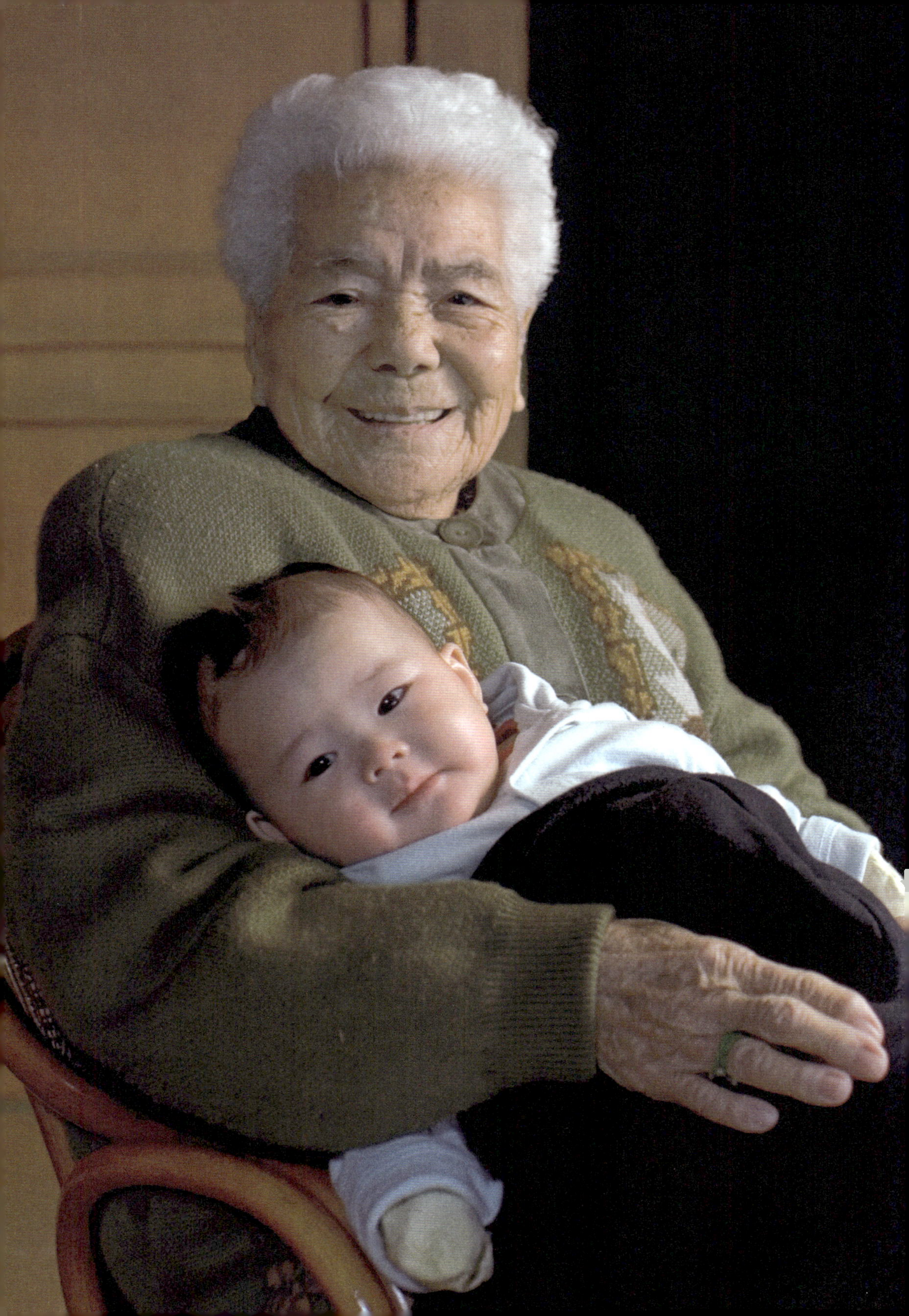

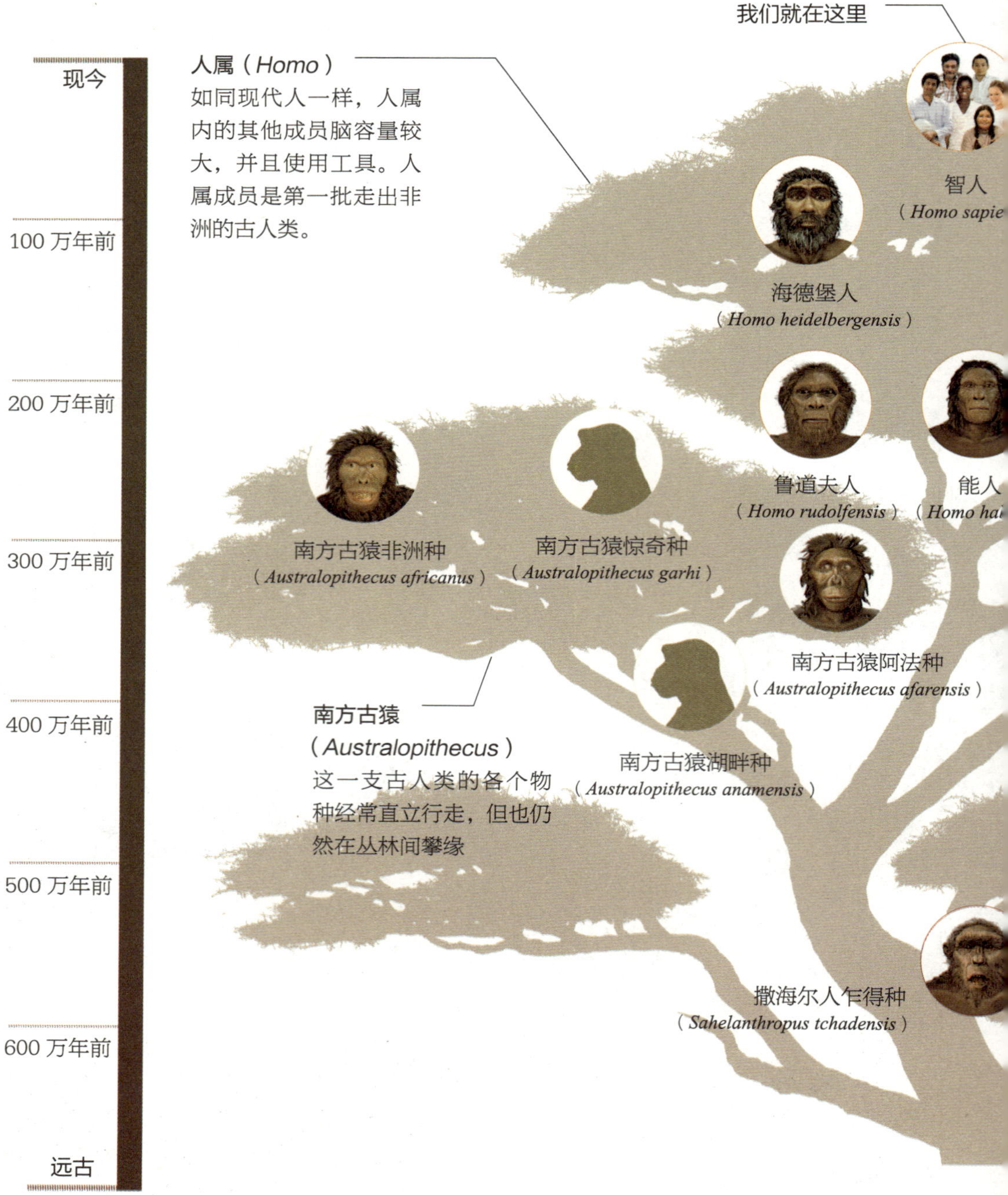

人属（*Homo*）

如同现代人一样，人属内的其他成员脑容量较大，并且使用工具。人属成员是第一批走出非洲的古人类。

我们就在这里

智人
（*Homo sapie*

海德堡人
（*Homo heidelbergensis*）

鲁道夫人
（*Homo rudolfensis*）

能人
（*Homo ha*

南方古猿非洲种
（*Australopithecus africanus*）

南方古猿惊奇种
（*Australopithecus garhi*）

南方古猿阿法种
（*Australopithecus afarensis*）

南方古猿
（*Australopithecus*）

这一支古人类的各个物种经常直立行走，但也仍然在丛林间攀缘

南方古猿湖畔种
（*Australopithecus anamensis*）

撒海尔人乍得种
（*Sahelanthropus tchadensis*）

现今
100 万年前
200 万年前
300 万年前
400 万年前
500 万年前
600 万年前
远古

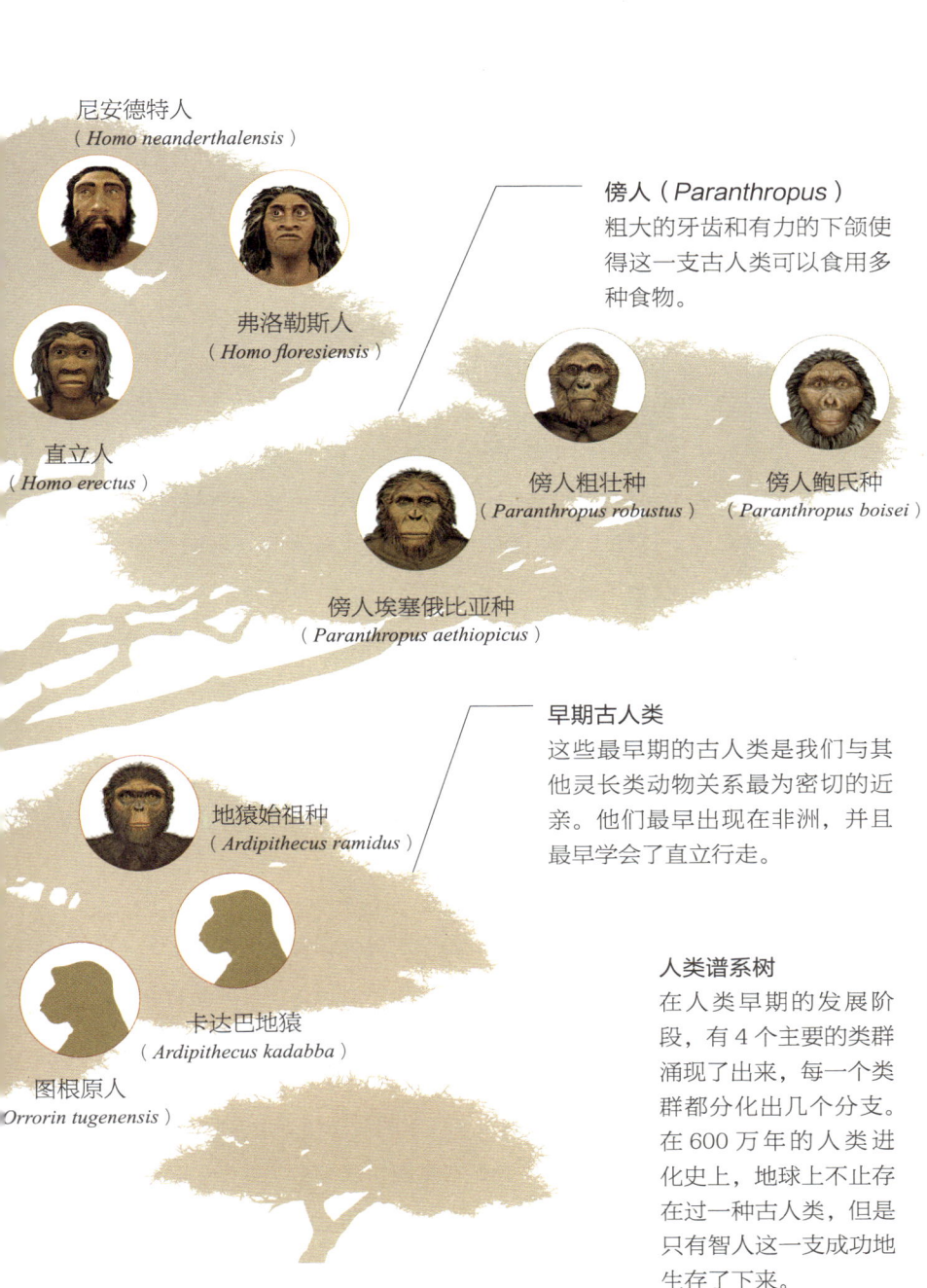

尼安德特人
(*Homo neanderthalensis*)

弗洛勒斯人
(*Homo floresiensis*)

直立人
(*Homo erectus*)

傍人（Paranthropus）
粗大的牙齿和有力的下颌使得这一支古人类可以食用多种食物。

傍人粗壮种
(*Paranthropus robustus*)

傍人鲍氏种
(*Paranthropus boisei*)

傍人埃塞俄比亚种
(*Paranthropus aethiopicus*)

早期古人类
这些最早期的古人类是我们与其他灵长类动物关系最为密切的近亲。他们最早出现在非洲，并且最早学会了直立行走。

地猿始祖种
(*Ardipithecus ramidus*)

卡达巴地猿
(*Ardipithecus kadabba*)

图根原人
(*Orrorin tugenensis*)

人类谱系树
在人类早期的发展阶段，有4个主要的类群涌现了出来，每一个类群都分化出几个分支。在600万年的人类进化史上，地球上不止存在过一种古人类，但是只有智人这一支成功地生存了下来。

现今

100万年前

200万年前

300万年前

400万年前

500万年前

600万年前

远古

一个被病痛折磨的现代人或者拿破仑战争时期打到这里的俄国军队中弓形腿的哥萨克骑兵的遗骸。但是后来人们在这里发现了类似的人骨化石以及已经灭绝的哺乳动物的化石，这些人类的古老性最终得到了确认，且被命名为尼安德特人。尼安德特人是历史上第一种被科学记录的古人类。

自欧洲发现了尼安德特人的化石之后，人们陆续又发现了众多的古人类化石，其中一些发现遇到了类似的抵制。1895 年，荷兰解剖学家尤金·杜波依斯（Eugene Dubois）从爪哇带回了爪哇直立猿人（*Pithecanthropus erectus*，现称直立人）的化石，并宣称自己找到了"缺失的一环"，但面临的却是无数质疑的声音。20 世纪 20 年代，澳大利亚解剖学家雷蒙德·达特（Raymond Dart）宣布在南非发现的"汤恩幼儿"（Taung Child）是人类的祖先，他同样受到了不少批评。当时的评论认为它其实是大猩猩幼崽的化石。20 年之后，随着新的化石证据的发现，科学界才将有着 280 万年历史的"汤恩幼儿"认定为人类成员之一——南方古猿非洲种。

如何命名？

直到 20 世纪末期，古人类在家族谱系里一直独自占据着整个人科。但是，这一分类方法后来遭到了基因学研究的冲击，学者们指出黑猩猩和人类的亲缘关系十分接近，远远胜过黑猩猩和其他大猿的关系。这让分类学家很震惊并开始重新思考如何给猿分类。

很多研究者接受了基因学证据提供的新分类方案。现在古人类被归入了人族（Hominini）。人族的分类适用于自古人类从我们与黑猩猩的共同祖先中分化以来，包括一些化石人类在内的整个人类进化群体。我们在生物学意义上的近亲——黑猩猩与倭黑猩猩，则属于与之毗邻的黑猩猩族（Panini）。现在，人科不仅包含人类这一支系，还包括黑猩猩以及其他所有现生大猿。

2004年，在印度尼西亚的弗洛勒斯（Flores）岛发现了有着大约1.7万年历史的古人类化石，与之有关的报道再次引起争议。

一些科学家起初不愿意接纳弗洛勒斯人作为人类谱系树中的一员，不仅是因为其生活的年代距今较近，还因为弗洛勒斯人过于矮小，直立时的身高刚刚超过1米。他们的脑容量也很小，从他们身上一点看不出人类谱系中其他支系在200多万年中表现出的进化特征。支持将弗洛勒斯人列为古人类的新类型的科学家认为，有可能某个古人类或许就是直立人，因为某种原因被羁留在岛上并像其他海岛上的物种一样进化出较矮小的身材。抵制者则认为他们其实是遭遇基因变异的现代人，也许是患有小头畸形或者侏儒症。

我们在史前人类化石上见到的种种变化既让人困惑，又发人深省。新的发现经常带给我们新的震撼，或者至少提出了新的疑问。我们和这些物种之间的亲缘关系有多密切？人类是否曾经和他们共存过？不同古人类之间是否有过交流？想要解答这些问题，我们只能从研究与人类谱系树有关的谱系学和年代学着手。

时至今日，人类谱系树的存在众所周知，人们所要讨论的是它的大小和形状。研究者争论的重点在于其中分支的数量及各自代表的属、种和所处位置，而相对不够完整的化石记录则令这一切显得更加扑朔迷离。学者之间的这类争论有时会被理解为对进化的怀疑，然而事实并非如此。研究者争论的是确切的进化关系，也就是说各个化石人类之间的关联。

化石证据表明在历史上曾有3～4种古人类共存的阶段。研究人员也普遍意识到，在数百万年的进化过程中人类的头骨、牙齿和体型发生了巨大的变化。一些最激烈的争论聚焦于如何将这些差异归入不同类型的古人类。总而言之，相较于几十年前的认知，我们现在了解到人类谱系树有更多的分支和更繁茂的根系。

为了建立对庞杂的人类谱系树的简化理解，我们不妨将它划分为 4 个主要部分：最早出现的古人类、南方古猿属、傍人属以及人属。

最早出现的古人类

对于最早期的古人类，也即人类谱系树上生活在 700 万—400 万年前的那些成员，我们的了解仍十分有限。这一阶段的古人类化石极为稀少，我们在 20 世纪 90 年代之前未曾发现任何与之相关的化石，所以当时学界只命名了 3 个属。这些早期古人类的神秘不仅仅在于标本的稀缺，还在于研究者对它们有着不同的解读。

科学家们至今还未发现最早的"种"一级别的人类。人类谱系中最早期的成员看起来肯定很像古猿，但很可能已经显示出一种对与其他大猿不尽相同的生活方式的适应。有两个最古老的特征可以将人类这一支与其他古猿相区分——与双足行走有关的直立体态以及退化的雄性犬齿，后者可能是社会结构变化的结果（详见第 5 章）。上述特征的出现标志着我们人类这一分支的出现。

我们仍不太清楚上述适应性中的哪一种最先出现在人类谱系里。化石越是年代久远，越接近人类和黑猩猩分化的临界点，我们越难弄清楚应该将它归入哪一路分支。目前已知的最早的古人类是撒海尔人乍得种，意为"从乍得来的撒海尔人"。撒海尔人化石有着近似于黑猩猩大小的头骨、两件下颌骨和各种类型的牙齿。这批化石于 2001 年在乍得北部的德乍腊沙漠（Djurab Desert）中被发现，远离素有"人类摇篮"之称的非洲南部和东部地区。撒海尔人生活在700万—600万年前，正值中新世，在时间上与黑猩猩和人类出现分化相距不久。乍得化石还说明，早期古人类在非洲的分布比我们预想的要广。

撒海尔人相比其他中新世早期的古猿有所退化的犬齿以及枕骨大孔位置的变化，标志着该种古人类是人类谱系树上的一路分支。枕骨大孔是位于颅底的开口，脊柱和大脑在此处连接。撒海尔人和其他古人类的枕骨大孔与大猿相比更加靠前，这一变化意味着撒海尔人的颈部是垂直生长的。这一证据可以有力地说明撒海尔人经常保持直立的体态，而且很有可能已经开始直立行走。

早期古人类的另外两个属分别是图根原人（Orrorin）和地猿（Ardipithecus），他们出现在中新世晚期。像撒海尔人一样，他们既有独特的人类特征，也有古猿的特征。

于肯尼亚中部地区被发现的图根原人生活在620万—580万年前。图根原人根据数具骨骼化石的碎片又可分为几

左图

埃塞俄比亚阿法尔洼地中厚达数百米的脱水土层被暴露出来。地质侵蚀和考古发掘向人们展示了人类进化史上保存最完整的地质记录之一。

艺术家约翰·古尔奇（John Gurche）结合最新的法医学技术和化石发现，凭借20年的精湛技艺制作出这些古人类的复原像。

南方古猿非洲种

南方古猿阿法种

傍人鲍氏种

海德堡人

尼安德特人

直立人

弗洛勒斯人

**南方古猿非洲种
STS 5 号头骨**
年代约为 250 万年前
脑容量小，脸部倾斜

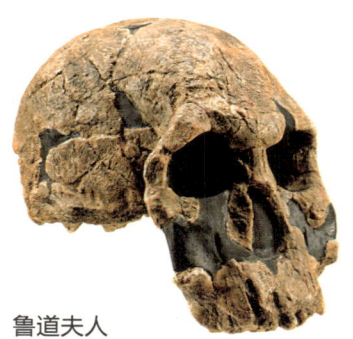

**鲁道夫人
KNM-ER 1470 号头骨**
年代约为 190 万年前
脑容量比早期人类的大一些，
脸部倾斜

**直立人
桑吉兰 17 号（Sangiran 17）
头骨**
年代约为 100 万年前
脑容量中等，有突出的眉骨

个"种"。这些化石碎片中包括一根股骨，上面有显示出双足行走迹象的肌肉凹槽，并且它的股骨颈（使股骨与骨盆相连接的结构）的厚度也有力地说明了这些古人类对双足行走的适应。

地猿属下设了两个种。研究者在埃塞俄比亚的阿法尔洼地（Afar Depression）发现了数十具地猿个体的化石。已知最早的地猿种被称为卡达巴地猿，生活在 580 万—520 万年前。根据科学家的研究，卡达巴地猿的犬齿是目前人类谱系中最接近古猿的。相对而言，100 万年之后出现的地猿始祖种长着较小的犬齿。

2009 年，科学家发表了对于一只雌性始祖地猿的部分骨架的研究成果，这一雌性始祖地猿被称为"阿迪"（Ardi）。研究表明，地猿始祖种可以通过攀爬和双足行走两种方式来移动。尽管阿迪有着较长的手臂和手，但是她并不靠它们在树枝之间荡来荡去，而且她也不像现生大猿那样行走。她利用手掌以及可以对握的大脚趾在树间穿行。阿迪的骨盆上部比古猿的同一部位更短和更宽，这意味着她是通过双足行走的。她的牙釉质比吃成熟果实的古猿要厚得多，而臼齿则不如需吃研磨食物的晚期古人类那样粗大。阿迪很有可能过着半树栖半陆地的生活，而且食物的类别也较广泛。

上述 3 个"属"一级的人类成员是从猿到人的进化故事中的一部分，这是毫无疑问的。然而，这 3 种古人类与最后一批人与猿的共同祖先有什么关系，彼此之间存在着怎样的联系，以及与人类谱系中更晚出现的成员又有怎样的关系？我们对于这些问题尚未获得答案。人们不时地发出争议，认为以上3种"古人类"实际上各代表一种不属于古人类这一人类分支的古猿，另有一些人认为他们其实属于同一种古人类。鉴于研究者仍在努力探索3种古人类中究竟哪一个最终演化为南方古猿，这些争议不免令人类谱系树的基干部分显得有几分扑朔迷离的意味。

南方古猿

南方古猿是一支进化得相对成功的古人类，从非洲南部、东部扩散到中北部，在420万—200万年前很是繁盛。南方古猿的体型与黑猩猩类似，相貌接近于早期古人类，大脑容量与黑猩猩相近。南方古猿的双足、腿、骨盆、脊柱和头部都显示出他们是直立行走的。不过，他们的腿与身体的其他部位相比显得较短，而手臂则既长又肌肉发达。这意味着南方古猿除了在地上靠双足行走，在爬树时身手也很矫健。

南方古猿的牙齿表明早期古人类犬齿变小的趋势在这一种群中延续了下来。不过，相对于早期古人类，南方古猿有更大的颊齿（也被称为犬齿后部的巨型齿），而且牙釉质更厚。这些变化有可能是为了适应相较于其祖先常吃的鲜嫩柔软的无花果而言更为坚硬且需要研磨的食物，例如，植物纤维。

南方古猿中已知最早的成员是根据在肯尼亚和埃塞俄比亚发现的化石命名的南方古猿湖畔种，这种古人类生活在420万—390万年前。南方古猿湖畔种有可能是地猿属的后裔，继而很可能是南方古猿阿

左页图与下图

一系列头骨化石表明智人是从早期古人类进化而来的。在南非菲什胡克（Fish Hoek）地区发现的头骨属于典型的现代人头骨。

海德堡人
佩特拉罗纳（Petralona）头骨
年代约为35万年前
脑容量大，有粗大的眉骨

智人
菲什胡克1号头骨
年代约为4800年前
脑容量达到峰值，扁平的面部位于前额下方

法种的祖先。化石人类的超级明星"露西"（Lucy）以及迄今为止发现的最古老的早期人类幼童骨架都属于南方古猿阿法种。后者是一名 3 岁大的幼童，生活在 330 万年前，在埃塞俄比亚迪基卡（Dikika）地区被发现。

南方古猿存在了 200 多万年之久，在人类进化史上占有约三分之一的时间，而且很有可能进化为人属。这意味着我们每个人身上可能都有一些南方古猿的特征，例如，直立的姿态、S 形脊柱、朝前的大脚趾及宽大的膝关节。

"胡桃夹子人"

人类谱系树中的第 3 个分支成功繁衍了 150 万年，但最终还是走入了死胡同。这个分支就是傍人属，它包含与人类亲缘关系很近的 3 种古人类。傍人属最早出现在 270 万年前，牙齿和颌骨特化，强劲的咬合力使得任何食物都会被其粗壮的颊齿碾碎。包裹着牙齿的厚厚一层牙釉质，外加连接颌骨和颅骨嵴的巨大咬合肌群，使得他们很适于食用坚硬的食物，例如，咀嚼起来很费时间的块茎类植物。

1959 年，当古人类学家玛丽·利基（Mary Leakey）发现傍人鲍氏种的时候，她的丈夫路易斯（Louis）将其形象地称为"胡桃夹子人"（nutcracker man），因为他们的颌骨和牙齿看起来很适合有力地咀嚼和研磨。最新的研究表明南非的傍人粗壮种也吃昆虫，甚至有可能吃小型哺乳动物。在食物稀缺时，傍人粗壮种的生存策略或许就是食用块茎、种子等坚硬难咬的食物。这一取食策略使得他们面临着与许多其他大型哺乳动物的竞争，例如，同样喜欢这类食物的狒狒和猪的祖先。在 200 万年前，傍人鲍氏种在东非开始变得繁盛，但在约 120 万年前，整个傍人属都走向了灭绝。

关于人类谱系树中的南方古猿和傍人存在着很多争议。一些研究者认为傍人咀嚼上的适应性足以将其与南方古猿截然分开。然而，另一些研究者却认为傍人和南方古猿的区别还不够大，不足以把傍人单独划为一个属。因此，傍人有时候又称"粗壮南猿"（robust australopiths），在谱系树中被分入南方古猿属。比如说，读者有可能在其他读物中看到"南方古猿鲍氏种"（Australopithecus boisei）的字样，它其实指的就是傍人鲍氏种。另有一些研究者则不将"胡桃夹子人"视为一个统一的族群，认为南非的南方古猿（傍人）粗壮种，是由一种南方古猿（南方古猿非洲种）进化而来的。根据这一推测，另一支有着粗大牙齿的古人类则是由东非的南方古猿（有可能是南方古猿阿法种）进化而来。

上图
科学家在南非的德利莫兰（Drimolen）遗址发掘了傍人粗壮种化石。对人类祖先亲缘关系的进一步了解，往往需要严谨的考古发掘和小心翼翼的科学分析。

人属成员

人属进化的源头很有可能是南方古猿中比较纤细的一支，

而不是有着粗大牙齿的傍人。我们所在的智人种就处于人属这一人类谱系树的第4个主要分支中。在人科之下的所有属之中，人属分布最广，分化最多，而且出现得最晚。人属以其增大的大脑容量和出色的工具制作能力而著称。

人属和南方古猿可以通过几个关键点进行区分。总体来说，人属成员的脑容量比其他各属都要大，且脸部更加小和扁平。对人属来说，脸部所占的比例已小得不能再小。也就是说，我们是唯一一种脸部处于额骨下方的哺乳动物，额头几乎占到人类垂直面部的近一半。人属中的早期个体在眼睛上方通常有一道明显的眉弓，又被称为眉骨。与南方古猿相比，人属的颊齿要小得多，这意味着食物或食物处理方式的改变。人属的体型也有调整，例如，人属腿部与全身的比例比南方古猿要高，而手臂则成比例地变短。这种调整暗示着在双足行走和地面生活这一方向上的进一步特化。人属的化石常常伴有石器，并且在除了人属以外的其他各属灭绝后，这类石器在考古记录中仍相当多见。

化石的年代有多久远？

科学家们有一系列方法可以检测化石、史前人类工具以及沉积物的年代。这些方法都需要测定某种化学成分随时间产生的比例变化。例如，钾－氩年代测定、氩－氩年代测定、放射性碳测年（又称碳-14定年法）和铀系法测年都可以用于测定化学元素的衰变量。元素的衰变过程很漫长而且是可计算的。热释光、光释光和电子自旋共振等测年法均可以测量岩石或牙齿长期吸收或捕获的电子数量。古地磁学通过测定地下磁性物质的磁场方向并与地球历史上多次磁极翻转的过程相对比，从而测定年代。动物区系定年法通过其他遗址中已知年代的动物化石来推断新出土的沉积物年代。这些测年方法分别基于化学、物理学和生物学原理，科学家们因此可以交叉比对结果，以确保其精确度。

鉴于人属与石器之间的关联，路易斯·利基提出仅仅通过出现石器这一点就足以判断人属的出现。根据他的观点，我们将把人属的出现回溯到 260 万年以前。然而，在埃塞俄比亚发现的已知最久远、与我们最早发现的人属能人臼齿十分相似的人类臼齿以及一块上颌，最多只有 230 万—240 万年的历史。

自 200 万年前起，人属的分布范围变广，包含 6 ~ 12 个种。据目前科学家所知，人属中的直立人或与之非常接近的一支，是第一批走出非洲的古人类。这便引发了一类问题，即在非洲内外发现的一些人属化石标本是否应被划分为不同的种。我们可以以在格鲁吉亚共和国德马尼西（Dmanisi）发现的化石为例。

德马尼西是人属早期化石的丰富储藏地，这些化石的年代为 178 万—175 万年前。德马尼西化石与非洲直立人的化石有很多相似之处，但也有一些独特的地方，例如，较小的脑容量和矮小的身材，这些特征意味着他们处于人属进化的初期。这些早期的移民者已经适应了一种远比其非洲故乡更北的生活环境，他们在这里要面对新的气候、植被和动物。一些科学家提议用人属格鲁吉亚种（*Homo georgicus*）来命名这些化石，以强调德马尼西化石中的那些独特特征。然而，问题在于格鲁吉亚人与非洲直立人之间是否存在足以建立新种的差别呢？

在一定程度上，这个问题的答案取决于我们规定一个物种的化石中可以容纳多大的差异。物种内部的变异是常见且可以预料的。我们人类以及现存黑猩猩种群都明确地表明这一规律。由于不能观测到这些古人类的交配习惯，古人类学只能通过骨骼化石的实际变化、它们在时间和地点上的分布以及所推断出的针对不同环境的适应性来说明或反对为新的化石物种进行命名。要想解决围绕德马尼西化石等产生的这类争论，往往需要许多年的时间以及出现在不同时间和地点的大量化石记录。

关于尼安德特人与现代人关系的争论持续了 150 年才得以解决。早在 20 世纪 80 年代，很多研究者认为尼安德特人和现代人分别是智人的两个亚种，分别被称为人属智人种尼安德特亚种（Homo sapiens neanderthalensis）和人属智人种智人亚种（Homo sapiens sapiens）。今天我们不仅能观察骨骼形态，还能通过先进技术提取尼安德特人遗骸中的 DNA，从而审视两种古人类的基因。根据一切有效的生物证据链，我们现代人和尼安德特人是两个不同的亚种，但有着共同的祖先，即 70 万年前由直立人进化成的海德堡人。基因学数据表明，在 40 万—35 万年前，尼安德特人和智人自海德堡人这一共同的祖先中分化出来。为什么尼安德特人走向

问与答

有没有"缺失的一环"？

如果有"缺失的一环"，那么意味着物种之间是以线性的方式发展的。然而，现实中的进化却是呈树状的，有许多枝条的树状结构可以更合理地呈现进化过程这一模型。

考虑到相比于地球上曾经存在过的各种各样的生物，化石本身总是稀缺的，因此过渡物种化石的罕见算不上什么问题。事实上，所有灭绝物种都代表着一种过渡型。如同所有现生物种一样，它们也是该物种特有特征以及自远古祖先继承来的特征的混合体。

人类和黑猩猩已经各自独立地进化了几百万年。因此，所谓"缺失的一环"，某种介于人类与黑猩猩之间的生物，实在不是一个有用的观念。

了灭绝，而智人这一分支却越来越昌盛？这仍然是关于人类进化的研究中最令人感到好奇的问题之一。

现代人，即所谓的智人，出现在 20 万年前。也就是说，我们智人存在的时间只占人类进化史的约 3%。与原始的人类祖先以及一些生存时间远远超过我们的物种相比，人类只是地球的一个新成员。人类的祖先有过怎样的经历，又为何消失在历史的长河中？我们是否与他们一样脆弱？在一度枝繁叶茂的进化树中，人类是唯一的存活者且成功地将足迹遍布世界的各个角落，这又当如何解释？环境科学领域的古代气候研究或许可以为我们提供新的线索。

上图

史密森学会美国自然历史博物馆的人类起源项目主席里克·波茨对各类骨骼化石和史前工具做出点评。它们充分展示出人类起源的复杂性。

第 3 章

适者生存

> "我首次在裂谷地区进行发掘时,人类祖先最早出现在干旱的非洲平原是人们的一种共识。"里克·波茨在记录他在肯尼亚奥洛格赛利的工作时写道,"但是,即使是在翻越一条冲沟时,我都不免会注意到时间在侵蚀地貌的各个地层中留下的痕迹。在古代湖泊的白色泥层上覆有一层干燥气候下形成的棕土,然后是一层邻近火山剧烈喷发时飘来的灰色火山灰。再之后,湖泊又复活了,我们可以看到湖水蒸发殆尽时留下的一道道明显的白线。究竟是稀树大草原上持续的生存挑战还是变化本身推动了人类独有特征的形成?"

右页图

冰岛的一座火山不断向天空喷出熔岩。自然界的突发事件,正如在过去数百万年间无数次发生过的那样,证明了地球的动态特征。它告诉我们,环境的持续变化始终伴随着人类的进化之路。

生命世界展示着惊人的适应性。有机体在一切时间和地点进化出的有利于其生存繁衍的种种结构和行为,都会受到适应性不加保留的接纳。强有力的爪子和覆有黏液的舌头在食蚁兽挖掘和捕捉蚂蚁时给予它很大的帮助。企鹅的"短鳍"无助于飞行,但配合上鸟类特有的子弹型身体和绝缘性好的羽毛,就可以使企鹅在南极水域里顺利地捕捉到鱼类。适应性的概念也适用于生物行为以及其与其他物种间的互动。例如,非洲的响蜜䴕对寻找蜂巢有着敏锐的本能,而蜜獾则跟随着响蜜䴕,并负责掘开蜂巢挖到蜂蜜,这样一来两者都能获利,共进美餐。

生物种群在应对环境的挑战与机遇中逐渐进化。随着草原在整个非洲地区的扩张,史前羚羊进化出能够充分咀嚼草原植被坚硬叶子的牙齿。随着食草动物数量的增长,肉食性的猫科动物进化成敏捷高效的猎杀者。鬣狗进化出有力的颌

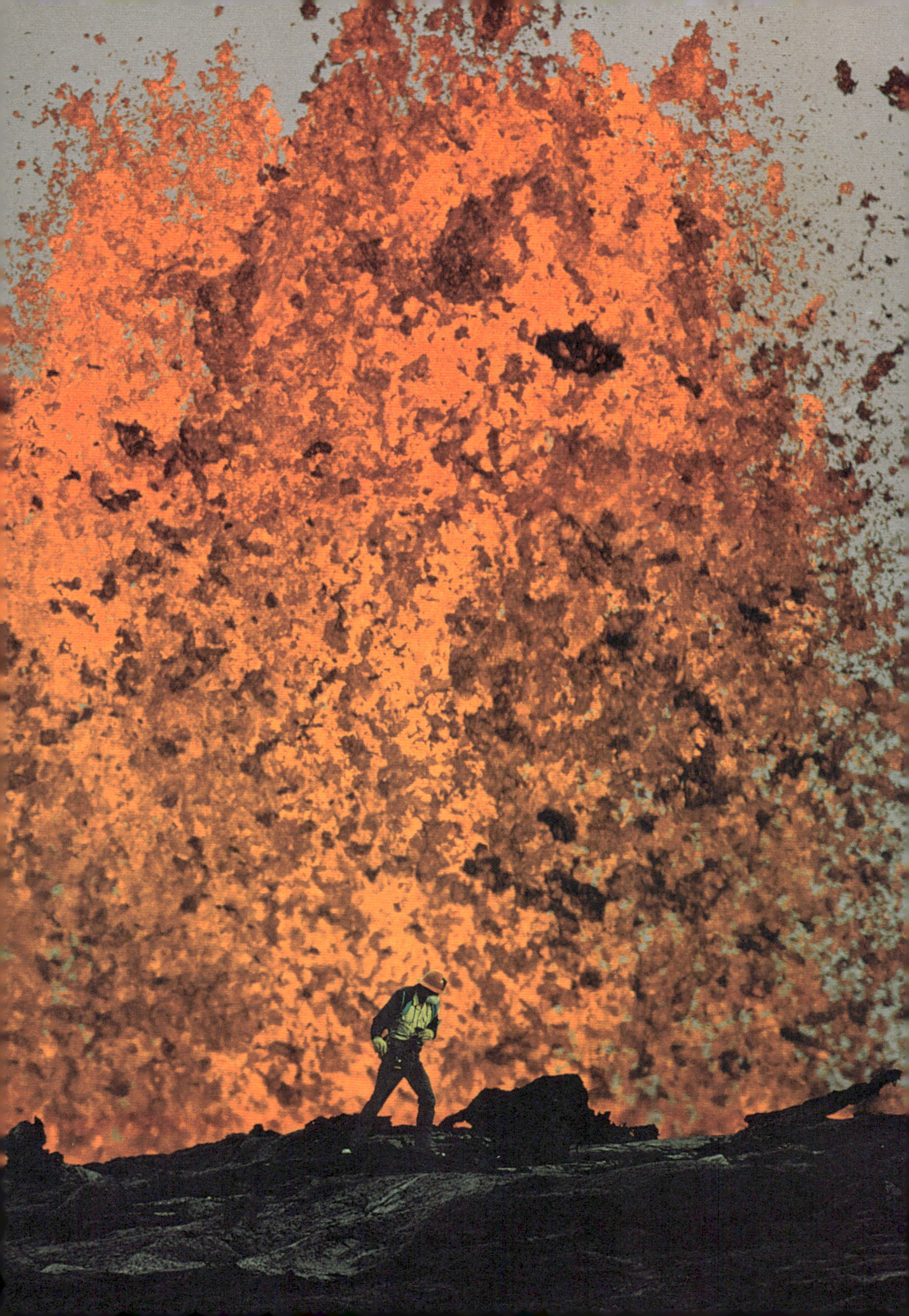

骨，能咬开其他食肉动物都不能咬碎的长骨，以获得富有营养的骨髓。

人类双足行走的近亲同样处于进化之中。随着时间的推移，傍人鲍氏种的臼齿和前臼齿逐渐变粗大，而控制这些牙齿的咬合肌也发展得越来越适于咀嚼粗糙坚硬的食物。人类进化史上出现较晚的尼安德特人进化出短小的四肢和粗大的身躯，即一种更利于保持体温的体型，这是尼安德特人为应对其所生活的寒冷的欧洲发展出的适应性。

因此，生物学的基本原理之一就是生物在面对环境中持续的生存考验时，即为了寻找食物、躲避天敌、吸引配偶、驱赶寒冷和营造住所等，它们会产生适应性。

下图
在肯尼亚，一条尼罗鳄在牛羚过河的时候向它发起攻击。我们的祖先如同其他生物一样，曾经面临着种种险境。

适应性挑战

智人在人类进化史上出现得很晚,这一物种的首次出场大约是在 20 万年前。尽管其他各支早期古人类已经灭绝,但是他们在生存过程中产生的适应性,例如,杂食性、制作工具以获取食物、互相照顾、用火加热和烹食等,却构成了现代人生存方式的基础,并且成为足以定义人类的一些基本特征。

生活对于我们的祖先来说殊为不易。没有尖牙与利爪,早期古人类的身体其实不太具备防护的能力。如同其他灵长类动物一样,当受到威胁时,他们有可能会投掷石块、挥舞棍棒并发出嘈杂的尖叫。入夜后,他们有可能在树上入睡,或者至少在地面上聚集成群,相互依偎着休息。

晚期古人类捕猎和食腐的行为,包括最初制造石器的尝试,使得他们更加接近那些可能伤害他们的动物。人类是鳄鱼、鬣狗和大型猫科动物捕猎的对象,而洪水、火山喷发、干旱以及其他自然灾害则加重了他们的忧患。

人类祖先最终找到许多应对这类危险的方法,但是捕食性动物和食腐动物的威胁始终存在。对于生活在 400 万—300 万年前的人类祖先,我们经常可以在他们的下颌和肢骨上看到被凶猛的食肉动物咬伤的痕迹。在奥洛格赛利一处年代较晚的遗址,经过数十年的搜索,科学家发现了数以千计的石制手斧,却始终未能发现任何古人类的遗骸。研究者联想到了一种令人震惊的可能性,即生活在该遗址附近的古人类或许出于安全起见,在入夜后选择待在高地上,以躲避在水坑附近游荡的食肉动物。在这一直觉的牵引下,

咬痕

上图
在这块残缺的骨骼化石上,脚踝处的咬痕和现生鳄鱼牙齿的形状相吻合。说明了在 180 万年前这位能人面临了怎样的厄运。

研究团队开始挖掘遗址所在洼地边缘的高地，随即发现了一块 90 万年前的人类头骨。这块头骨仅残存着部分颅盖和眉骨，上面有食肉动物牙齿留下的咬痕。这个古人类从未把这里看作他的家。

古人类的化石遗骸还揭示出疾病等人类所面对的威胁。人们在肯尼亚图尔卡纳（Turkana）东部发现了一个直立人成年女性的遗骸，她的骸骨异于常人。研究者认为这位女性因过度摄取维生素 A 而患病，这种疾病侵蚀了她的骨头。但是，这是什么原因导致的呢？研究者最后发现食肉动物的肝脏里富集维生素 A，而且含量达到对人体有害的程度。当古人类无意中吃掉食肉动物的肝脏之后，就会患上这种可怕的疾病。食肉，甚至杀死竞争性的食肉动物，这显然是我们祖先的生存策略，但是上面这个例子充分说明，一个小小的失误就足以将我们置于死地。

由于缺医少药，就算是生一场小病也有可能致死。在赞比亚卡布韦（Kabwe）地区发现的某个海德堡人头骨的粗壮外观，使我们很难相信这个人死于一次小的但致命的感染。这个古人类是目前我们所知最早的患有龋齿的人类，他的上颌牙中有 10 颗都有龋坏的现象。他颞骨上的一个小的穿孔导致了颅内一块更大的缺损，这表明这个海德堡人要么死于牙病，要么死于慢性的耳部感染。

那么，人类遗骨化石中有没有杀戮或战争的体现呢？我们已经发现了有着 40 万年历史的木矛以及 200 万年历史的可用于投掷的石球，但在发现古人类的那些遗址中并没有发现大量的死亡事例。在被埋葬在伊拉克沙尼达尔（Shanidar）洞穴的几个尼安德特人中，有一位的死因是被尖锐的石器箭头击中，这些骸骨的年代为 4.5 万—3.5 万年前。这是目前已知最早的非自然死亡。这个古人类一侧的肋骨上有严重的伤口，那是尖锐的石器从左侧用力刺入造成的。在此之前，我们从未看到过任何与故意伤害有关的化石记录。由于战争导致多个个体在某地死亡的事件，只发生在晚近时代的人类历史上，而且几乎全部发生在智人这一人科物种内部。

生存策略

看到这些伤痛、疾病和死亡的标记，我们当然会好奇我们的祖先究竟是怎么存活下来的。但事实并非如此悲观，尽管从体型的角度来看古人类不太具有自卫的能力，但是他们从灵长类祖先那里继承了群体合作和发声等效果极好的抵御手段。群体中的灵长类动物经常彼此守望，他们待在一起，始终保持着对捕食性动物的警惕，还能合作将敌人吓走。许多灵长类动物都能发出示警信号，其中一些信号专门对应着鸟类、蛇或豹子的攻击。诸如此类的群体合作和发声行为有

下图

地球的气候变化与人类进化

在过去的 1000 万年里，地球的气候一直在温暖和寒冷之间波动。深海岩芯中提取的两种氧同位素浓度的比值为 2.5‰ ~ 5.0‰。这一数据反映了全球海水温度和冰川的冰储量。在人类处于进化中的 600 万年里，地球气候的波动尤为剧烈。

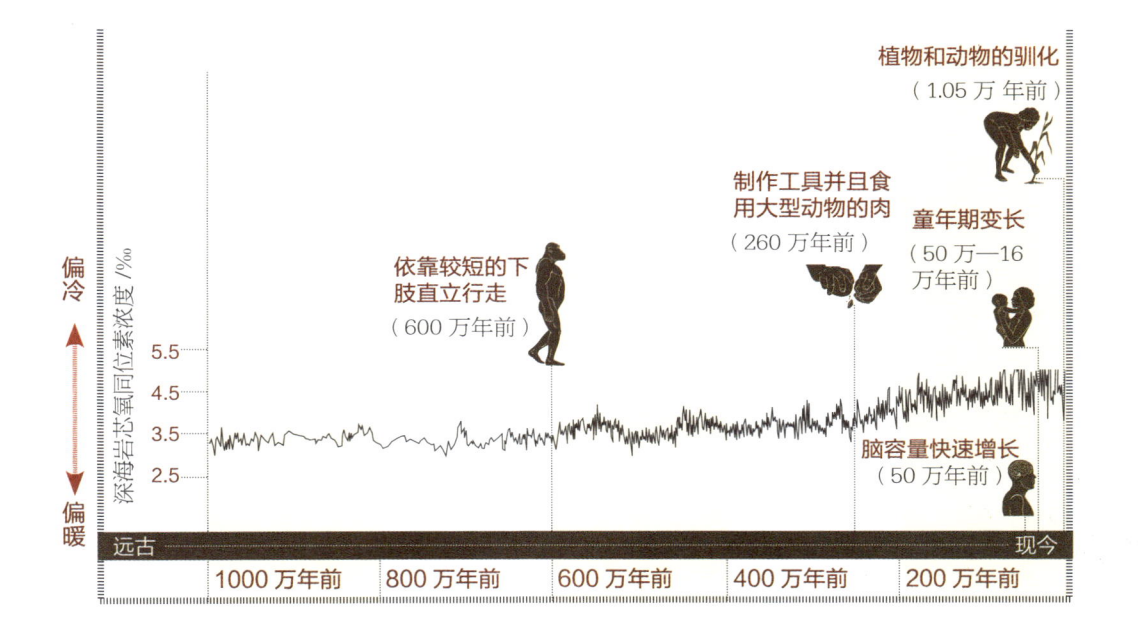

植物和动物的驯化（1.05 万年前）

制作工具并且食用大型动物的肉（260 万年前）

童年期变长（50 万—16 万年前）

依靠较短的下肢直立行走（600 万年前）

脑容量快速增长（50 万年前）

助于让我们的祖先以相对安全的方式第一时间自丛林中逃走。

投掷石块和使用武器也是个体自卫和群体防御的重要手段。有确切的证据表明,大概在 80 万年前,一些古人类已经学会了用火和搭建像样的篝火。绝大多数动物天性怕火,因此会远离这些篝火。篝火的照明效果也有助于让我们的祖先防范偷袭。在 80 万—40 万年前这段时间里,我们可以看到很多人类营建的居所和篝火的遗迹,这说明人类合作的水平已经达到了关键的突破点。

最能说明群体合作已经成为人类生存技能重要一环的证据,无疑是葬礼。尼安德特人和现代人不会随意丢弃死去的同伴,而是选择埋葬这些死者。也许有人认为这仅仅是出于卫生的考量,但是有证据表明事实并非如此。在沙尼达尔洞穴,我们发现了一个尼安德特人的成年男性被仔细地侧放入一个浅墓坑,身体呈现出婴儿蜷曲的姿态。有明确的证据表明墓穴中的彩色花朵和常青枝条是人们有意摆放在那里的。

既然死者的肉体并不会因随葬品和葬仪而受益,那么丧葬习俗的发展是否主要是为了活着的人呢?人类最早的葬礼出现在约 10 万年前,它可能具有双重的意义:首先,葬礼强化了社会纽带,并且使得早期的人类群体可以通过哀悼来应对生活中的困境;其次,葬礼的出现表明人类的思考已经超越了当下艰困的现实生活。他们或许想象着逝去亲人在冥世的生活,又或者是他们自己的美好未来。

适应与适应性

研究古人类的死因,能帮助我们了解自然选择如何运作以及人类祖先如何去适应环境。然而,另一个因素——气候变化的不确定性,以同样深刻的方式影响了人类的进化。如

下图
干涸的得克萨斯(Texas)湖床,看上去有些像东非裂谷(East African Rift Valley)地区因长期干旱而消失的湖泊的遗迹。

果说捕猎与疾病代表着持续存在的风险，那么食物以及其他必需品供给的不确定性同样对人类的生存提出了无休止的挑战。

古人类是如何适应季节转换时的天气变化以及降雨量和气温在大的时间跨度上的剧烈波动的？在面临季风、严重的旱灾以及大规模火山喷发等自然灾害时，他们又做出了怎样的反应？

一个物种如果想要获得生命的延续，不仅要依靠最适合其环境的生活方式，还要保持一定的选择开放性以及在形势发生变化时适应考验或机遇的能力。进化过程不仅塑造了物种对特定生存环境的适应，更塑造了能传递一定适应性的生活方式。鉴于一些物种种群已经存在了数十万年乃至数百万年，适应新环境的能力可以说是进化的重要产物之一，它为生物物种渡过困难时期提供了保障。

目前，适应性这一概念已成为理解人类起源的基石。原因之一是我们这个物种——智人，可以说是地球上进化出的最具适应力的哺乳动物。如今人类已经遍布整个地球，具备了根据自己的喜好改造环境的能力，甚至还在不停地寻求全新和具有挑战性的探索地，例如太空。

科学研究表明，人类经历进化的这一时期正值地球历史上环境最不稳定的一个阶段。干燥与潮湿、温暖与寒冷之间的大幅气候波动，为我们进一步了解人类挣扎求生的历史提供了些许的线索。

不稳定的气候

过去，人们一度认为与人类进化有关的环境问题已全部获得了解决：古人类适应了非洲的稀树草原。双足直立行走以及制造工具，对于在干旱和危险的平原上冒险生存的人类祖先来说至关重要。随着草原的扩张，捕猎和摄取肉食的新习性被证明对人类来说是有益的。人类对火的利用驱赶走了捕食性动物。随着古人类的足迹扩张至亚洲和欧洲，冰河时期的挑战磨炼了人类相互合作的能力。彼此交谈有助于将制作工具的传统传递下去。最终，语言的出现使得技术革新风行起来，艺术等创造性活动得以繁荣。所有可追溯到最早一批用双足行走的祖先的生存技能，就这样一个接一个地形成新的适应，这些技能都是为了适应赤道附近干旱的稀树草原以及寒冷的北方而发展起来的。

地球上的气候以线性方式向更干燥、更寒冷的方向发展，这一观念现在要被另一种观念取代了。事实上，历史上的气候波动看起来更像是一个失控的"之"字形。人类在进化过程中所处的生存环境由于气候不断在干湿、冷暖之间摇摆而

关于气候的历史，我们知道什么？

研究者们有许多种方法来阐释地球的气候史。

他们从湖底或大洋底部钻取狭长的圆柱形沉积层，并称之为"岩芯"。此外，还有些岩芯是从冰川或冰盖的冰层中钻取的。岩芯的深度（或长度）对应着不同的时期，越靠近顶部的位置对应的年代越近。通过研究其中残留的气体、孢粉（包括孢子与花粉）、木炭和微生物，科学家就可以对历史上的气候变化进行推测。

树轮和珊瑚生长周期的快慢受到环境的影响，因此它们被视为气候的指示器。

洞穴形成的时间也提供了有用的信息，因为形成的速度反映了环境条件的湿度。

科学家利用动植物化石来模拟远古的环境和气候。成为化石的叶子、种子、树皮、树根和孢粉都可被看成远古气候的指示器。通过分析现生动物的栖息地偏好，我们可以根据动物化石来推测其栖息地的信息。

持续地变化。现在,科学家们在提及人类进化的环境时,往往要强调它的多变性。他们认为塑造了人类进化特征的因素恰恰是环境的不稳定性,而并非仅是草原和冰川的扩张。

这个人类起源说中相对较新鲜的题目,目前还只处于猜想的阶段——完整的理论解释仍要随着新线索的出现一遍一遍地加以检验。古人类学领域里最令人激动的挑战之一,是更深入地理解人类祖先如何演化出对变化的适应(研究者称之为环境动力),这种适应与应对任何一种单一环境或环境变化趋势相比要复杂得多。

有关古代气候的数据对于"环境变化假说"来说自然是一种启发。通过对一种被称为有孔虫(foraminifera)的海洋微生物的氧同位素进行测定,研究者得到了一份全球气候变化的重要数据。众所周知,有孔虫利用环境中的氧来构建自

上图

肯尼亚奥洛格赛利的沉积层蕴含了 120 万年以来极为丰富的气候变化信息。白色和浅黄色的沉积层反映了该地区在湖泊和旱地之间的转换,而棕色的沉积层则是一条流过与旧湖床相接的山谷的河流所带来的沉积物。

右图

尼安德特人沙尼达尔 1 号（Shanidar 1）

年代为 4.5 万 — 3.5 万年前

这个尼安德特人在头部左侧被砸中之后得以幸存，他的右臂出现了萎缩。

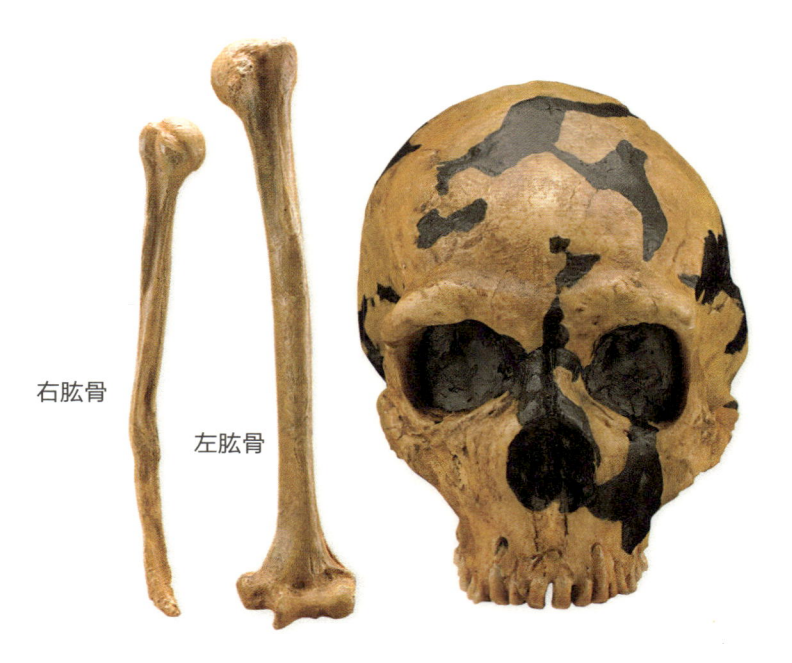

右肱骨

左肱骨

身小巧的钙质骨骼。随着地球的变冷或变暖，氧同位素的含量会有所变化。因为较轻的氧同位素比重的氧同位素更易挥发，所以它从海洋中被提取出来，为在大陆上扩张的冰盖所吸收。当冰川融化时，含有较轻的氧同位素的水重新流回海洋。因此，大洋底层有孔虫的氧同位素含量记录了地球气温和冰量在大的时间跨度上的波动。

如果我们将氧同位素气候曲线一直回溯到 7000 万年前，我们就会发现地球的确在迅速地变冷，在过去数百万年间尤其明显。我们在最近的 1000 万年中搜寻，将会发现许多重要的细节。这个包含着人类进化历程的较短的时间段，表明地球变冷的过程实际上涉及了在冷暖之间的剧烈波动。大约 600 万年前，即最早一批人类祖先出现前后，这样的波动开始持续。人属在进化过程中出现得较晚，恰逢一段气候波动更加剧烈的时期，而现代人的直系祖先——智人，则是在气候不稳定性达到顶峰时进化出来的。

另一份令人瞩目的气候记录聚焦于非洲地区在潮湿与干旱之间的波动。在从地中海底部钻取的岩芯中，我们可以看到一大段交错的黑色淤泥层与浅色的泥沙层。这两个构成部分皆拜尼罗河所赐。黑色淤泥层是强烈的季风风暴将富含有机质的黑土自巨大的尼罗河分水岭冲刷入地中海的结果，而浅色的泥沙层则表明干旱期降雨量的下降和植被面积的收缩。过去 500 万年的气候记录表明，古人类所经历的那些气候相对稳定的阶段，经常被持续时间更长的、在干湿两种环境间的剧烈变迁所中断。这些间隔往往会持续数千年乃至数十万年之久。古人类在非洲的进化过程中，地球气候在高度不稳定和相对稳定的状态之间长期且反复地转换，这对古人类的生存和生活方式产生了持续的影响。

世界各地的环境记录反映出气候波动的剧烈程度。跨度最长的大陆性环境数据来自中国中部的黄土高原。这个面积达 40 万平方千米的地区沉积着 2150 万年来风化作用带来的尘土。研究者在那里记录到持续的转换，在干旱时期，风从北方沙漠带来黄土，而在湿润时期，黄土将被繁茂的植被转换成土壤。每个时期持续的时间可达数万年。数百万年来，气候始终在波动，然而在过去的 260 万年里，气候的波动最为剧烈，这是因为地球的北半球于 260 万年前进入了大冰期。

由于天气、食物、水源的不确定性势必会对人类的生存造成挑战，环境的多变有助于我们从根本上理解为什么人类谱系树上的许多分支走向了灭绝。一般来说，我们很难将任何史前物种的灭绝归因于某个单一的原因。然而，在自己的

下图

南方古猿非洲种
汤恩幼儿
年代约为 280 万年前一只大型猛禽（有可能是鹰）抓走了这个孩子。

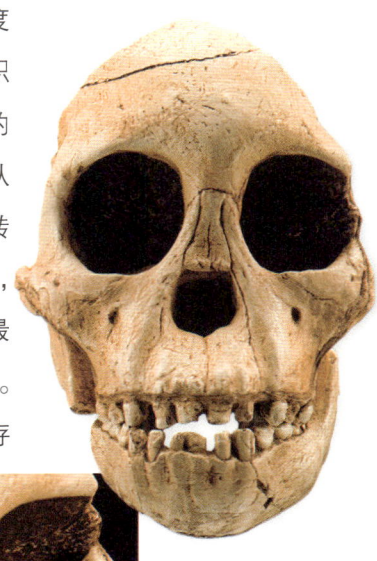

鹰爪留下的痕迹

栖息地扩张和收缩之时，对于在非洲生活了 100 万年的、有着粗大牙齿的傍人鲍氏种，以及适应了寒冷气候的、在欧亚大陆繁衍达 20 万年的尼安德特人来说，他们经受了反复的考验，其生存环境的严峻程度有时甚至远远超过其他人科物种。气候波动还意味着人类祖先栖息地的寄生生物、捕食性动物和其他危险带来的挑战。正是在过去的 300 万年里，气候上的剧烈变化导致了关键资源供应的大幅度波动，并造成不时出现的种群的人口危机。上述因素都可以影响物种的存亡。

这些事实使我们得出有关人类进化的一个有趣的结论：在进化之路上与现代人最接近的那些古人类——他们直立行走、制作工具，而且有着相当大的脑容量，尽管拥有这些里程碑式的进化特征，却依然走向了灭绝。这一发现使我们重新开始思考适应性的问题。

气候变化与人类进化

气候变化历史数据的快速累积正帮助我们重新认识有关人类适应的进化理论。在我们的祖先面对不断变化的环境时，

问与答
进化如何产生？

基因变异是进化的基础。由于父母的 DNA 孕育后代时的突变和重组，每个种群的基因池在代与代之间都会产生微小的变化。

为了存活下来，有机体必须适应环境。自然选择是改变种群基因池的重要机制。基因变异无意识地赋予某个种群成员以某种有益特征，个体成员将它体内的有益基因传递给它的后代，更多有着这种新性状的个体得以生存，并将这一基因传给它们的后代。随着时间的推移，如果有许多有益特征出现，就可以进化出一个能更好地应对环境挑战的新物种。

这些适应为他们提供了哪些好处？例如，直立行走的出现并不是说我们最早一批祖先完全放弃了树上活动。事实上，他们在穿越开阔地带时选择走路，而在植被丛生的地方仍选择攀缘。然而，后来非洲气候在潮湿与干旱之间剧烈变化，直立人在面临多变的地表环境时，长距离行走的能力表现出很大的优势。同样地，在制作石器的技术刚显现出来时，最基本的工具包括如大象臼齿一样能有力地冲压的石锤，以及如食肉动物牙齿一样可以精细切割的锐利石片，使得人属或晚期的南方古猿等最早的石器制造者在环境有所变化时能够采集新的食物。再之后，随着环境的持续变化，人类进化下的大脑开始处理更为丰富且复杂的周边环境及社会性互动的信息。大脑在处理信息、回忆、形成新思想等方面的任何进步，都有可能决定物种的存亡。

当下，人类最突出且独特的一个特征是我们有能力改造环境。制作石器、用火、建造居所、种植和储存食物，这种种技能都是为了改变我们所处的环境。其中每一项都是为了使生活更可预见，以便在时刻变化的环境中更好地生存。这一整套技能是如此有效，因此智人作为唯一一支幸存下来的古人类得以遍布全球。

早期人类进化出的一些能力对于充满变化的时代来说是相当有益的。无论这一人类进化的变异性假说是否能经得住相关科学数据的检验，科学界目前都认为充满戏剧性的环境变化是人类起源这一传奇故事的重要背景。这一方向的研究将会为认识人类的起源与现状提供新的视角。

上图

海德堡人

卡布韦1号（Kabwe 1），又被称为"罗德西亚人"（Rhodesian Man）

年代为30万—12.5万年前

这个海德堡人患有严重的龋齿（左上图），有可能死于骨感染。

> **历史之窗** 南非斯瓦特克郎斯洞穴（180万年前）

斯瓦特克郎斯洞穴的险境

1948年，南非科学家开始发掘南非白云石质地山区的一处重要遗址——斯瓦特克郎斯（Swartkrans）洞穴。发掘工作中他们看到黄褐色的沉积岩中有成千上万的动物骨骼化石。这些骨骼化石中有一具早期古人类——傍人粗壮种的遗骸。

接连不断的发现让我们逐步了解了这种古人类的生活方式。科学家们发现了傍人用来挖掘蚁穴的骨质工具，还发现了羚羊、斑马、牛羚和狒狒等动物的化石。这些动物化石的存在意味着现在这片有灌木生长的草原在过去是树林和草地混杂相间的环境。

在找到一个年轻的古人类的头骨（脑后有两处圆形的穿孔）之后，人们才弄清楚斯瓦特克郎斯洞穴为什么有如此多的骨骼堆积。头骨上的穿孔与当地一种已灭绝的金钱豹的犬齿形状刚好可以吻合。

这个年轻的傍人是因金钱豹的袭击而死的吗？很有可能！金钱豹很可能伏击了这个正在挖掘白蚁的年轻人，杀死了他，并将他拖到树上，以防止被其他大型食肉动物偷走。在斯瓦特克郎斯这类地下洞穴的洞口，生长着许多树木，这块头骨及其他骸骨很可能就是从树上掉到洞内的。在相当长的一段时间里，同样的事情一定也发生在了许多其他动物身上。

早期古人类，包括这个年轻的傍人粗壮种，经常陷入被捕食的险境。

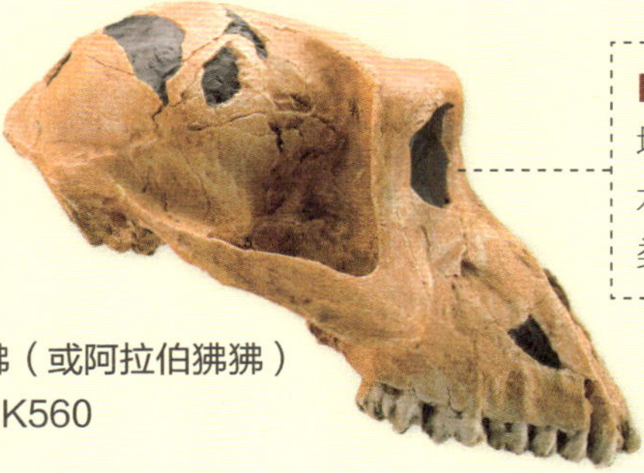

埃及狒狒（或阿拉伯狒狒）
编号：SK560

■ **狒狒头骨**：这个头骨的所有者——埃及狒狒生活在斯瓦特克郎斯某个林木繁茂的地区，早期古人类也喜欢在类似的地点活动栖居。

■ **骨质工具**：实验及显微观察表明，早期古人类用这些骨质工具的尖端挖掘地下的白蚁，富有营养的白蚁是傍人重要的食物之一。

■ **植物食用者**：傍人粗壮种有着粗大的臼齿，头骨顶部有明显的、附着有力咬合肌的骨嵴。这些特征说明他主要以坚硬的植物类食物为食。

傍人粗壮种
脑颅和下颌，编号：SK48 和 SK23

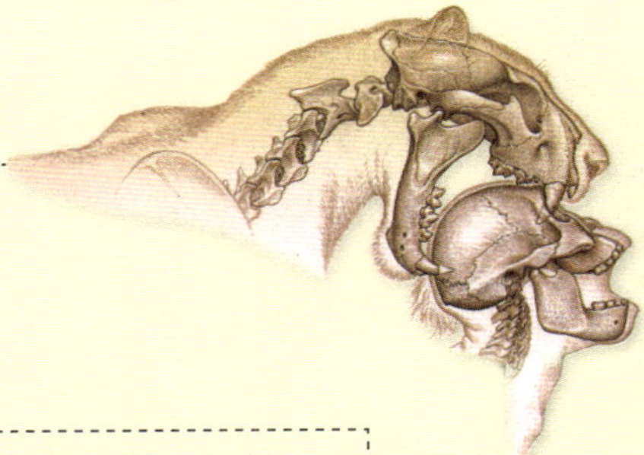

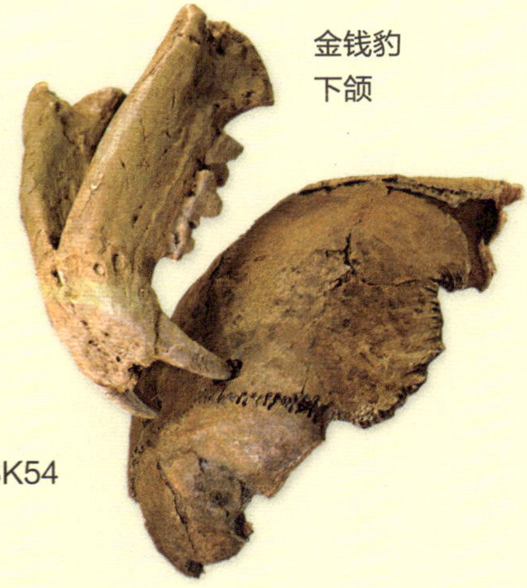

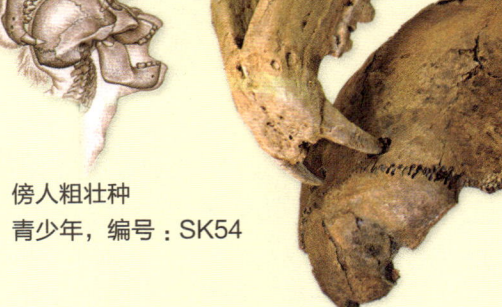

金钱豹下颌

■ **被捕食的证据**：早期古人类有时候会成为其他食肉动物的猎物。年轻的傍人头骨上的穿孔与金钱豹下颌骨上的牙齿形状刚好可以吻合。

傍人粗壮种
青少年，编号：SK54

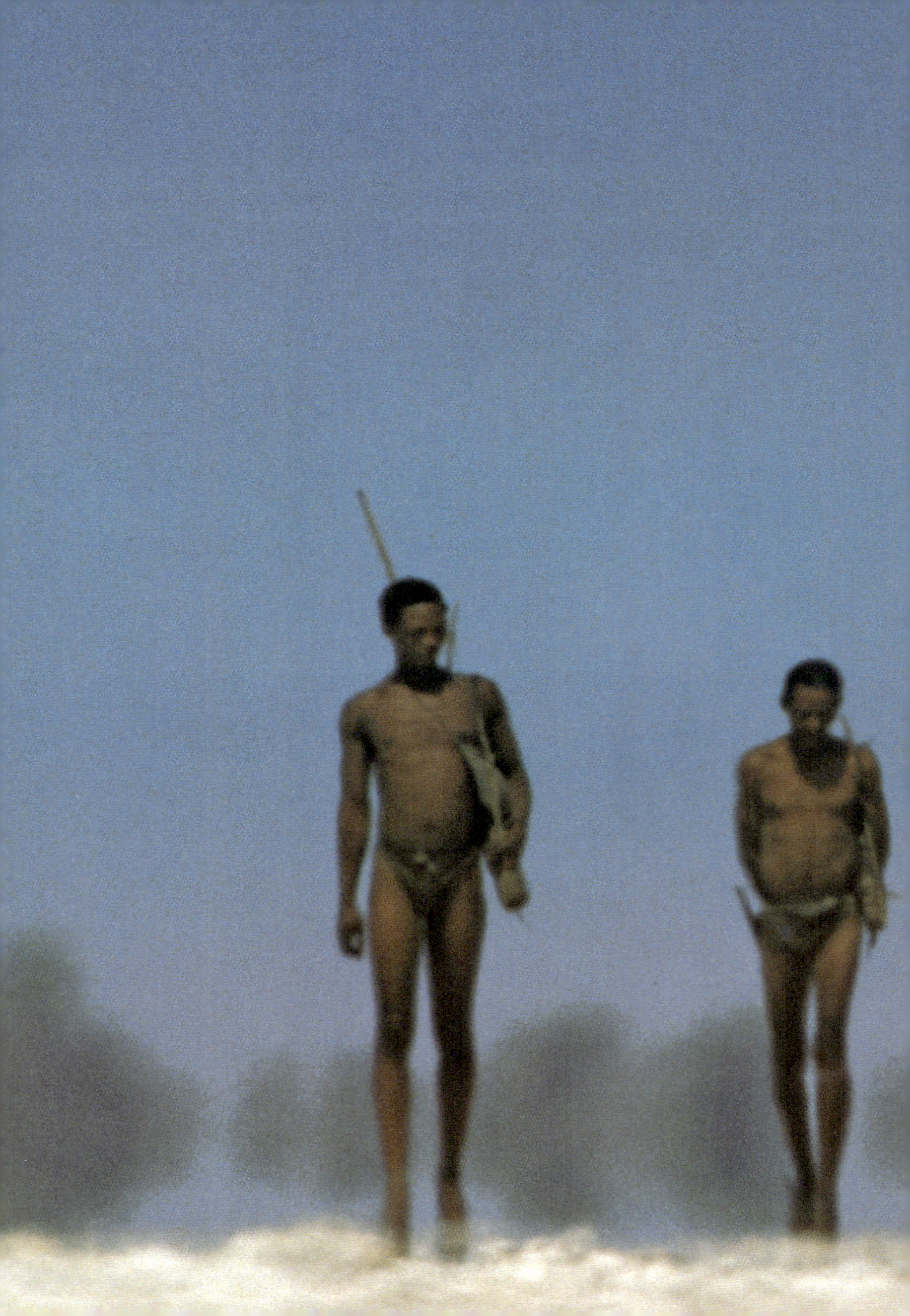

第二部分
人类独特性的开端

第 4 章 | 迈出第一步　　第 5 章 | 家庭和成长　　第 6 章 | 工具和食物
第 7 章 | 人体的比例　　第 8 章 | 大脑的进化

第 4 章

迈出第一步

下次赤脚沿着海滩漫步时，请回头看看你留下的足印。注意你的大脚趾的印迹，以及它如何与其他脚趾对齐。这样紧凑排列的脚趾，有助于推动我们一步接一步地走过沙滩。你看到自己脚背拱起的形状了吗？就是它给予我们向前迈步的跃动力。接下来，再看看你留下的这串足迹。人体构造是一个奇迹——我们可以双腿轮换着支撑整个身体来获得良好的平衡，沿着笔直的方向前行。你留下的这串足迹指向人类演化进程中的首批重大事件之一。

1974 年，美国古人类学家唐纳德·约翰森（Donald Johanson）领导的科考队在埃塞俄比亚的哈达尔荒地（Hadar badlands）上搜寻时获得了一个惊人的发现——那是一具约 318 万年前的女性骨骼化石，其中包括上肢骨、下肢骨、肋骨、骨盆、下颌骨、指骨、趾骨和其他骨骼残片。在埃塞俄比亚的阿姆哈拉语中，这具化石被称为"Dinkenesh"，即"你很漂亮"。而在英语中，"她"被命名为露西。

在对人类进化史的研究中，露西的发现被认为是有关早期人类化石发现最重要的突破之一。露西所属的物种被称为南方古猿阿法种，经过多年细致的田野调查，古人类学界现在已经发现了数百具不同性别和年龄的南方古猿阿法种化石。该物种因此成为最受瞩目的上新世古人类。南方古猿阿法种分布在少数东非遗址中，其生活年代为 390 万—300 万年前。在那之后，露西一族走向了灭绝。

通过露西及其同族的化石，我们不仅可以进一步研究人

68~69 页图

人类独特的体型、大脑和行为使我们区别于其他灵长类动物。图为布须曼人（Bushmen）穿过一片炎热的纳米比亚盐田。

右页图

双足行走是出现于人类进化史早期的一种独特的人类特征。

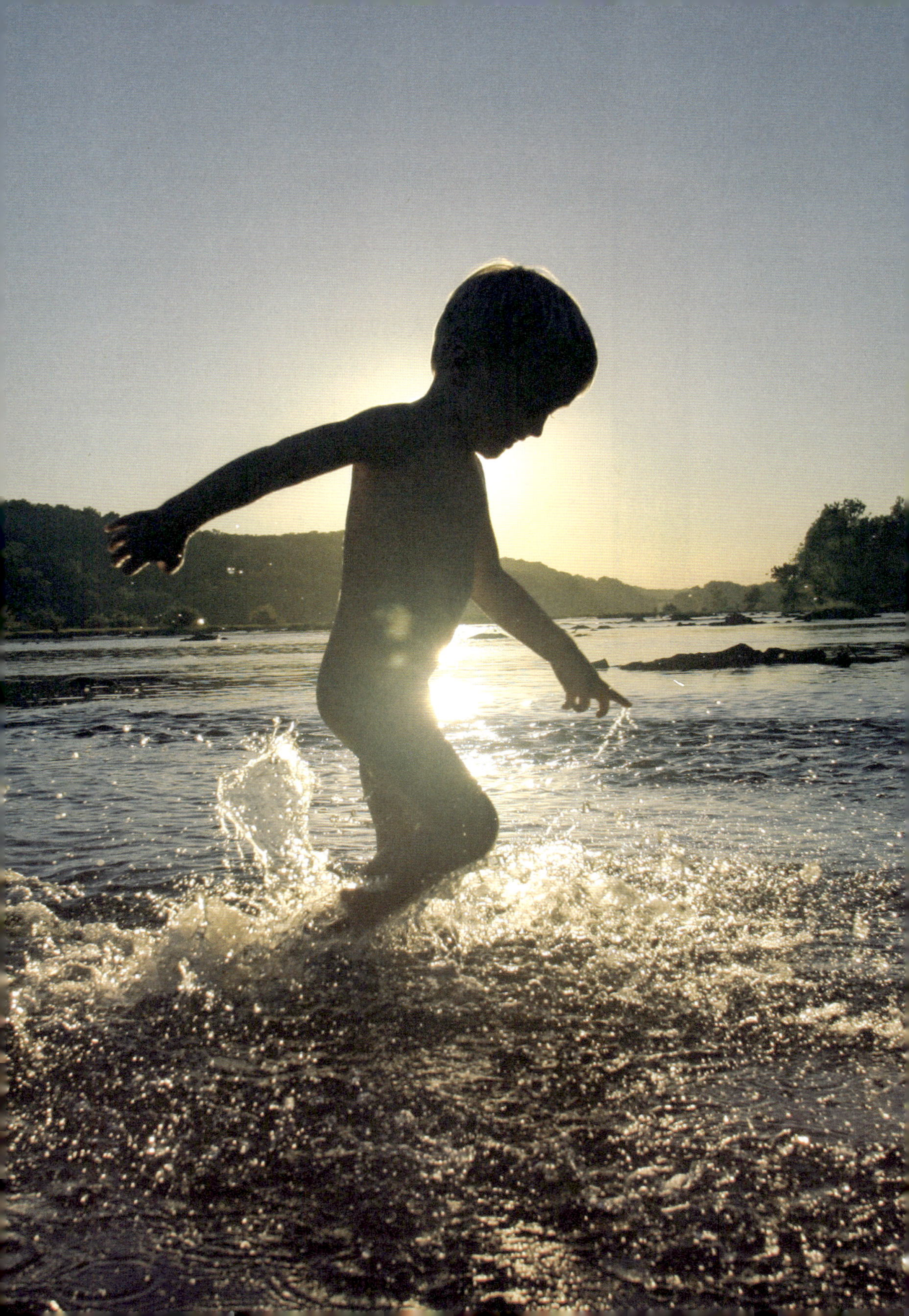

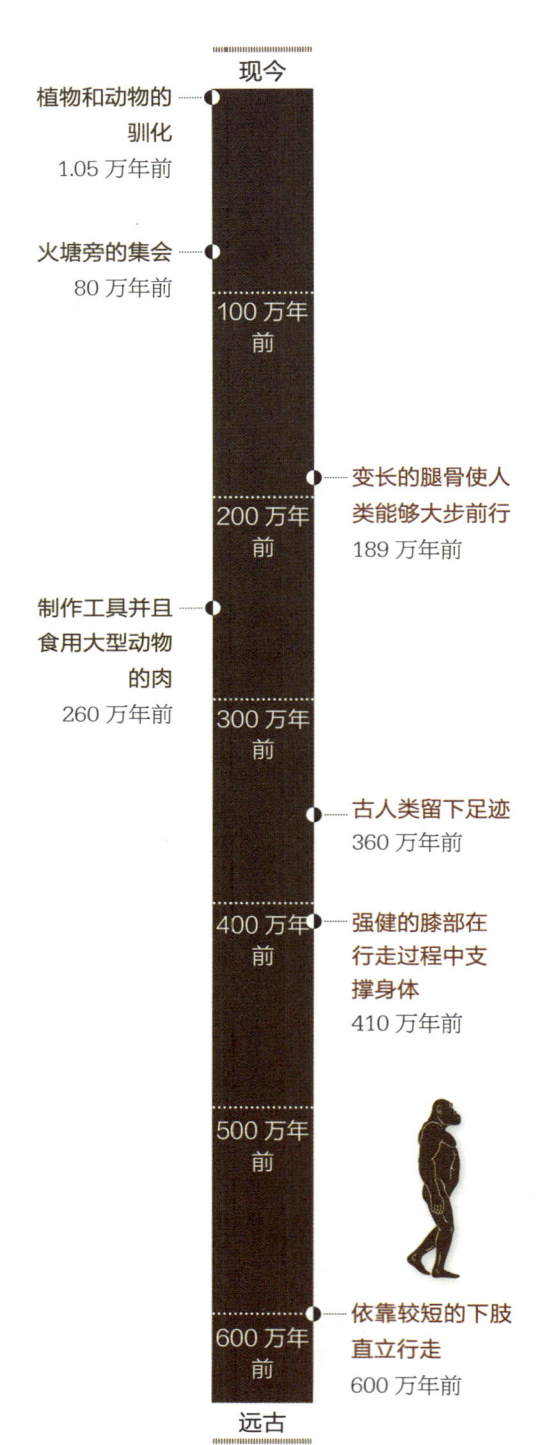

类祖先的生活方式，还可以了解人类如何成功地实现了最早的进化突破之一——用双腿直立行走。

人类如何行走

人类是唯一一种经常用双腿以一种平稳、大步的步态行走的灵长类动物。在购物、带孩子、跑步、跳舞、玩游戏以及进行各类考验我们的平衡能力及用双腿行走能力的活动时，我们都必须依赖双足行走这种方式。人类对直立行走的依赖在灵长类动物中是独一无二的。

这种不同寻常的行为起源于灵长类动物多变、灵活的移动方式。虽然灵长类动物以在树木间攀跃和依靠四肢奔跑而著称，但狐猴可以靠下肢在地面跳跃活动，狒狒想从低矮树枝上摘花时能够站立并进行短距离的蹒跚行走，而猿类则偶尔会用双腿行走。黑猩猩、大猩猩和红毛猩猩在用双足行走时要靠身体的转动来保持平衡，先将身体的重量放在一条腿上，然后再转移给另一条腿。它们之所以如此"笨拙"，是因为这些灵长类动物的髋部和膝部关节是弯曲的，无法灵活地伸展。

人类的行走方式是截然不同的。我们可以用两条腿顺畅地行走，不必左摇

时间轴（从现今到远古）：

- 植物和动物的驯化 — 1.05 万年前
- 火塘旁的集会 — 80 万年前
- 变长的腿骨使人类能够大步前行 — 189 万年前
- 制作工具并且食用大型动物的肉 — 260 万年前
- 古人类留下足迹 — 360 万年前
- 强健的膝部在行走过程中支撑身体 — 410 万年前
- 依靠较短的下肢直立行走 — 600 万年前

右摆或上下弹跳。这种运动方式需要人体的关键部位具备协同合作的能力，脊椎、臀部、膝盖和双足都要参与这个过程。

人类短而宽的骨盆改变了肌肉在臀部周围的收缩方式，于是我们的腿才可以有力地大步向前迈进。不同于骨盆上半部较为狭长的猿类，人类骨盆的上半部比较宽，且具有臀大肌这样的大块肌肉。臀大肌在人类直立行走的演化中出现了位置上的改变。不论大家喜欢与否，臀大肌使得我们每个人收获了一个"肥臀"。与我们不同，黑猩猩的臀大肌位于体侧。实际上，我们人类是唯一具有显著臀背比例的灵长类动物。如果跟在一只黑猩猩的后面观察，你会发现它臀部的肌肉其实并不多。

在行走过程中，人类的膝盖弯曲并向前摆动，然后自然地锁定在人体中部的正下方，为身体的重心提供支撑。鉴于膝关节处于中线，因此股骨必须相对于臀部向上和向前转动。相比之下，猿类的身体由与地面近乎垂直的股骨支撑。这意味着猿类在用双腿行走时，身体会随着两个膝关节交替活动而不断摆动着。至于位于腿部末端的双足，人类和猿类也展现出惊人的差异。人类的大脚趾宽而粗壮，紧贴在其余短小的脚趾旁边，形成了一个强大、有弹性的"踏板"。能够减少能量消耗的足弓位于足部中央，脚踝、脚跟和其他脚骨相互锁定，从而提供稳定性和支撑力。猿类的双足则更接近于双手，脚趾细长，大脚趾像是大拇指，没有足弓，体现出与抓握能力相匹配的灵活性。这体现出它们在某种程度上对在树上攀爬、站立和居住的生活方式的依赖。

这里似乎更多地涉及解剖学领域的知识，然而只有借助这些知识，我们才能够从化石证据中理解为何直立的体态和双足行走的革命代表着人类谱系的起源。

下图

在 360 万年前，直立行走的人类祖先的足迹适时地被火山灰封存。1976 年，古人类学家玛丽·利基在坦桑尼亚的莱托利（Laetoli）发现了这些足迹。

化石证据

我们越是沿着时间向前追溯，化石证据就越能充分地说明双足行走的演变。目前我们找到的最佳证据来自在埃塞俄比亚阿法尔洼地发现的一具 440 万年前的古人类骨骼，它属于地猿始祖种。头骨底部的主要开孔表明，与猿类相比，其脊柱更接近于颅骨的中心。另一种来自乍得的生活在 700 万—600 万年前，被称为撒海尔人乍得种的古人类也是如此。撒海尔人乍得种的脊柱与颅骨的连接点更靠前，这意味着在身体处于直立姿势时，头部更容易获得稳定。撒海尔人乍得种躯体部分的骨骼未能保存下来，但地猿始祖种躯体部分的骨骼化石表明，地猿始祖种在直立行走时显然比现生大猿要僵硬一些。地猿属的骨盆上部类似于人，它们在直立行走时由

附着于这种更宽大的骨盆上半部的肌肉来支撑。不过，它们的骨盆下半部则更接近于猿类，附着着更适宜攀爬的大块肌肉。地猿始祖种具有可以抓物的大脚趾以及近似于猿类的粗大臂膀和双手，这证实它们仍可以在树丛中穿梭自如。

我们拥有约 600 万年前的图根原人的部分遗骸。其中，最引人深思的是一块股骨（或者说大腿骨）残片。图根原人的股骨上端是将股骨的其余部分与髋部相连接的"桥梁"，与猿类相比有略微增厚的基部。这处细微的转变表明，图根原人的股骨能够承受直立行走过程中将体重轮换着放在单腿上的压力。

在约 400 万年前，人类把双足行走作为一种生活方式的明确证据已经显现，这也意味着出现了更加宽大有力的膝关节。这里，我们要再次借助解剖学进行比较。大猿的膝关节略显单薄，因此它们在进行长距离活动时很难每次只用单腿支撑全身的重量。尽管许多人深切地意识到自己的腿部关节受到了一定程度的磨损，但人类的膝盖显然比人类祖先的更加宽大有力，我们因此更容易适应频繁的双腿运动。一块 410 万年前的南方古猿湖畔种的胫骨显示了膝关节的变宽。这一发现表明，南方古猿湖畔种的膝关节已经演化出可以直立行走的关键适应性特征。

距此 100 多万年后的脊椎化石进一步为我们提供了有关南方古猿适应双足行走的证据。黑猩猩或大猩猩的脊柱，如同其他灵长类动物一样，从骨盆到头后部形成了一条柔和的拱形。而人类的脊柱具有两处弯曲，即下背部区域的前凸和胸椎处的后凸。这种双曲度形状是由腰椎略呈楔形的形状和柔软的椎间盘共同形成的，其中较低的曲度可以缓冲每次迈步时产生的微小震动。约 250 万年前的南方古猿非洲种的脊椎化石在其腰椎部分已显示出直立行走这一重要适应性特征。

通过对化石残片证据的逐步分析，在解剖学意义上我们看到

露西骨骼复原图

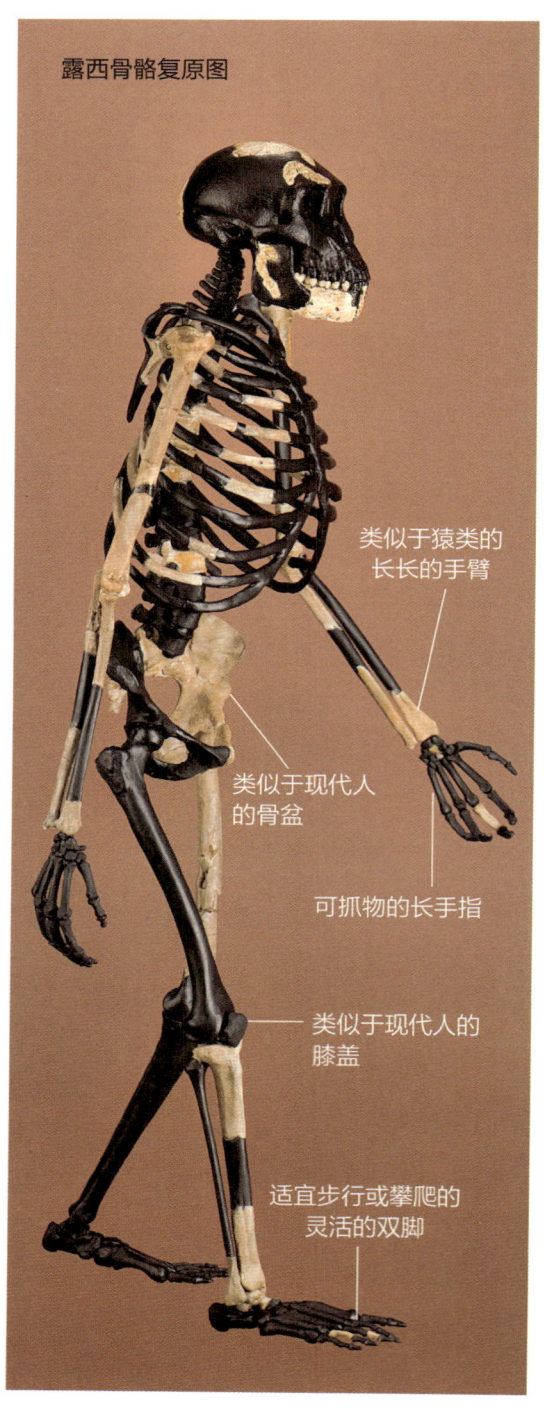

- 类似于猿类的长长的手臂
- 类似于现代人的骨盆
- 可抓物的长手指
- 类似于现代人的膝盖
- 适宜步行或攀爬的灵活的双脚

了作为人类直立行走尝试之基石的改变。这些改变出现在 600 万—250 万年前的古人类化石中，说明生活在这一漫长时期里的古人类结合了类猿及类人这两种行动方式。

露西的骨骼是完整的，充分展示出上述特征的结合。再加上来自露西所属的南方古猿阿法种的其他骨骼化石证据，这个物种显然已具有近似于现代人的骨盆以及与膝关节呈一定角度的、较细的股骨。这些都是他们用相对较短的腿行走的可靠线索。然而，南方古猿阿法种同时也具有长而有力的手臂、蜷曲的手指骨和相对更长的脚趾骨，这表明他们有着比现代人更加灵活的双脚，而且在一生中要频繁地攀爬和抓握树枝。在人类祖先从一种重要的生活方式向另一种生活方式过渡时，演化进程中出现的这两种生理特征的结合被"冻结"，并在残遗的化石中被保留下来，印证了我们之前的猜测。

早期的足迹

如果说露西赢得人们的关注是由于作为骨骼化石单体而呈现出的那些线索，那么最能展现古人类双足行走行为、最令人着迷的单个遗址则位于坦桑尼亚的莱托利。这个遗址保存有一系列 360 万年前的古人类足迹，它们令人惊叹不已。作为已知最古老的古人类遗迹，莱托利足迹与人类在月球上留下的那些足迹一样，是人类进化史上让人心潮澎湃的浓重一笔。

莱托利足迹深嵌在一处古老而坚实的火山灰地貌中，是由 3 个直立、笔直向前行走的古人类留下的。他们的步幅介于 39 厘米~ 48 厘米。这个证据表明，与之后演化出的大多数古人类相比，这几位在莱托利直立行走的古人类的腿相对较短。

在同一地区附近，人们发现了数十块南方古猿阿法种（即露西同族）的牙齿和下颌骨化石。它们与埃塞俄比亚哈达尔发现的化石极为接近，我们甚至可以将从其中一个遗址获得的上颌骨与另一个遗址的下颌骨拼合到一起，仿佛这些古人类原本就是血缘接近的亲族。学者们据此谨慎地将莱托利

左页图

有着 320 万年历史的露西骸骨表明，她在生物学上所属的物种——南方古猿阿法种虽然可以直立行走，但仍然习惯于攀爬树木。图中棕色的骨骼是出土的部分露西骸骨，而黑色的骨骼则是根据露西同物种的骨骼化石以及解剖学知识补充上去的。

本能的抓握

在生命的头 6 个月中，现代人婴儿会本能地紧紧抓住手指、手掌或手掌接触的其他物体。这种现象被称为抓握反射（palmar grasp reflex），许多婴儿抓握的力量都足以支撑起自己的体重。由于抓握反射在所有灵长类幼崽中都很常见，所以很可能所有古人类的婴儿都具有这种反射。

数百万年前，这种反射可能有助于古人类婴儿紧紧抱住他们的母亲，特别是在反射程度最强的母乳喂养期间。但这种反射对现代婴儿来说可能并不是特别有效，因为现代人母亲没有长长的体毛，而且属于双足行走动物的人类婴儿也没有便于抓握的对生脚趾。

如果说其他大猿的幼崽可以通过四肢紧抓母亲的皮毛来"搭便车"，那么人类婴儿只能靠母亲来抱住他们。

右页图

与黑猩猩相比，这3个早期人科物种具有3个能够确保他们直立行走的关键适应性特征。这些特征对于保持平衡、支撑上半身体重和长时间步行来说非常重要。

足迹的制造者归为露西的同族——南方古猿阿法种。

保留了莱托利足迹的地层同时还保存了360万年前远古生态体系的显著证据。除了大约20种哺乳动物的化石外，我们还可以见到大批羚羊、一只非洲野兔和一匹三趾马的足迹。那里甚至还保存有一些鸟类的化石、黄蜂的茧的印迹，甚至还保留了可以反映莱托利足迹同一时期气候的证据——变成化石的雨滴。

通过审视前文提到的种种线索，我们可以重建约360万年前的场景。附近一座反复喷发的火山一次喷发时在莱托利遗址上堆积了一层厚达15厘米的细火山灰。这类火山灰实质上是一种碳酸岩，被雨水打湿后会硬化。之后，3个直立行走的古人类穿过了这片平原，其中一个古人类小心翼翼地跟随着另一个同伴的脚步。当附近的火山再次喷发时，这些足迹被落下的火山灰掩埋起来。这些足迹一直被深埋于地下，直至地震抬升了这处地层，而侵蚀和风化作用又逐渐将它显露出来。

我们不禁对这几个古人类的目的地感到好奇，他们为什么要在下雨天穿过这片积满火山灰的土地呢？其中一人将他的脚踩在另一个人的脚印上，这幅画面似乎预示了某种常见的人类意图，然而我们永远不会知道这些古人类的动机何在。此外，一个更大的问题仍然摆在我们面前：为什么人类最早的祖先起初要尝试直立行走？

为何开始直立行走？

科学家们提供了很多极富创意的理由来解释为何双足行走在人类进化史的早期演化了出来。可能性考虑到了化石证据和关键时期的环境状况记录，还考虑到了与这一重大演化转型相关的生存优势和成本需求。其中的关键是要厘清，在大约 600 万年前的非洲，直立行走如何提高了人类生存和繁殖的机会。

个体在寻找食物时，如何利用自身的能量是一个需要考虑的重要因素。一种观点认为，当最早期的古人类从低矮的树枝上采集水果、豆荚或花朵时，用双腿行走可以提供一种优势。与其在两腿直立和四肢行走间反复进行转换，双足直立行走可以实现更高效的能量利用率，从进化角度而言更为有利。我们不能确定最古老的双足行走的生物是否从离地面最近的树枝上采集食物，但我们确实知道，如果只需短距离行走就能采集到低矮树枝上的食物，黑猩猩和其他灵长类动物会采取双足行走的方式。

肌肉的收缩如何从臀部传导到脚在很大程度上影响着用双腿行走的效率。测量行走时消耗的氧气量是计算这一效率的方法之一。灵长类动物的实验数据表明，长距离行走时，在地面上双足行走比用四肢行走能更有效地使用能量。这表明任何可以改善双足行走的微小变化都可能会扩展我们祖先寻找食物的范围。事实上，现代人双足行走的效率要比黑猩猩用四肢行走的效率高

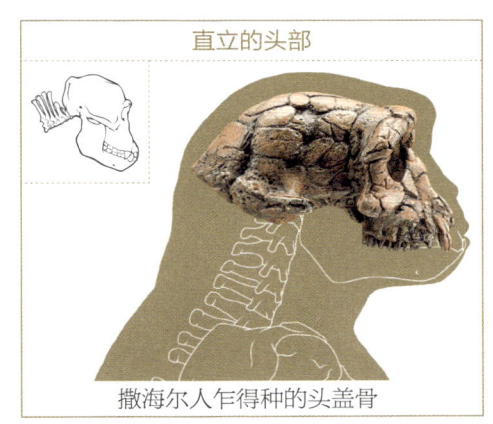

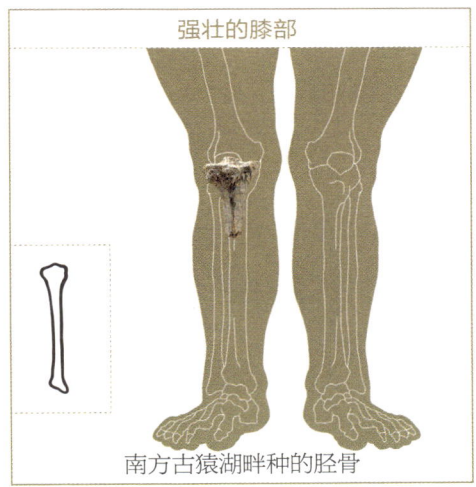

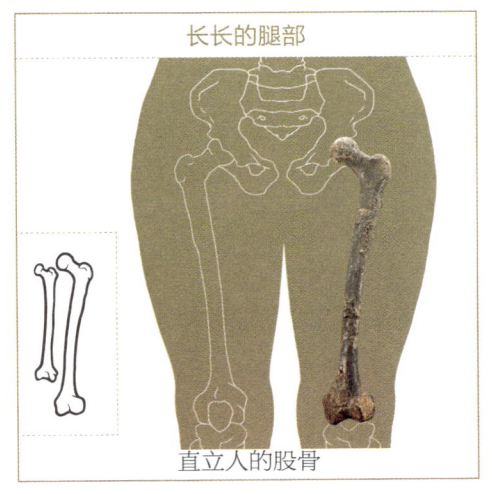

直立的头部

撒海尔人乍得种的头盖骨

强壮的膝部

南方古猿湖畔种的胫骨

长长的腿部

直立人的股骨

40%～50%。这两个物种的一般移动距离似乎与移动方式的差异相关。

我们再来看另外一种情况，直立行走的优势在于解放双手，它使得双手可以搬运食物、工具或抱婴儿。一个稍显激进的观点认为，直立行走使得古人类看上去更强大且更有威慑力——这种可能性或许已经使群体中更富进攻精神的成员受益。

解决此问题的另一种方法是对最早演化出双足的动物的所处环境进行研究。环境因素会影响一个种群或物种中所有成员的生存策略。当前备受争论的一个重大问题是，最早期的古人类更喜欢单一类型的栖息地，还是能够适应持续变化的各类环境。一些600万—400万年前的早期人类遗址保存有各类种子和动物的化石，这些物种均指向一种潮湿且林木繁茂的环境。另外一些遗址也有力地证明了过去人们在某种草原、灌木和森林交错分布的环境中生活。不仅如此，根据深海氧同位素记录，我们可以看出，从大约600万年前起，全球气候变得更加多变，而气温与空气湿度也随之出现了较大波动。

科学家在哈达尔的地层中接连发现了跨越漫长气候变迁的古人类化石。通过340万—300万年前的沉积物中保存的大量孢粉化石，科学家已鉴定出51种生长于埃塞俄比亚不同时期遗址的草本植物、灌木和乔木。结合哺乳动物的化石研究，孢粉研究表明远古时期的植被不断地经历气候在冷与暖、燥与湿之间的反复变化。我们始终可以在这一时期的沉积物中发现南方古猿阿法种的骨骼化石，这表明南方古猿阿法种能够应对气候的变化。

如果说植被在森林和草原之间不断轮换，而各种矮灌丛和灌木的生长始终十分繁盛，我们是否可以认为露西同族（南方古猿阿法种）双足行走的特征在适应这种变化时非常有效？认识直立行走演化过程的挑战之一，在于弄清楚为何双足行走和爬树的能力曾共存了大约 400 万年。在哈达尔，我们获得了这样一条线索，即在南方古猿生活的这一时期，双足行走的方式可以帮助他们应对变化，古人类因此可以在干旱时期穿越开阔地带，从而充分利用一段距离之外的树上的食物和林木给予他们自身庇护。既能行走又可攀爬的灵活性，可能使得露西同族乃至更早的人类祖先得以在气候反复变化的环境中生存下来。

当存在许多看似合理的解释时，科学证据通常不会完全倾向于其中一种假说。但是，只有那些最具可能性的解释才会推动人们继续寻找新的证据，例如，远古时期的环境、双足行走的生物学机制，以及其他与认识由猿到人的早期演化相关的因素。

更快、更远、更容易地行走

直到约 200 万年前，我们才会看到行走方式演化的下一个里程碑。这一时期的骨骼化石揭示了人体比例的巨大变化。至少在一个古人类谱系分支中，其成员的腿部变得更长，骨盆变得更大且更强健。这些变化可以使人类进行长距离的行走和持续的奔跑。以上证据表明，人类已经完全转向艰苦的地面生活。

根据在埃塞俄比亚中阿瓦什（Middle Awash）地区布瑞（Bouri）遗址发现的骨骼化石可知，腿部变长的迹象似乎最早可以追溯至距今 250 万年前。有一块非常有趣的颅骨化石残片与这些骨骼相关联，该颅骨所属的古人类被命名为南方古猿惊奇种。一些科学家认为这片颅骨可能属于具有大颗牙齿的傍人属。然而，这项发现呈现了一个独特的特征组合，使得学者难以判定它是否足以代表一个独特的古人类分支。如果这些腿骨与头骨确实属于同一物种，那么就意味着腿部变长恰好发生在大约 250 万年前，

上图

一群肌肉发达的南方古猿阿法种在哈达尔开阔的林地环境中寻找食物。这些古人类在树上觅食可能与在地上一样轻松自如。

即南方古猿向最早的人属过渡的交汇期。此时，古人类长且有力的手臂特征仍然被保留着。

我们可以看到 190 万—170 万年前的古人类的身体比例已经非常接近现代人，他们的腿与躯干相比变得更长，而手臂则变得较短。非洲的直立人是已知最早的展现出这种崭新外形的人科物种。

那么，这种变化在进化上的优势是什么呢？正如任何与小孩走过一段路的成年人都可以证明的那样，更长的腿可以使我们以更少的力气走得更快、更远。同样的道理也适用于人类演化中双足行走这一重要的里程碑。能量输出实验和解剖学研究已经证实，那些腿部相对于躯干较短的双足行走物种在移动时要消耗更多的能量。使腿部变长的基因变异赋予人类更大的步幅，古人类因而可以迅速、高效地走过宽广开阔的地域。实际上，对肯尼亚北部东图尔卡纳和坦桑尼亚奥杜威峡谷古代环境的研究表明，在 200 万—170 万年前，东非的气候环境在潮湿和干燥之间剧烈波动。在这一时期，开阔的草原开始在非洲大地上扩散开来，相对轻松地进行长距离行走的能力是一个巨大的优势。

进化的代价

双足行走的生活方式大获成功。早期的地猿属、具有大型下颌骨的傍人鲍氏种以及肌肉强健的海德堡人，都是繁衍了数十万年的、用双足行走的古人类。人类靠着双脚一路跋山涉水，散布到了世界的各个角落。

然而，尽管行走为我们的祖先带来了诸多便利，但这种原始适应也存在着一些缺陷。仅由双腿来承担全身的重量，有可能导致一系列痛苦的后果，例如，后腰疼痛、椎间盘突出症、膝关节炎和扁平足等。直立行走还限制了产道的尺寸，因为若要使双腿快速地行走，髋关节打开的角度就不能过大。这一古老的限制使得人类在生育长着大脑袋的婴儿时要经历艰难的过程。

直立行走为人类之后的演化历程奠定了基础。不过，也正是它带来的那些痛苦的后果，有时会使我们想起人类起源过程中最早发生的演化出双足行走的这一进化大事件。

问与答
我们可以从远古足迹中学到什么？

古人类留在化石中的足迹是古人类行为的痕迹。通过它们，科学家们可以推断出古人类的行走方式、留下这串脚印时正在做什么，以及他们生活的环境。

在坦桑尼亚的莱托利，科学家发现了已知最古老的人类足迹，其年代大约为360万年前。这些足迹代表着双足行走的行为，但科学家仍在争论这些脚印是否可以代表完全进化的现代人的步态。

最近，在肯尼亚图尔卡纳湖（Lake Turkana）附近发现的化石足迹更接近现代人的足迹。这些有着150万年历史的化石足迹显示，古人类每次迈步时脚后跟和前脚掌都会留下深深的印痕，这与现代人的步态相符。

第 5 章

家庭和成长

关怀是人类的基本特征之一。不过，我们不会始终如一地，更不会不加区别地给予他人关怀。人类在成长过程中不可避免地要接受他人的关怀。我们是唯一一个享有童年的物种，在哺乳期结束后仍要依赖父母和其他人来获取生活必需品。我们在一生中不断地与他人分享食物、聚集资源并建立经济上的纽带。然而，我们该如何理解这种凝聚的起源以及人类表现它的特有方式呢？

我们很难确切地了解古人类的社会生活。仅仅通过落满尘土的遗物和骨骼，我们很难想象出这些祖先成长的速度，以及成年男性与女性之间的社会互动。然而，通过对骨骼化石和考古线索的仔细研究，我们仍然可以从中发现一些展现出人类社会生活特性的、令人惊叹不已的证据。

大猿以及几乎所有的灵长类动物都生活在通过复杂的方式进行互动的、由个体组成的社会群体中。与其他哺乳动物相比，灵长类动物成长得相对缓慢。它们的幼崽一边玩闹，一边学习和培养专注力。灵长类动物的成年个体保护其幼崽，并且与其他成年个体建立复杂的关系。个体之间关系的微妙时常反映在梳理毛发的行为中，例如，一个个体会花多长时间为另一个个体梳检毛发。在每一个大猿的种群中，成年个体都会建立长期的情感依赖、在意自身地位，并且对性格外关注。它们在表达威吓和友善时会露出犬齿或做出某些面部表情；它们懂得惩罚，甚至杀戮。根据灵长类动物所遗留的这些基本特质，几乎可以肯定的是我们的祖先同样从事着广

右页图

在法国的普罗旺斯（Provence），新婚夫妇与家人和朋友一起庆祝。成年人婚配，亲朋好友和其他人为他们捧场支持，这样的习俗有着非常悠久的历史。

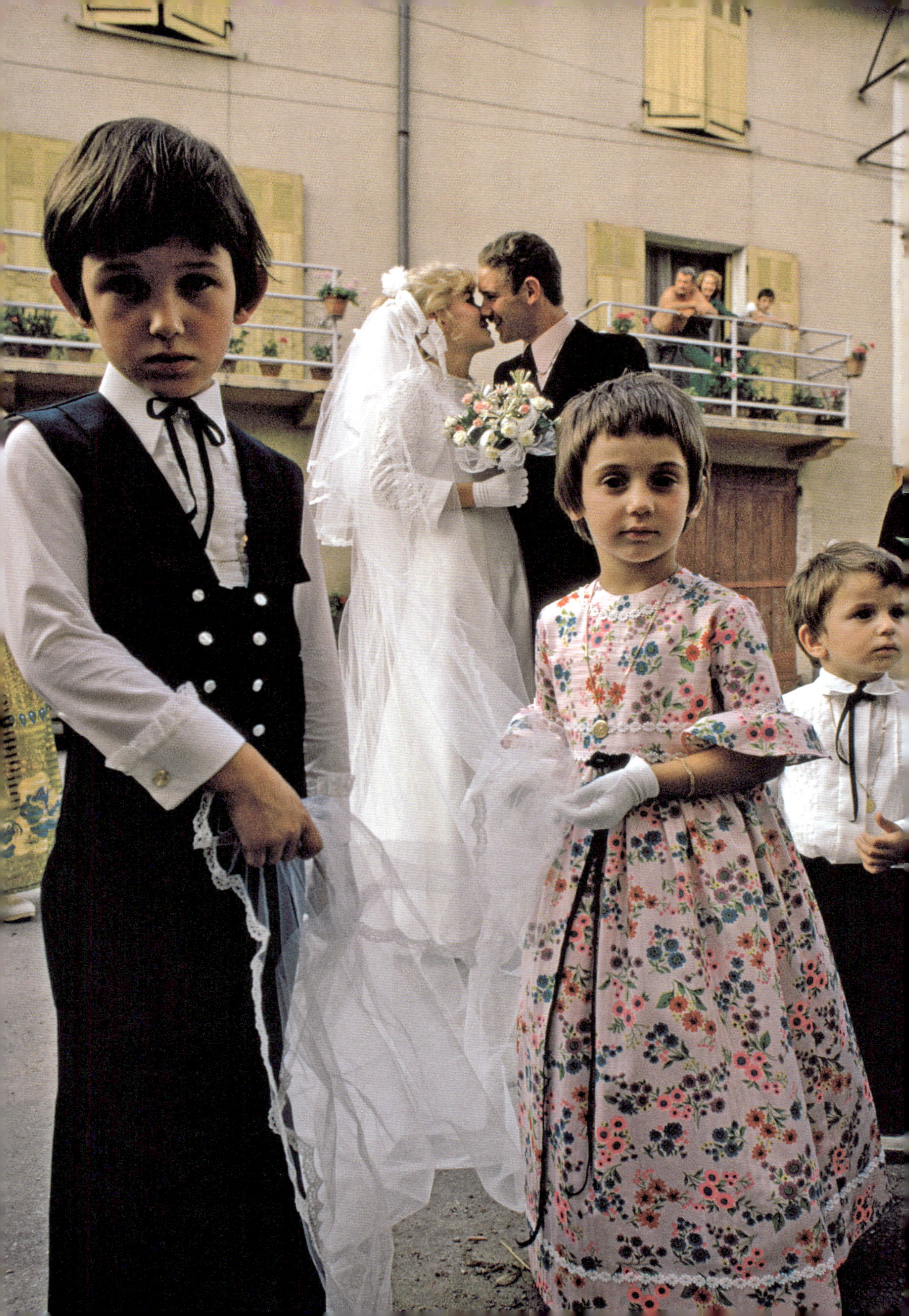

时间轴（左侧，从远古到现今）：

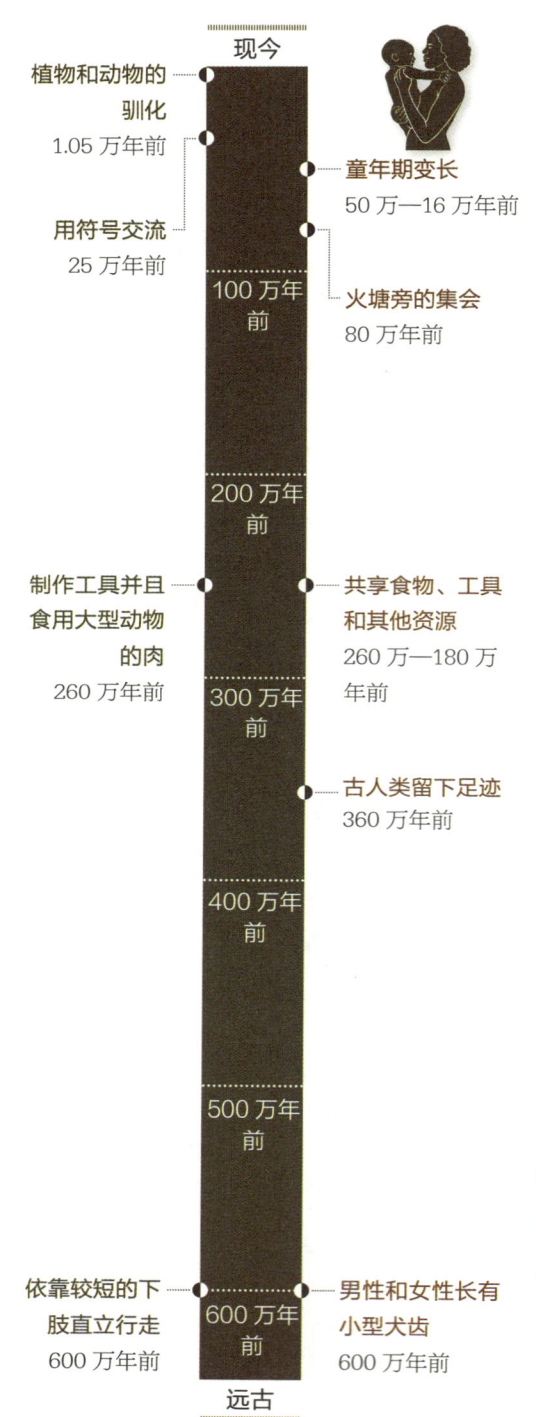

- 依靠较短的下肢直立行走
  600 万年前
- 男性和女性长有小型犬齿
  600 万年前
- 古人类留下足迹
  360 万年前
- 制作工具并且食用大型动物的肉
  260 万年前
- 共享食物、工具和其他资源
  260 万—180 万年前
- 火塘旁的集会
  80 万年前
- 童年期变长
  50 万—16 万年前
- 用符号交流
  25 万年前
- 植物和动物的驯化
  1.05 万年前

泛的社会性互动。

过去 600 万年来，社会生活的演变在人类起源的过程中起到至关重要的作用。想一想我们人类与其他大猿的区别在哪里？现代人有相对更长的成长期，比黑猩猩的成长期大约长 6 年。人类父母或看护人对年幼个体付出的关注和精力远远超出其他灵长类动物。几乎每个人都很留心照顾"家庭营地"里年幼、体弱的个体，这个家庭营地是家庭成员及其他群体成员有望每天都可以返回的安全地点。成年男性和女性基于资源共享和相互依赖，建立了强有力的经济纽带。人类的交配方式是相当多样化的：从一生只有一个伴侣到多次更换伴侣，从一夫多妻到一妻多夫，等等。实际上，几乎所有其他哺乳动物的交配方式都可见于成年人类的生活。

互联网和在线社交网络的普及只是人类社会生活的另外两大特质的延伸。第一，几乎每个人都隶属于一个大型社群并且在思想上与之共鸣，即使这个社群中的许多成员我们从未在现实中见过面。我们将自己视为某个国家、专业协会或其他以抽象方式定义的群体中的一员。第二，我们每个人都生活在社群之中，这些社群与邻近的群体以及相距遥远的陌生人群都建立起牢固的社会联系和相互依赖。人类可以为了其他国家的难民投入时间和捐献金钱，或者与使用另一种语言的人们一起对抗共同的敌人。这些人类活动背后的社交网络在其他灵长类动物的生活中是前所未见的。

人类社会生活演变过程中的重要里程碑，是人类起源研究中最引人入胜的主题之一。人类的社会生活在何时开始改变？我们又该以什么为依据对此做出判定呢？

小型犬齿

化石记录向我们提供了一些有关古人类社群的很有意思的证据。在埃塞俄比亚哈达尔一个约有 320 万年历史的地层中，考古学家发现了至少 17 具南方古猿阿法种的骨骼化石，该遗址因此有时被称为人类史上第一个家族聚居地。这项发现表明这些个体曾作为社会成员生活在一起。在坦桑尼亚的莱托利，考古学家发现了 3 个南方古猿阿法种个体留下的足迹。其中一组脚印显示出左右两脚的脚印有着细微的差别，说明该个体可能是一位怀抱婴儿的女性。另外一组脚印有可能是一位体型较高大的成年男性留下的。而其中第三个个体则小心翼翼地踩着同伴的足迹前行。

早在露西诞生之前，我们就可以从人类谱系最早期的那些成员身上看到人性初现的标志之一——小型犬齿。就大多数灵长类动物来说，雄性一般长着用以威胁、恐吓和撕咬其他动物的大型犬齿，这些行为是雄性社会互动的要素。犬齿通过锋利后缘与下前臼齿的磨合保持尖锐的匕首状外观。

在已知最古老的人类祖先中，男性的犬齿已经开始变小，几乎不突出于其他牙齿。我们在 700 万—600 万年前的撒海尔人乍得种的上下颌骨中可以看到比任何大猿犬齿都小的犬

下图

黑猩猩吓人的犬齿在滑入牙齿间隙时会被磨得更加锋利。随着人类这一分支的演化，大型犬齿和这些齿隙渐渐消失。

齿，且前臼齿的形状已经改变，不可能再磨尖上犬齿。这一点在 440 万年前的地猿始祖种身上表现得更加明显。考古学家已经发现了大量的地猿始祖种犬齿化石，可以确定样本中一定同时含有男性及女性的犬齿。然而，我们看到的是样本中最大的犬齿并不比最小的犬齿大多少，并且都显示出现代人犬齿所特有的钻石形外观。男性的犬齿已经变得"女性化"。

灵长类动物用来相互威吓的主要生理武器的消失，揭示了刚刚出现的人类这一谱系的社会生活的一个重大变化。男性不再拥有迅速张开嘴巴以进行威胁的能力。鉴于犬齿在展示男性优势以及竞争中的重要性，最早一批人类中的男性一定从不那么有威胁性的笑容中得到了某种正向反馈，这种反馈的源头是男性彼此之间或男性与女性之间的合作。

在最早的古人类化石遗存中，我们仍未找到女性进化的线索。然而，地猿始祖种的遗存——尤其是其中一具名为"阿

迪"的遗骸，却给我们提供了一些提示。阿迪颅骨某些部位的纤细构造显示这是一位女性的遗骸，不过她各处骨骼的尺寸却与该物种的其他个体大致相同。这表明在地猿始祖种这一物种中男女两性的体型差别不大。男性犬齿的小型化以及两性近乎相同的体型，意味着相对于大多数其他灵长类动物，人类的两性在尝试以更友好、更协作的方式互动。

灵长类动物的"遗产"

母婴关系是所有灵长类动物的基本社会纽带。雄性灵长类动物在社会生活中扮演各种不同的角色，但只有在人类群体中，我们才能看到男性在提供食物、保护和亲自照顾幼儿等活动中的实质性参与。就长臂猿等少数灵长类动物来说，它们的雌性和雄性互相配对且体型近乎相同，然而雄性却主要忙于在领地边界上巡视以及抵御其他雄性，以此来与其领地内的成年雌性保持长期的配偶关系。而人类男性自演化过程的某个时间点起，就开始更深入地参与母婴这个社会基本单元。犬齿尺寸的缩减表明这一转变可能在人类谱系起源不久后就开始了。

与黑猩猩的比较研究为研究者提供了关于这一进化里程碑事件中的重要视角。雌性黑猩猩的臀部在排卵期间会出现大而明显的肿胀，这种表明雌性黑猩猩准备受孕的发情期肿胀，标志着雌性正处于最有可能引起雄性性关注的时期。人类女性没有这种明显的表征，因此男性基本上不知道她们排卵的时间。人类的性活动并不局限于排卵周期前后的几天。我们可以设想，古人类中的男性几乎不能确定某个婴儿一定是他的孩子，或者说，这一定是其自身性行为的结果。然而，如果一名男性能够与一名女性建立特殊的纽带，并在日常生

下图

婴儿头部与骨盆开口的大小示意图

艰难的挤压：与黑猩猩相比，人类骨盆的开口几乎无法让头部更大的婴儿通过。

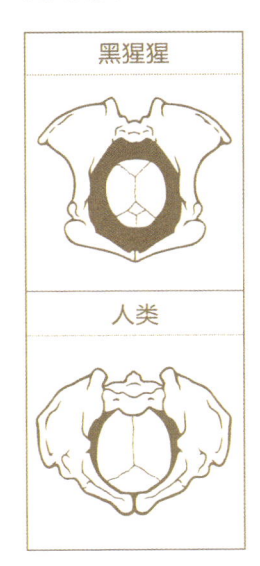

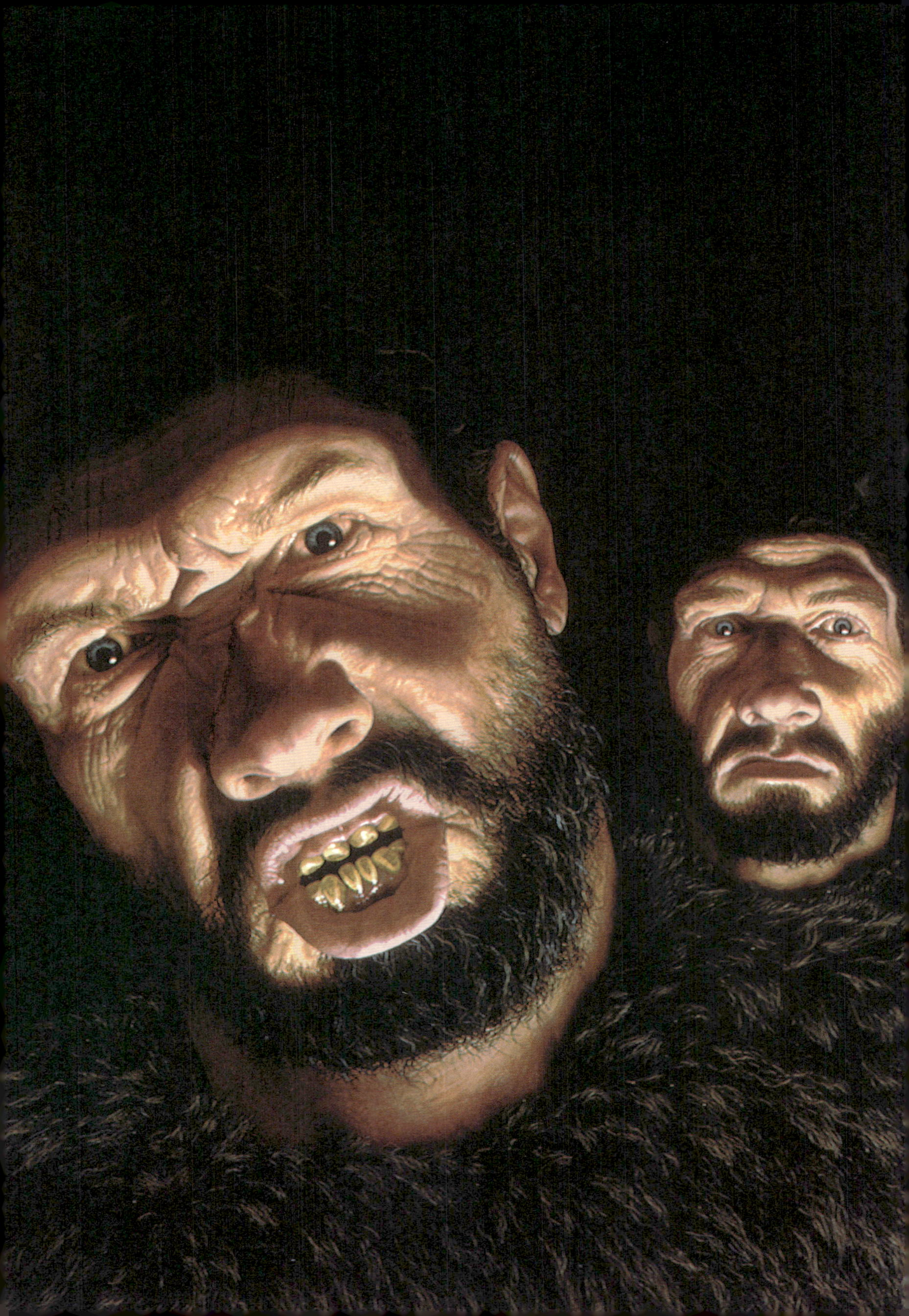

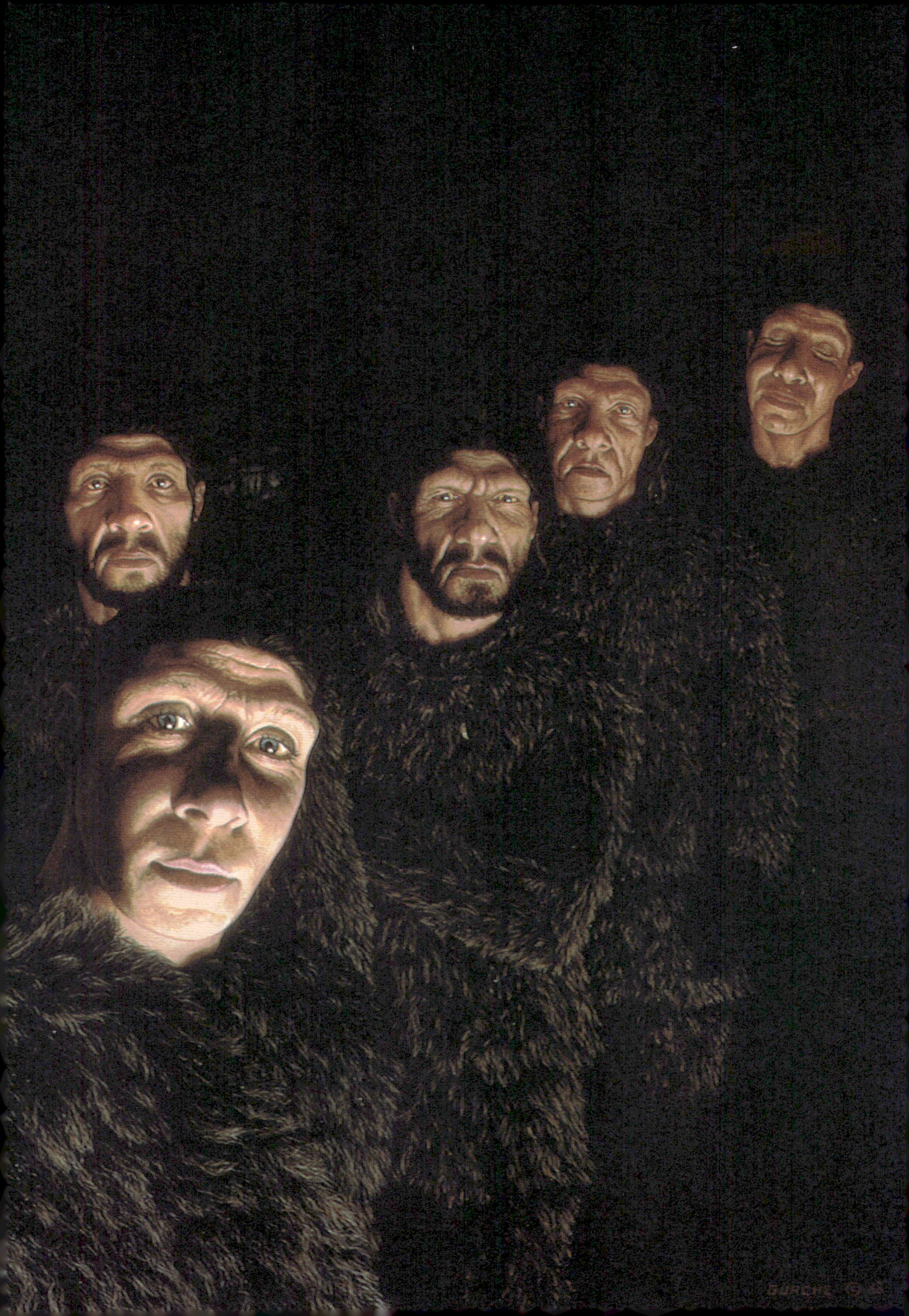

90~91页图
尼安德特人是我们的近亲,他们的社交生活可能与我们非常相似。但是,尼安德特人是否能通过复杂的语言进行交流仍是未解之谜。

下图
抚养后代是成年人长期的责任。在这张图中,澳大利亚妇女正在教孩子们如何用线穿出龟的符号。

活中为这名女性及其子女提供食物的话,他对这一问题可能会有更准确的判断。采用这种方法的男性可以在繁殖上获得更高的成功率,从而比那些未采用这种方式的男性更有效地传递自身的基因。

然而,对于人类演化研究领域的另外一些学者来说,上述推断只是证明了理想化家庭生活的合理性。举例来说,面向更多灵长类物种的初步比较研究表明,黑猩猩和倭黑猩猩种群中那种明显的发情期肿胀,在灵长类动物这个大类之中其实非常罕见。鉴于缺乏明显的"发情信号"就灵长类动物来说是一种常态,我们或许并不需要为人类没有发情行为这一事实给出特别的解释。

一个更加切中要旨的问题是,人类成年男性从何时起以及为何要将注意力、资源和关怀投注到幼儿身上。在很久很久之后,当人类最早一批祖先已经度过了漫长的岁月,关于人类社会生活发展的线索才终于显现出来。

经济纽带

人类在搜寻和定位到食物后往往不会立即把它们吃掉，这是非常独特的一点。相反，我们总是把食物搬运到其他地点，而且期望与其他人共同享用这些食物。现代人将这一表现视为理所当然，但是考虑到其他哺乳动物"边走边吃"的倾向，人类的行为倒显得颇为怪异。对于其他哺乳动物来说，觅食和进食几乎是同时进行的。读者们在下一次去超市时，不妨停下来想一想，你其实并没有参与正在购买的食品所经历的种植、加工、运输和储存的全过程，而且你通常不会在通道上开始剥皮、切割或打开包装，然后将其吃掉。我们通常在进食前的几小时或数天前就获得了食物。在餐馆用餐大概是人类与所有灵长类动物"找到即食"的举动最接近的行为了。

将食物带给别人的行为方式可以让我们联想到鸟类将食物带给巢中的幼鸟。鬣狗、野狗和其他食肉动物同样也会为留在巢穴中的后代提供食物。但是，人类的做法却是用复杂

两性的体格始终存在差异吗？

灵长类动物中的雄性通常比雌性体格更大。两性体格差异的程度决定了各个物种交配行为的不同。如果雄性比雌性体格大得多，例如大猩猩，某一只占据统治地位的雄性大猩猩通常会与几只雌性大猩猩进行交配。两性之间较小的体格差异通常意味着长期的伴侣关系，正如在长臂猿群体中可以观察到的那样。一些科学家认为，就两性体格差异较大的灵长类动物来说，雄性对后代的关注通常较少。

地猿始祖种是现存最早的、保留着男女两性骨骼化石的古人类。他们的两性在体格上几乎没有差异。然而，在南方古猿和傍人属等一些人科物种中，男性的体格会显著大于女性。自直立人出现以来，两性之间的体格差异呈现出缩小的趋势。

的方式与其他成年个体共同运送和享用食物。这种行为给作为家庭成员的成年男性和女性带来了无限的期望与责任。

人类家庭的组织方式千差万别，但是所有人类群体不仅接受两性之间的繁殖纽带，也接受其间发生的经济纽带（economic bond），即成年男女可以共享和整合资源。尽管在绝大多数文化中，家庭始于成年人之间的婚配，但所有人类群体都认识到支付纽带（paid-bonding）至关重要——"支付纽带"一词用以强调这种经济关系。在许多的文化传统中，经济关系体现在彩礼和嫁妆上，即为了结婚和家庭联合而需要付出的代价以及期望的回报。离婚时在财务方面的协商也反映出家庭中的两性纽带是以明确的经济义务为基础的。资源和能量的融合是人类家庭生活演变的核心。

温暖的家

考古证据为延迟进食以及运送和共享食物等行为的首次出现提供了一些很有趣的线索。人类成年男性和女性将营地或家庭营地视为搬运食物的目的地以及存储点，它们的建立可以说是人类所特有的社会特征的一大标志。

我们可以在最早期的考古遗存中看到这个过程中的一次进展。在埃塞俄比亚中阿瓦什地区的戈纳（Gona）和布瑞等遗址中可以发现，260万—250万年前的古人类会将石制工具运送到距离岩石的最初来源地数百米乃至数千米远的地点。而肯尼亚西部南坎杰拉（Kanjera South）遗址的发掘表明，在200万年前，食肉动物的骨头被多次运往同一地点。与此同时，某种被用来制造工具的石材也从12千米~13千米之外的地方被运送到了这里。

在远古时期，这些遗址所在的地方曾经被许多人类群体多次造访。后来，一些食肉动物来到这里，啃咬未被我们人类祖先清理干净的动物尸体。这些场所不一定能保证家庭营地的安全性，因此这些遗址不足以让古人类安心入睡，让孩子、老人和病人得到照顾。然而，我们在260万—180万年前的考古遗址中却看到了一些证据，它们表明早期的工具制造者延迟了对食物的享用，一次又一次地将食物带到加工的地点，并且很可能与其他群体成员共享了少量的食物。

大约170万年前，直立人这一人科物种中的女性演化出较大的体型，这时大脑、身体以及婴儿快速成长所需的能量消耗显然已经令女性疲于应对。因此，女性迫切地需要养育幼儿的帮手，即研究者口中的"异亲"（alloparent）。成年男性很有可能成为这一组合中的重要构成。通过照顾和帮助特定女性抚养婴幼儿（当然这些女性也会分享她们采集来的食物），成年男性可以对其后代的生存产生决定性的影响。

脑容量的大小是决定婴幼儿所需护理量大小的最重要因素之一。正如我们接下来要谈到的那样，人类进化史上脑容量增长最迅速的时期为80万—50万年前。大约自这时开始，人类母亲要诞下头部相对于产道较大的婴儿。对于人类大脑的进化来说，双亲的共同抚育多过之前仅有母亲的养育，这一变化是极为重要的。

根据80万—40万年前火塘和庇护所的营造来看，人类特有的家庭营地的形成也大概出现在这一时期。人类建造的可长期居住的聚居地表现出了与大猿、其他灵长类动物甚至某些古人类仓促建造的夜间巢穴的明显区别。

下图

这个3岁南方古猿阿法种的头骨的计算机断层扫描图像呈现出乳齿（呈黄色）和未萌出的恒齿（呈白色）。这是一种更接近于猿类的生长模式。图中用粉色标识了大脑的外表面。

本页图

在已有79万年历史的以色列盖谢尔贝诺特雅各布（Gesher Benot Ya'aqov）遗址，考古学家发现了一些长约1厘米，且烧过的燧石（上图）。这说明火塘在当时已经出现，人类已经学会了如何控制和使用火（右图）。

人类社会生活方面的里程碑最终促生了火塘、家庭营地以及可供幼儿成长和嬉戏的安全地点，而这意味着女性和男性在日常的觅食活动中逐渐形成了相互依赖的关系。这种新型关系极大地提高了人类直系祖先共享食物和亲代抚育的概率，同时它也成为遍布于现代社会的礼仪与婚姻纽带的"种子"。

问与答

人类为什么会玩游戏？

游戏不仅仅是为了娱乐，它是大脑和身体健康发展的基础。对于人类和其他灵长类动物而言，游戏有助于在成年个体与孩子之间建立纽带，其显著的生理益处一直延续到成年期。除了刺激大脑的发育之外，它的益处还包括舒缓压力、增强精力和延长寿命。就人类来说，游戏可以训练儿童的想象力、敏捷性、力量，以及认知和情感能力。现代生活中有许多因素会阻碍我们玩游戏，例如，生活上的贫困、童工的使用、快节奏的生活方式，以及学业上的压力等。联合国人权事务高级委员会为此发出声明，游戏是每个儿童的基本权利。

漫长的成长期

人类社会生活中最具决定性的一大因素是，如果不经过多年的悉心抚育，人类个体生来无法独立生存。这个过程从母亲哺乳开始，还包括父母在孩子断奶后继续抚养的延长期。对于其他灵长类动物来说，一旦幼崽断奶，它们就可以自主觅食。而人类儿童虽然有能力外出和寻找食物，但童年主要意味着他们仍然可以依赖成年人的照料和供养。

人类的本质特征之一是我们相对更长的生命周期。除了拥有童年，人类还是唯一一种成熟期相对更晚的灵长类动物。人类在十几岁时步入青春期，这一时期的特征是快速的生长，而繁殖期自青春期向后推迟了数年。

研究人员通过一些未成年个体的骨骼化石了解到人类祖先的成长期有多长。他们所利用的骨骼化石包括：一具发现于埃塞俄比亚迪基卡的 3 岁的南方古猿阿法种个体的骨

下图

在灵长类动物中，人类的特别之处在于其漫长而独立的童年期和青春期。这些阶段使我们能够在成年之前学习、玩耍、社交并吸收重要的经验。人类在最佳生殖年龄后仍然有很长的寿命，这在灵长类动物中也是独一无二的。

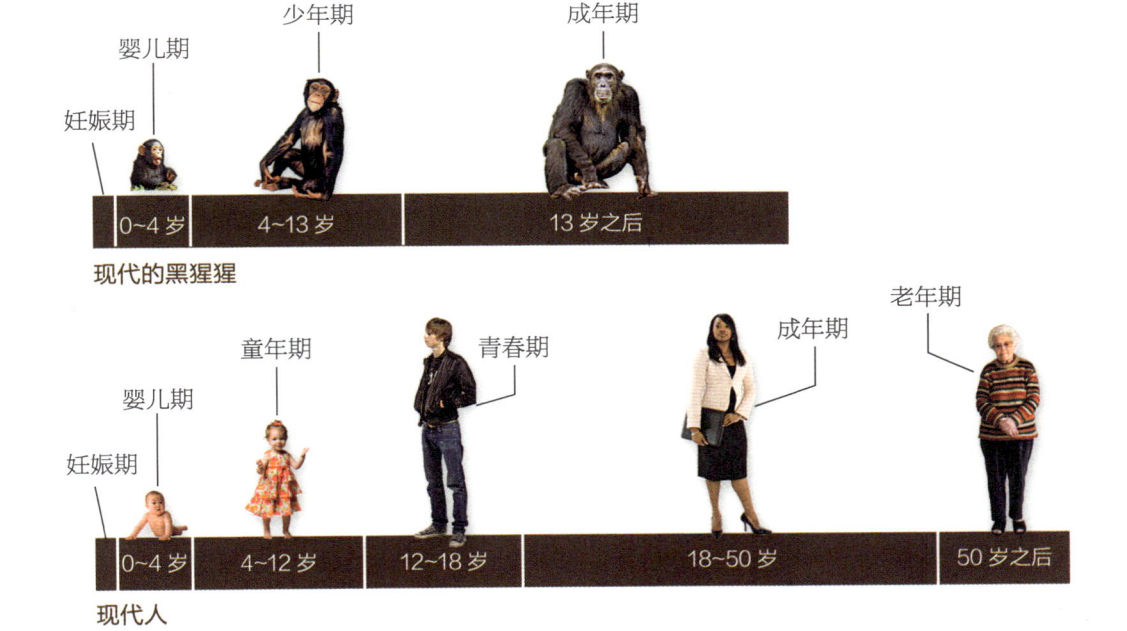

现代的黑猩猩

- 妊娠期
- 婴儿期 0~4 岁
- 少年期 4~13 岁
- 成年期 13 岁之后

现代人

- 妊娠期
- 婴儿期 0~4 岁
- 童年期 4~12 岁
- 青春期 12~18 岁
- 成年期 18~50 岁
- 老年期 50 岁之后

本页图

一具生活在 7 万—5 万年前、身高 83 厘米的 2 岁尼安德特幼童的骨骼化石（下图）从叙利亚德德里耶洞穴遗址（右图）出土，其成长速度与现代人儿童十分接近。

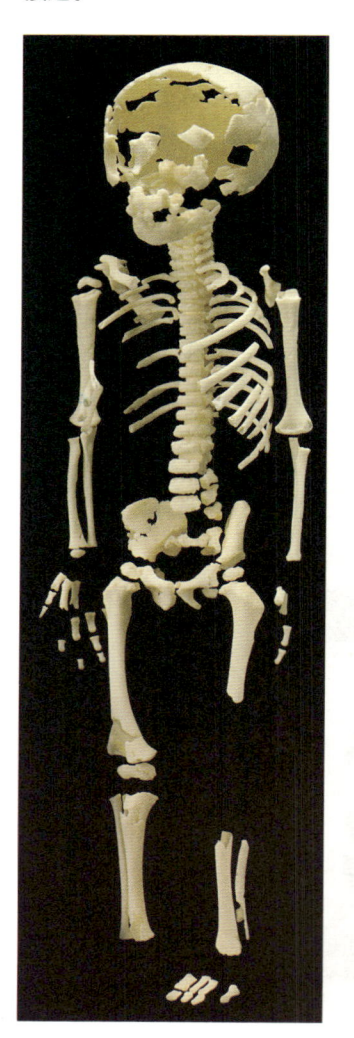

骸，其生活年代约为 330 万年前；两具在叙利亚德德里耶（Dederiyeh）洞穴遗址发现的 2 岁的幼年尼安德特人非常完整的遗骸，生活年代为 7 万—5 万年前。迪基卡个体骸骨中牙齿萌生的迹象表明其牙齿的生长速度近似于猿类，但大脑的发育速度可能略缓，更接近于人类。相比之下，德德里耶洞穴的幼年尼安德特人在骨骼、大脑和牙齿的发育上则显示出更接近于现代人的相对缓慢的速度。

在肯尼亚纳利奥克托米（Nariokotome）发现的 150 万年前的"图尔卡纳男孩"（Turkana Boy）是直立人中的一个少年个体。对他覆有日常沉积物的牙釉质进行显微研究，我们可以发现他的成长速度与猿类近似。"图尔卡纳男孩"在死亡时接近 8 岁，第二臼齿已经萌出，而这在我们人类身上一般发生在 11～12 岁。由此可以说明，直立人不像现代人那样拥有明确的童年。

摩洛哥杰贝尔伊罗（Jebel Irhoud）出土的 16 万年前的智人下颌骨化石，是典型的人类延时生长模式最古老的例证。研究者通过对该个体的牙釉质进行详细研究后发现，这些牙齿的发育类似于 7～8 岁大的现代幼童，从而确认了该个体的死亡年龄并证实了相对较长的童年期的存在。

人类社会生活的另外两大特质也值得我们加以关注。第一，相对于我们的灵长类近亲，人类的繁殖速度更快。在世界各地不同的文化中，两胎之间的间隔平均为 4 年左右，这意味着母亲在怀孕或哺育新生儿时可能要负责照料 1～2 个孩子。快速繁殖的能力加之年轻个体相对较长的成熟期，使得智人时代的家庭和社会支持网络对于生存而言有着至关重要的作用。

第二，人类在过了生育能力旺盛的阶段之后仍可以存活很长时间。人类的种群中有祖父和祖母。这些年长的老人积累了丰富的生活经验，有助于人们建立对世界的认知。尽管遗存的化石不会标识出哪些骨骸曾经是人类最早的一批祖父母，但在格鲁吉亚共和国德玛尼西发现的一具生活在约 178 万年前的老年男性骨骸给我们提供了一个相当有趣的案例，他的上颌骨和下颌骨有大量的骨质流失，而且在死前很久牙齿就已掉光。由于在当时失去牙齿几乎意味着迅速死亡，这个老人很可能是由其社会群体中的年轻人负责喂食。一些研究人员认为这是人类最早的"同理心"出现的证据。至少在这个时期，人类祖先已经完全有能力照顾老人和婴幼儿，而且不同年龄段的人也能够彼此照顾。在一个充满风险和挑战的世界中，社会生活的精细化为人们提供了强而有力的安全网络。

第 6 章

工具和食物

我们的祖先通过剥除岩石边缘的方式来制作工具。经过加工的石片标志着人类改造周边环境的开始。锋利的石刀和沉重的石锤是最早的食物处理工具，人类从此可以切割和捣碎那些难以咀嚼的食物。被堆叠起来的废弃物很可能暗示着一些古人类用垃圾来制作地标。人类祖先到处寻找可供生存及改善生活质量的资源，有时会从几千米之外搬回岩石。可以说，最早期的工具制作者掌握了对于当时以及现代生活同样至关重要的"钥匙"。

右页图

一位摊主与其摊位上各种各样可供选择的肉食。我们人类对动物蛋白的兴趣，以及为了获取动物蛋白而制作工具的能力，至少可以追溯到 260 万年前。

大约 400 万年前，古人类开始尝试"加工"新的食物。他们是通过进化出更大的牙齿来做到这一点的，牙齿的增大主要表现在后槽牙（臼齿和前臼齿）上。食物的多样化有着重要的意义，表明要利用增大的后槽牙咀嚼面来磨碎和碾碎坚硬的食物，南方古猿牙齿上大量细微的凹陷和划痕说明他们已经具有更为灵活的饮食习惯。对于早期的人类祖先来说，饮食的任何持续性变化都有赖于牙齿的演化改变。

饮食（diet），即生物获取和食用的那些食物是非常重要的，因为它们是能量和营养之源，对于提高生存、繁衍以及适应周边环境的能力来说不可或缺。任何影响早期人类祖先压碎、切割或以其他方式使食物变得适宜食用的新事物，都是人类演化过程中的重要因素。

在 300 万—250 万年前，南方古猿在非洲南部繁衍生息，但在这块大陆的其他区域却逐渐走向灭绝。这个时期正值全球气候发生剧烈波动，北方冰盖附近的冰川出现了周期性地

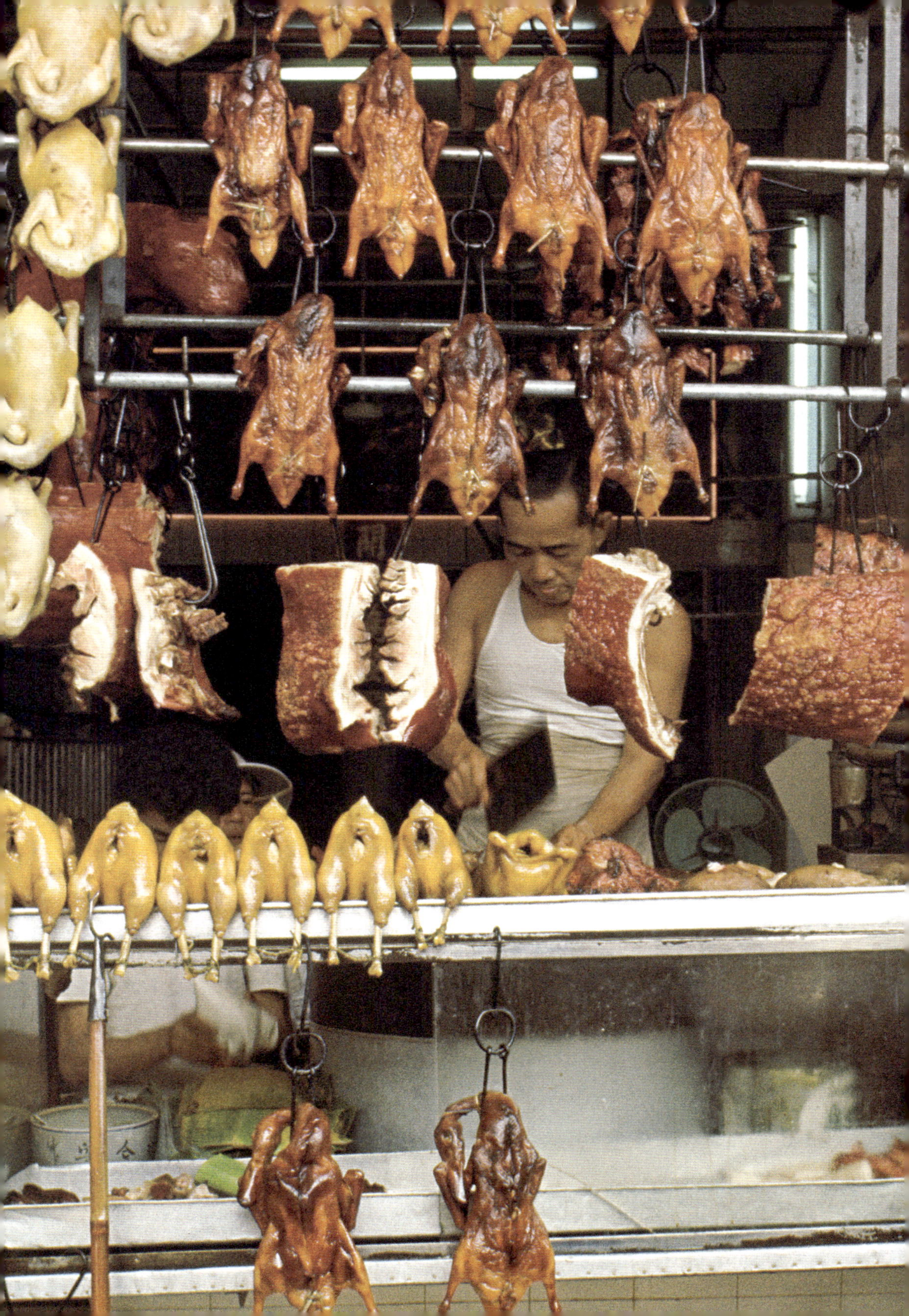

扩张和收缩，低纬度地区的干旱更趋严重，草原持续扩张，并且气候在冷与暖、干与湿之间的波动随着时间推移不断加剧。在这个时期的尾声，两个新的谱系分支出现了，它们决定着人类在接下来的 150 万年里的演化。

傍人属的食物咀嚼能力出现了质的提升。他们的臼齿和前臼齿明显增大，脸部和下颌骨变宽以承受用力咀嚼所产生的压力，咀嚼肌造成的压力促使其在头骨附着处的骨嵴增大。这种牙齿的加强进化被证明是相当成功的。咀嚼机能进化得最夸张的人科物种——傍人鲍氏种，在东非繁衍了 100 多万年。

然而，本章主要关注另一支系的功绩。这些下颌骨较小的古人类更多地依赖锋利的石片，这奠定了人类技术发展的基础。这个支系就是现代人所属的人属。

时间线

- **现今**
- 植物和动物的驯化 — 1.05 万年前
- 创新步伐加快 — 10 万年前
- 用符号交流 — 25 万年前
- 用长矛狩猎 — 50 万年前
- 100 万年前
- 火塘旁的集会 — 80 万年前
- 制作多功能手斧 — 160 万年前
- 200 万年前
- 300 万年前
- 制作工具并且食用大型动物的肉 — 260 万年前
- 400 万年前
- 500 万年前
- 依靠较短的下肢直立行走 — 600 万年前
- 600 万年前
- **远古**

新的"牙齿":石器

我们可以在埃塞俄比亚阿瓦什山谷戈纳遗址的考古发掘中看到,迄今最早的大约 260 万年前的石器工具,其中包括锋利的石片、因剥落石片而造成边缘处有重叠疤痕的石核,以及用于击打石核的手掌大小的石锤。"石片-石核-石锤"的搭配是我们迄今为止发现的最基本的工具组合,以古人类在当地找到的火山岩为原料制作而成。遍布于东非裂谷且露出地表的坚硬的熔岩,再加上相对稀缺的石英和燧石,都为最早的工具制作者提供了原材料。

迄今为止,我们还没有发现人类起源初期比 260 万年前的古人更久远的制作石器工具的证据①。然而,在 260 万年前,一些古人类群体已经拥有了充分的经验,能够熟练地完成工具的制作。他们对石锤击打石核的机理已经了然于胸,能够细致而有力地从鹅卵石的侧缘剥离一块又一块石片。他们还会选择小于 90° 的击打角度,这正是石片剥落工艺的要点,以及能够准确地判断锋利的石片如何自打击点脱落,以便为接下来的剥除做足准备。

在肯尼亚图尔卡纳湖以西的洛卡莱莱(Lokalelei)这个有着 230 万年历史的遗址中,我们找到了大量的石器残片,其中的石片和石核可以通过艰巨的修复过程被重新拼合起来。修复过程通常要在出土的器物被带回实验室之后才能开展。用数十块石片拼合起来的洛卡莱莱石器的修复品说明,这一时期的工匠们懂得充分利用石材并有计划地进行石材的剥落。通过一次又一次的精确击打,他们可以从很小的一块石材中

左页图

黑猩猩与我们的亲缘关系最为接近,它们的工具有着多种用途:石锤和石砧(图片中部)被用来敲碎坚硬的油棕榈坚果;树枝(图片底部)能够插入土堆并捕捉蚂蚁;而被磨尖的木棍(图片顶部)可以趁婴猴睡觉时将其刺杀。

---

① 近年来,辛勤工作于非洲腹地肯尼亚的考古工作者已经找到了更加古老的石器,它们拥有至少 330 万年的历史。考虑到那时人属生物尚未诞生,这些石器应当是南方古猿的"杰作"。——译者注

上图

几内亚共和国博苏（Bossou）地区的黑猩猩正在敲碎坚果。它们生活在社会群体之中，这使得工具使用的知识得以代代相传。

切削出许多块锋利的石片。

　　这些早期工具制作者的技术水平表明打制石器工艺的出现实际上早于260万年前。它或许出现在某些干涸的河道，那里的鹅卵石和天然碎石使得我们无法从中分辨出人类打制石器初期的尝试性作品。第一批可确认的石器出现在260万年前，在地层中的分布较为密集。这些考古遗址中记录着历史上最古老的石器堆积地，即古人类在非洲大地上多次携带和使用基本石器工具组合的地点。

　　制作和携带石器帮助古人类解决了两大生存挑战。第一，石器的出现代表食物首次可以在人体之外被加工。锋利的石片和捣制工具成为每个古人类口腔内牙齿的有力帮手，一个新的食物世界正等待着人类去开发。锋利的石片被用来切割坚韧的动物毛皮、从骨头上剔肉以及从动物尸体上切下四肢，以便在危险的食肉动物接近之前将它们运送到其他地点。在石头的侧缘还可以削出一个外凸的"挖掘棍"，古人类用它挖掘块茎或挖出存储地下水的水池。仅靠从更早期的人类祖先那里继承的牙齿和双手是不可能完成这些任务的。古人类不但可以用石锤来敲出锋利的石片，还可以用它捣碎坚果、挤压豆荚、碾碎块茎，以及敲开骨头获得营养丰富的骨髓。石器的基本组合使得人类可以在体外制备和"咀嚼"食物，同时也使得这些工具制作者可以吃到所有其他哺乳动物能够咀嚼的食物。

将石器从天然露头（outcrop，地下岩石露出地表的部分）或鹅卵石滩带走的能力，解决了第二个生存挑战。新的"石质牙齿"可以被带往任何食物的获取地。古人类不必在找到食物之后将食物带往最近的露头，而是可以在外出采集食物时随身携带石核和石锤，或将它们留在其他社群成员可能经过的地方。石器的便携性与石器打制工艺本身具有同等重要的意义，人们因此将食物与新出现的加工技术在同一地点结合起来。从这个意义上说，有了运送工具这个先决条件，人类的社会行为，如从食物共享到家庭营地的发展等，才会随之出现深刻的变化。

本页图

如图所示，最早的工具制造者使用圆形的石锤击打另一块被称为石核的岩石，并在石核之上剥离出锋利的石片。

获取新的能量来源是人类进化过程中相当重要的一个里程碑。自从石器出现，我们随后就看到了一些动物骨骼上由石器挖剔造成的划痕和破坏。研究人员在将从肯尼亚南坎杰拉遗址出土的 200 万年前的石器放在显微镜下研究后发现，石器的边缘由于切割过富含淀粉的块茎植物而形成了明显的抛光和磨损。研究表明，工具制作者能够注意到能量最丰富的食物，而这种变化最终有助于脑容量的扩张。

目前，我们还不清楚早期的工具制作者从何时开始更侧重食用其他动物的肉，也不清楚人类的定期狩猎是从何时开始的。我们可以在南坎杰拉遗址看到被切割过的幼年斑马和小瞪羚的遗骸，其重量不超过 50 千克且被保存得相当完好。它们极有可能是被人类徒手捕获的，因为非洲的食肉动物通常会立即吃掉体型较小的猎物，几乎很少会给食腐动物留下残渣碎屑。没有任何迹象表明古人类的工具足以击倒如成年斑马或牛羚一类的大型动物，更不用说河马或大象了，即使考古学家在 260 万—150 万年前的考古遗址中曾发现上述动物遗骸上的切割痕迹。考古发掘的工作确实能够证明一点：早期的工具制作者有能力从许多种类的动物身上获取肉和骨髓，并且在从森林到草原等一系列环境中都能做到这一点。这一证据凸显了历史上最早的捶捣类石器使用者身上典型的机会主义特质。

用工具制造工具

制造工具一度被认为是人类特有的特征。然而，自从珍妮·古道尔首次介绍了坦桑尼亚贡贝保护区（Gombe Reserve）的黑猩猩以及它们如何精心准备木棍用以捕捉白蚁之后，工具制造就也被认为是大猿的技能之一。黑猩猩使用的工具多种多样，从用于吸水的、近似于海绵的树叶到协助它们涉水穿过湿地的木杖，从被小心插入蚁巢的木棍到打开蚁丘的树枝，从可敲开坚果的石锤和石砧到像矛一样被用来戳刺小型灵长类动物的木棒，等等。

　　黑猩猩使用与制作工具、梳理毛发及其他行为有时甚至会被描述为"文化"，这意味着不同地区的黑猩猩种群可以表现出独特的系列行为。在西非，一些黑猩猩种群用石锤和石砧工具敲碎坚果的行为非常有趣，它们会从一棵结坚果的树移动到另一棵树时随身携带这些石制工具，食物残渣（坚果壳）就堆积在有磨损的、表面坑坑洼洼的工具旁。一只善于观察的年轻黑猩猩可能需要用数月甚至数年的时间来学习如何用石锤将坚果弄碎，或者如何制作一根形状恰好合适"钓"白蚁的木棒。这进一步说明大猿以及它们与人类的共同祖先所具有的能力是古人类制作石器的基础。毫无疑问，古人类从更古老的灵长类动物那里继承了操控物体并借助手工将它

天然岩石与石器工具的区别

　　石器工具有人类有意加工的痕迹，那与自然力量的随机击打显然是不同的。人类有目的地使用石锤从岩石上击打出锋利的石片，这便是早期的石器工具。我们因此会看到岩石周身重重叠叠的疤痕、大量锋利的石片以及经过多次捶打的石锤。考古学家可以用上述这些经过改造且出现在同一地点的石头来定义石器工具。在晚期的石器技术出现后，制作石器必须按照特定的步骤进行，这样才能加工出形状符合要求的工具。

　　环境也是重要的因素，因为我们很难将石器工具与悬崖底部的天然碎石或被河流等流水带来的石块区分开来。在石头不会受到地质力量影响的地方，石器工具最容易被识别出来。

们改造为可用工具的能力。

早期人类祖先在工具制作方面与黑猩猩有三大差别。首先，猩猩用手来调整树枝、树叶以及其他天然物体，而已知最古老的人类的制作技术则包含利用工具来制造其他工具。古人类已知最古老的石器制造工艺是挥动石锤击打石核并剥离出石片。就早期人类的技术发展来说，用工具制造工具始终是其标志性的特征。

其次，最早的石器制作者留下了由成百上千件石片、石核和石锤形成的工具堆，它们与被运送到这些遗址的食物遗存有着千丝万缕的关系。黑猩猩确实会把工具从坚果树带往其他食物获取地，但古人类却会把工具和食物都运到另一个特定的地点，这个地点有可能比较接近水源或正处于树荫下。古人类同时涉及食物和工具的"双重运送"系统是一项重要的创新，它最终改变了人类的社会行为。

本页图
通过使用扫描电子显微镜，并与使用石器在现代骨骼上造成的切割痕迹（下图）进行对比，研究人员可以识别古代骨骼上的切割痕迹（右图）。

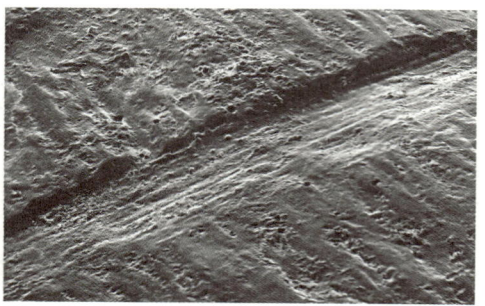

最后，现存最古老的石器极大地改善了人类祖先的生存环境，使他们能够以富含蛋白质和脂肪的大型哺乳动物为食。这是灵长类动物进化史上唯一一次饮食方面的重大变迁。我们知道黑猩猩和其他少数几种灵长类动物的确会猎杀和食用小型猎物，但这些小型猎物仅占其食物的 2% ~ 5%。相对而言，制作石器使得古人类能够猎杀比自身大得多的动物，并向非洲捕食性动物的危险领域迈出了一大步。

最初，古人类与黑猩猩之间的差异只是程度上的不同。然而，精心打制的石器所提供的食物种类及生活方式的扩展，最终引导人类开发出巨量的能量源和机遇。

> 现存最古老的石器极大地改善了人类祖先的生存环境，使他们能够以富含蛋白质和脂肪的大型哺乳动物为食。

便携的工具

最基本的石器组合以坦桑尼亚的奥杜威峡谷命名，那里是路易斯·利基和玛丽·利基首次发现简单石器的地方。在接近 100 万年的时间里，奥杜威工具组合（Oldowan tools）满足了最早期人属成员的生存需求。大约 170 万年前，人类掌握了打制大型卵形石片的力量和技巧，这些石片的直径通常为 20 厘米～ 40 厘米，一场重大的技术变革由此掀开帷幕。到了大约 160 万年前，通过沿着这些大型便携石片的边缘敲打，古人类制造出一种一头尖、另一头圆的工具。这类工具被称为"手斧"，而以此为开端的石器制作传统则被称为阿舍利文化（Acheulean），以人们首次发现这种手斧的法

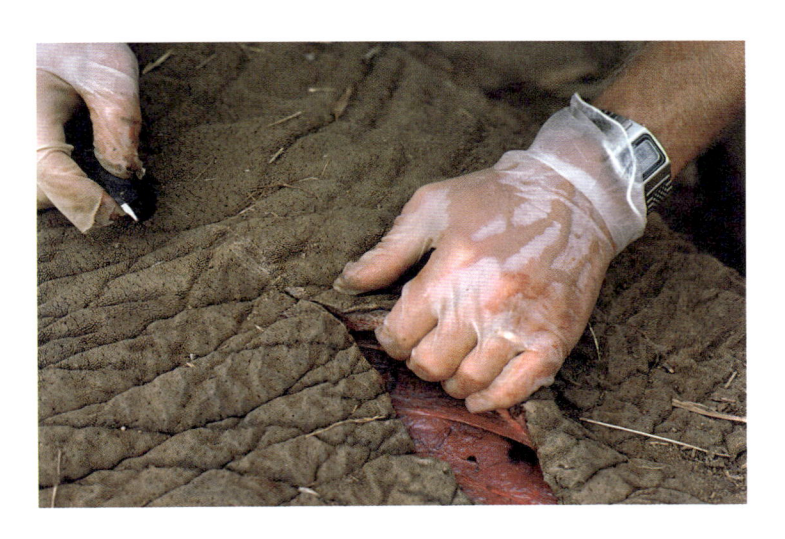

左图

研究人员用象皮测试了一件石器。对石器磨损部位的微观分析有助于确定古代工具的用途。

国圣阿舍利（St. Acheul）遗址命名。

阿舍利文化以有尖头的手斧、斜刃石刀和其他大型切割工具为主要特征，从约 40 万年前一直延续到约 25 万年前，在非洲和欧洲一些地区有可能延续得更久一些。石斧的制作持续了 120 万年之久，加之"石核 – 石片 – 石锤"基本石器组合的经久运用，意味着阿舍利文化延续了令人难以想象的漫长时期。在 160 万— 60 万年前这 100 万年间，几乎没有证据表明阿舍利文化的大型石制切割工具有任何明显的改善。根据阿舍利的工具制作者所选择的石材品质的不同，石器的品质会有一定的变化和提升，然而 60 万年前的手斧看起来与 100 万年前的手斧的粗糙或精良程度一样。直立人和海德堡人在这一时期都懂得如何制作手斧，不过创新的冲动显然仍未进入他们的脑海。

这一时期的工具制造者几乎可以将任何类型的石块变成一把手斧。在肯尼亚奥洛格赛利的史密森学会研究基地的现址上，早期的手斧制作者曾使用过至少 14 种火山岩，这些火山岩分别具有不同等级的易碎性和耐用性。学者们的研究表明，这些工具制造者对于这些石材非常了解。而机械试验表明，奥洛格赛利的古人类最常选择其中的两种优质石材——一种是最脆因此也最容易剥落的石材，另一种是最坚硬同时也有着最耐用边缘的石材。与其他任何类型的石材相比，这两种石材的运输距离都更远。手斧制作者对于所谓的岩石力学有很好的直觉，能够辨识出质量最好的石材，还可以在脑海中勾勒出到哪里去寻找这类石材的精细地图。他们在 100 万年的时间里始终在制作这些大型切割工具，人类的演化似乎因此陷入漫长的停滞。

手斧有何伟大之处，以至于在漫长的时间里一直充任早期人类技术的核心？要回答这个问题，关键在于不能采用当今现代人的视角，因为现代技术的发展过于迅速而且主要依赖语言传播文化技能。考古学家在数十年间一度认为，为了在数万代人之间传递制作手斧的传统，语言必须适时地出现。然而，我们不禁会想到，如果语言对于传授手斧制作方法而言这样重要，那么这一时期的工具制作者要在一段相当漫长的岁月里一次又一次地重复同样的内容。可是，正如我们之后将会探讨到的那样，语言的一大特征正是易变性，它通过这一方式使得新的思想和创新得以表达和出现。手斧制造者的标志特征则是某种稳定性，至少在我们所知道的他们的制造物这方面确是如此。

这个问题的部分答案要从早期奥杜威技术对手斧所做的改进来看。奥杜威的工具制作者们以光滑的鹅卵石或形状不规则的大块岩石为原料，这意味着在制作并修整石核的锐利边缘以及剥落石片时，将会生成大量的废料和碎屑。首先通

下图

数千把手斧被胡乱地遗弃在肯尼亚的奥洛格赛利遗址。史密森学会的古人类学家里克·波茨在这里进行了有关古人类生活和适应性的研究。

过敲掉一大块石片并打薄最厚的地方，手斧制作者可以从露头中移走大块石材。它在各个方向上的边缘都很宜于利用，可以被捶打和制作成上百块石片，而只产生很少的废料。手斧因此成为随身携带的常用工具，极大地提升了阿舍利采集者的机动性。

手斧制作者获得巨大成功的另一原因与其生活的环境有关。史密森学会的科研团队在奥洛格赛利开展工作时，对阿舍利先民数十万年里在地貌、食物和水源等方面经历的巨大变化——进行了记录。不断变化的环境表明，阿舍利手斧并不是文化停滞的表征，而是古人类灵活行为方式的构成之一。手斧即是石器时代的瑞士军刀——它便携、好用，其长且实用的边缘只需很短的时间就可以被敲打和加工成石片。手斧可以胜任从精细切割到在树丛间开路等一系列任务，而今天的实验也表明手斧可以完成许多种任务。石砧也是阿舍利石器组合中的一种，它被用于捣碎块茎和挤压多种可食用植物的豆荚。工具制作者可以借助阿舍利石器组合应对各种各样的情境以及不断变化的环境。

问与答

我们怎么知道古人类开始摄取更多的肉类的？

考古遗址通常留存有大型动物被屠宰的证据，古人类能够用锋利的石器来完成这项工作。在这类遗址中，我们可以看到大量的工具和屠宰的痕迹，例如，带有切割痕迹的骨头以及为了获取有营养的骨髓而被砸开的骨头。这类考古证据表明，古人类的饮食开始从以植食性为主向以肉食性为主转变。

通过对有屠宰痕迹的遗址进行研究，考古学家能够看到猎物种类以及处理动物尸体的工具的转变。晚期的古人类使用武器猎杀动物，并用火烹饪。这两项创新使人类得以享用更多种类的食物，包括体型更大也更危险的猎物的肉。

火

在手斧出现之前，早期的古人类仅借助奥杜威技术就从非洲扩散到亚洲。最为简单的石器对于古人类适应陌生环境而言也是有帮助的。大约在 120 万年前，非洲的古人类在第二次向外扩张中将制作手斧的技术带到西亚和南亚。大约 80 万年前，大型切割工具在东亚出现了。在中国南部的百色盆地（Bose Basin），大型切割工具的制作技术帮助古人类开拓出一片正从邻近陨石撞击的影响中恢复的土地。在 50 万年前，阿舍利手斧开始出现在英国以及北欧一些气候寒冷的居住地。

> 手斧即是石器时代的瑞士军刀——它便携、好用，其长且实用的边缘只需很短的时间就可以被敲打和加工成石片。

人类祖先在进入新的地域时，他们的变化是缓慢的，然而偶发的创新也会打开新的可能性。其中最重要的一项是对火的控制。我们可以在远至 180 万年前的许多遗址中找到被火烧过的小块土地或骨头碎片，但学者们对于当时的古人类是否学会了用火这一问题仍未有定论。有关火塘最早的确凿证据是在约 79 万年前的以色列的盖谢尔贝诺特雅各布遗址发现的，炭化种子、木材以及工具制作活动留下的小块燧石大量出现在靠近火源的地方，这标志着古人类生活的重大进展。对火的控制使我们的祖先能够烹饪食物、获得温暖、抵御捕食性动物，并且在火源旁与其他的群体成员分享食物和交流信息。烹饪使得食物更易于消化，而且使某些食物能够提供更多的能量。

进入新的地域要求早期工具制作者的身体形成有利于适应温暖或寒冷气候的生理性演化。虽然工具和火已开始为人类应对眼前的生存挑战提供具有文化内涵的新方式，但古人类在这方面的进化仍然具有重要的意义。

第 7 章

人体的比例

现代人的体型差异巨大。生活在马来西亚的巴迪人（Batek）身材矮小，而生活在肯尼亚的马赛人（Maasai）则又高又苗条。有一些人拥有宽大的臀部，因而更适合高海拔或高纬度地区的生活。这些体型不是什么新的特征。人类谱系在数十万年前演化出了类似于现代人的身体比例，而在那之前曾有过更多样的演变。在时间的长河中，人体形态发生了显著的变化。我们来看看在这个过程中都发生了些什么。

人类的体格和体型多种多样，而且许多人认为自己的身材不够理想。然而，尽管在肌肉、脂肪和皮肤等方面存在差异，但骨骼的比例在我们这个物种之中保持着相对的恒定。相对于在过去 600 万年中演化出的众多体型来说，智人的体型是最近才出现的。

大多数古人类有着与现代人不同的身体比例。人类的祖先经历过以下 4 种体型的变化。最早的一种体型是早期类人古猿的体型，这一物种中最著名的是 320 万年前的南方古猿露西，其体型综合了猿和人的身体比例。其次是以约 150 万年前的"图尔卡纳男孩"为代表的早期人属的体型，其体型已经显现出现代人体比例的早期迹象。第三种体型是至少 70 万年前的海德堡人的体型以及 20 万年前的尼安德特人的体型，这两个人科物种在艰苦和寒冷的环境中演化出了特有的身体比例。最后一种是现代人的体型，远远不如我们某些祖先的身体那样强健。

右页图

体操运动员的长腿和相对较短的手臂，是人类谱系在近 200 万年内演化出的特征。

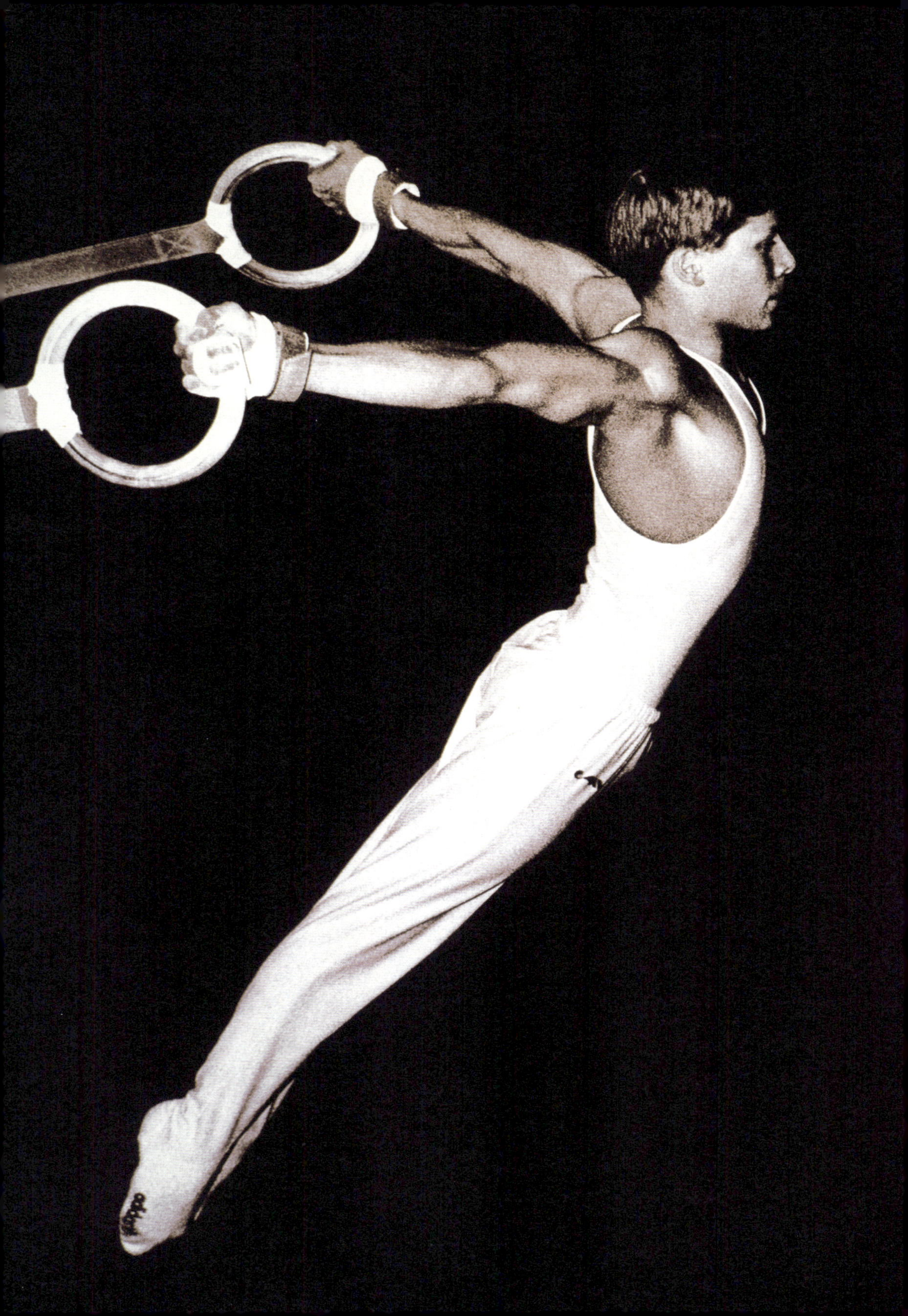
adidas

时间轴

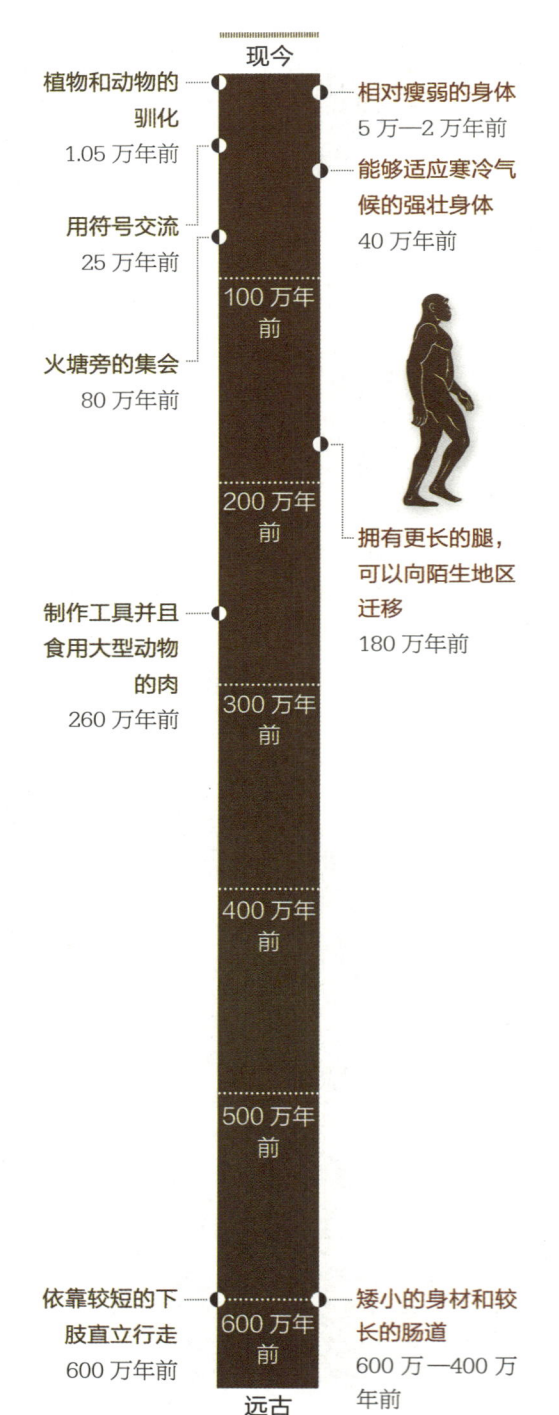

- 现今
- 植物和动物的驯化 1.05 万年前
- 相对瘦弱的身体 5 万—2 万年前
- 能够适应寒冷气候的强壮身体 40 万年前
- 用符号交流 25 万年前
- 火塘旁的集会 80 万年前
- 100 万年前
- 200 万年前
- 拥有更长的腿，可以向陌生地区迁移 180 万年前
- 制作工具并且食用大型动物的肉 260 万年前
- 300 万年前
- 400 万年前
- 500 万年前
- 依靠较短的下肢直立行走 600 万年前
- 矮小的身材和较长的肠道 600 万—400 万年前
- 远古

露西及她的同族南方古猿

如果古人类和黑猩猩并肩而立，我们怎样才能分辨出二者？露西与黑猩猩就体格和体型来说相当接近。但是，正如我们在第 4 章和第 5 章中介绍过的那样，露西的类人特质，即适于双足行走的身体结构以及小型化的犬齿同样十分明显。

露西是一位壮实的成年女性，她的身高刚刚超过 1 米，体重足有 29 千克。她的头几乎碰不到现代社会的门把手。她的腿与同等身高的黑猩猩差不多一样长，而手臂则相对短一些。不过，与之后出现的人科物种相比，她的小臂更长、更强壮，让人联想到大猿结实且适宜攀缘的上半身。相较于现代人，长臂和短腿的组合使得露西的手可以沿大腿向下伸得更远。如果不是因为她的手和我们的一样，没有黑猩猩那样的长指，露西的手指尖或许可以轻松地碰触她的膝盖。

露西同族与黑猩猩共有的另外两个身体特征是胸廓的形状和肩的位置。大猿的肩部更靠近头部，因此大猿看起来似乎没有脖子。露西的肩部没有大猿的肩部那么高，而且肩幅较为狭窄。这一特征结合下端宽大而上端较窄的胸廓，使得露西有着粗壮且类似于大猿的躯干，从而有充足的空间容纳肠道更长的大肠。也就意味着南方古猿与大猿一样，以植食性为主。由于植物类食物相对于肉类或昆虫需要更多时间才能被有效消化，因此更长的肠道可以帮助它们缓慢地在其中通过。

尽管与黑猩猩有着这些相似之处，但露西的体态足以表明她不是一只普通的大猿。露西从头到脚的骨骼都呈现出近似于人类的姿态。黑猩猩的大脚趾可以与其他脚趾分开，其功能如同人类的拇指，而露西的脚趾却像人类一样排列得十分整齐且朝向前方。黑猩猩的短腿只能呈现为弯曲的状态，

尽管与黑猩猩有着这些相似之处，但露西的体态足以表明她不是一只普通的大猿。

左图
肌肉发达的手臂和较大的、近似于猿类的躯干或许是露西看上去相对粗壮的原因。图中的露西由艺术家约翰·古尔奇复原重建，她是 320 万年前南方古猿阿法种的成员之一，身高刚刚超过 1 米。

南方古猿阿法种	直立人	尼安德特人
编号：AL 288-1	编号：KNM-WT 15000	拉费拉西1号（La Ferrassie 1）
露西	图尔卡纳男孩	与凯巴拉1号（Kebara 1）
年代约为320万年前	年代约为150万年前	年代为7万—6万年前

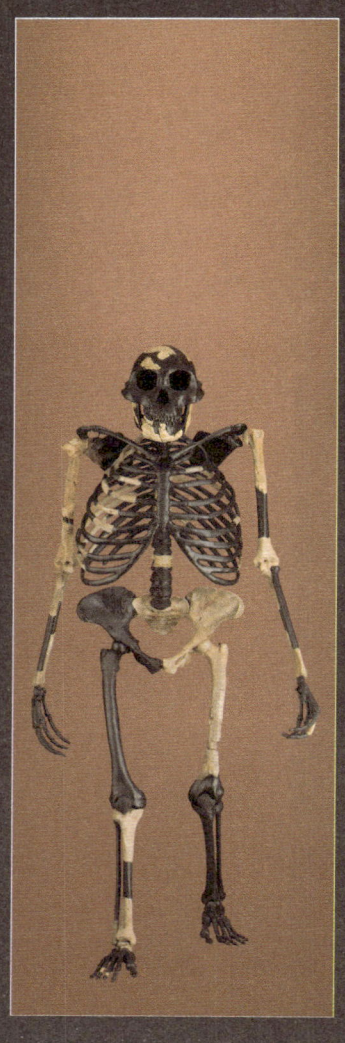

南方古猿阿法种的特征是身材矮小、手臂较长、腿较短。

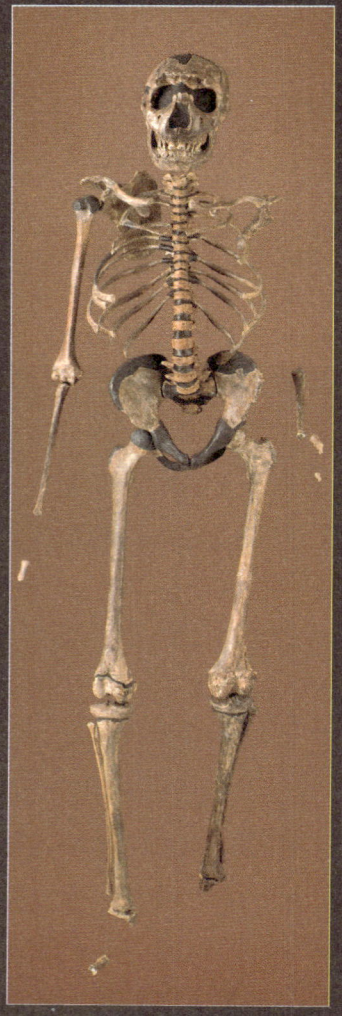

这个年轻的直立人的骸骨表明，为了适应炎热的环境，这一人科物种演化出了高而瘦的身材比例。

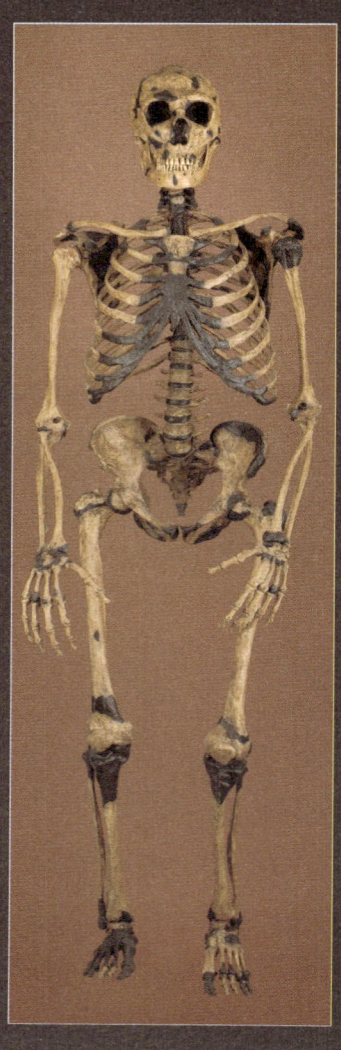

尽管尼安德特人的祖先身材较为高大，但为了应对欧亚大陆寒冷的冬季，尼安德特人进化出了矮小粗壮的身型。这种体型有助于保存热量。

而露西的膝关节可以像人类一样完全地伸直，这种结构有助于支撑整个上半身的重量。

黑猩猩的骨盆相对狭长，呈叶片状，而露西的骨盆更为宽大，呈碗状，显然更接近于现代人的构造。露西和黑猩猩在体态上最关键的差异在于脊椎。黑猩猩的脊椎在骨盆与后脑之间形成一个连续的弧，这适合大猿四肢着地、靠指关节行走的姿势。相比之下，连接着露西的骨盆以及她与黑猩猩大小相仿的头骨的脊椎，则呈现为 S 形。脊椎构造的巨大变化说明，南方古猿更习惯于抬高头部、靠双腿行走，而大猿是绝不会这样做的。

与现代人相似的身体比例

如果说古人类的身体以人和猿的比例的持续混合为特征，那么人体比例从何时开始脱离了这一原始特征？早期的线索出现在埃塞俄比亚中阿瓦什地区的布瑞遗址。研究人员在一个 250 万年前的地层中发现了股骨比例相对于露西更长的某个人科物种的化石。他的腿进化得相对较长，但手骨仍保持着近似于大猿的比例。在同一个地层中，研究人员还发现了一些经屠宰过的现已灭绝的牛羚和马的骨骼，并且在 278 米之外找到了一个南方古猿惊奇种的头骨化石。由于这些带有工具痕迹的动物骨骼和南方古猿惊奇种的头骨是在距四肢骨一定距离之外的地方被发现的，我们无法确定应该如何解读这 3 处化石证据之间的关系。这是否是一个刚刚开始使用工具、吃肉且有着略微变长的双腿的晚期南方古猿个体？这个问题只有留待更进一步的发现来解答。

在 250 万—150 万年前，人属中的古人类的许多标志性变异自南方古猿一系演化出来。头骨化石表明在这一时期生活着几个早期的人属物种。大约 200 万年前，这几个物种中的一支

（很有可能是直立人）进化出有着标志性长腿的高大体型。在肯尼亚图尔卡纳湖的化石层发现的一些强健的股骨以及一块粗壮的髋骨化石可以被视为这一进化的佐证。

具有像现代人一样比例的最完整的早期骨骼化石是属于直立人图尔卡纳男孩的，被发现于图尔卡纳湖附近有着 150 万年历史的地层之中。图尔卡纳男孩死亡时年仅 8 岁左右，但他的身高已达 1.57 米。而另一具较为残缺的直立人女性的骨骼显示她的身高最高可达 1.8 米。相对于露西的粗壮身材，早期的非洲直立人进化出了一种瘦而高的体型。图尔卡纳男孩的腿长所占身体的比例已经增加到与现代人类似，他的上臂、下臂亦是如此。图尔卡纳男孩的长腿表明长距离的行走和奔跑是直立人行为方式的一个关键构成。不过，这个少年的脊椎显然有轻微的错位，脊椎的病变很可能导致了他的早逝。

图尔卡纳男孩没有像南方古猿那样宽大且呈漏斗状的胸廓，而是进化出一个狭窄且呈筒状的胸廓。按比例来讲，他

人类祖先的外貌复原

重现已经灭绝的古人类是一门需要对人类和猿类解剖结构有非凡理解的工艺。从事这一领域的艺术家通过解剖人类和猿类的尸体来研究和测量肌肉附着点、脂肪以及骨骼表面软组织的数量。

由于化石标本经常会有一些骨骼丢失或受损，因此，科学家便要与艺术家合作，来填补缺失的骨骼。他们以同一物种的其他样品的同类骨骼作为参考，再根据需要将它们按比例放大或缩小制作出来。

尽管如此，某些方面的复原也只能依靠合理推测。例如，我们可能永远都不会知道人类的眼睛在何时演化出白色的巩膜，也不会知道我们祖先的肤色或头发质地是什么样子的。

的骨盆也相应地变得比南方古猿狭窄。这意味着直立人的大肠变短，说明他们已经适应了广谱化的饮食结构。

从南方古猿的时代起，肉类在人类的食谱中就占据了越来越重要的地位，因为肉类就营养供应而言比植物更"经济实惠"。但是，肉类并没有那么容易消化，想要吃更多的肉就需要完成一些进化性的改变。到了直立人时代，人类的大肠变得更短，小肠变得更长，这减少了肠道占用的体积以及消化食物所需的时间。人类的肠道变得与大型猫科动物越来越相似，能够迅速获取肉类中的养分，然后清除掉废弃物。人类不再如同大猩猩那样需要用几天的时间来消化植物类食物，现在我们的消化过程只需几个小时就能完成。

更短的肠道使得人体可以将珍贵的能量从肠道转移至体内任何其他具有高代谢特征的器官。大脑是耗能最多的器官，早期直立人的脑容量大约是南方古猿的 2 倍。饮食转向肉食以及肠道的缩短，对于加速脑容量增大的进化方向而言很可能是至关重要的。

早期非洲直立人修长的四肢及瘦而高的体型同时也是对温暖气候的一种适应。如今，非洲东部的一些土著，如肯尼亚的马赛人和苏丹南部的丁卡人（Dinka），具有与这些祖先相似的体型。在炎热的气候里，通过排汗来尽可能多地释放热量是一种优势。四肢修长的瘦高体型可以更多地将皮肤暴露于空气中，从而有助于实现这一目标。能够有效排汗的皮肤面积越大，在汗液蒸发时就越会感到凉爽。直立人有可能是体毛退化、汗腺变密的最早的一批古人类之一，这些特征的出现是为了应对温暖气候所进行的演化。苗条的身材和修长的四肢还表明直立人或许是第一个经常在赤道地区的烈日下行走和觅食的人科物种。

下图

南方古猿（左图）肋骨和骨盆之间的空间表明其具有有助于消化植食性食物的较长的消化道。直立人（中图）的消化道较短，能够快速地消化肉类。海德堡人（右图）则依赖在较短的消化道中有效吸收生食和熟食。

适应新环境

在非洲之外，有关古人类的最早的确切证据来自格鲁吉亚共和国的德玛尼西遗址。该遗址的年代为 178 万—175 万年前，保存有一些人属骨骼化石以及石器。在东半球，出土于中国和印度尼西亚的石器和人骨化石表明古人类在稍晚的时间才到达那里，具体地说大约是在 170 万年前。

地理上的扩张说明早期的人属成员能够适应新的气候和生态系统。最早探索其他大陆的人类群体用最简单的工具组合完成了这一创举，其中包括石锤、石核和锐利的石片，它们是已知最古老的石器加工技术的典型代表。也就是说，凭

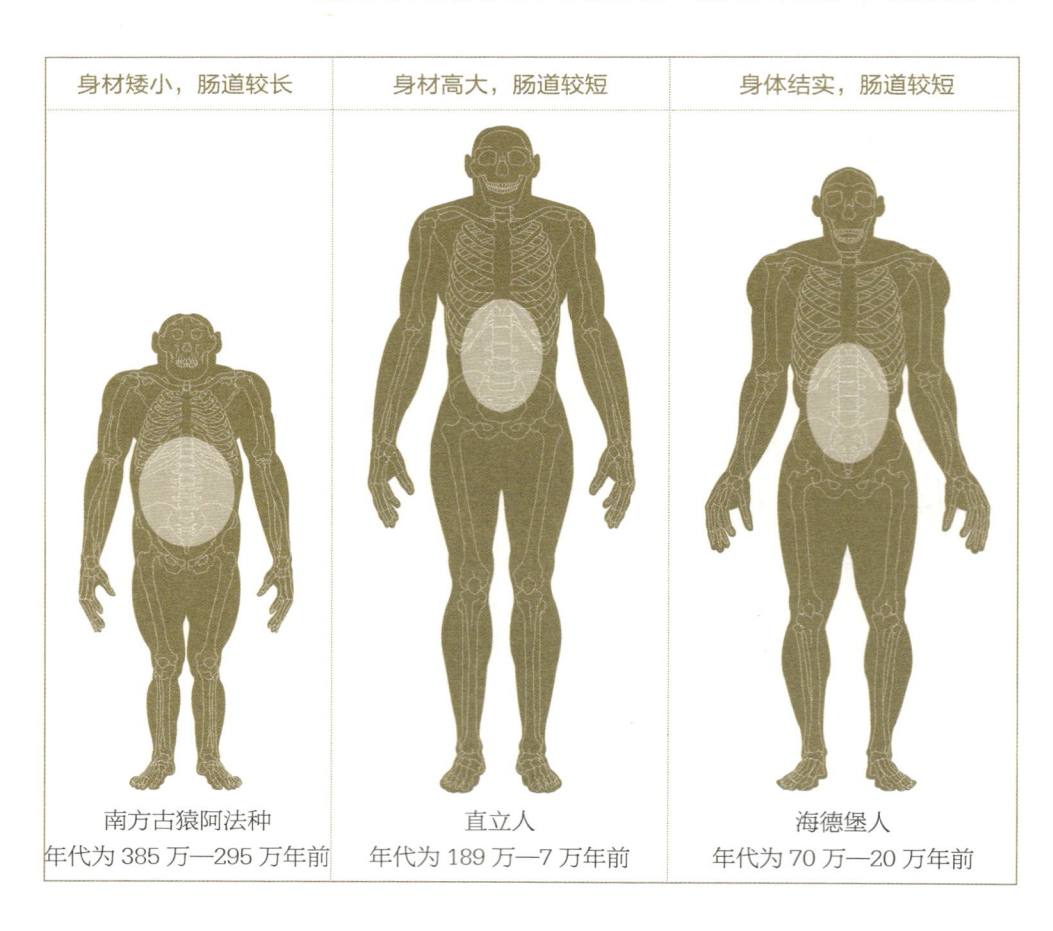

身材矮小，肠道较长	身材高大，肠道较短	身体结实，肠道较短
南方古猿阿法种 年代为 385 万—295 万年前	直立人 年代为 189 万—7 万年前	海德堡人 年代为 70 万—20 万年前

借最基本的适应性，人属成员就完全有能力实现居住地的扩张。

科学家们对于在德玛尼西遗址发现的化石属于哪一人科物种尚未达成共识，尽管它们有着与直立人相似的整体外观。在有着170万年历史的中国元谋（Yuanmou）遗址发现的两颗上门齿与图尔卡纳男孩的上门齿非常相似。在166万年前甚至更早之前到达印度尼西亚爪哇岛的最早的古人类，以及之后在岛上生活的族群，长期以来一直被认为属于直立人这一支。然而，由于这个最古老的骨骼标本较为残破，这一问题仍有待进一步考证。较晚期的历史给出了一个不那么直接的证据：绰号"哈比人"的弗洛勒斯人的身体比例和另外一些特征看上去与生活在直立人之前的非洲类人古猿很相似。有没有可能存在一个我们尚不清楚的物种，在高大、瘦削、强壮的直立人之前就已经走出非洲且横穿了亚洲？

通常认为，最早的"开拓者"一定像直立人一样具备长时间行走的能力，并且他们很可能是肉食者，需要大片领地才能成功通过捡拾动物尸体和狩猎获取动物蛋白及脂肪。在190万—170万年前这一关键时期，非洲东部的空气湿度以及湖泊水位出现过大幅度波动。在气候湿润的时期，成群结队的古人类沿着郁郁葱葱的山谷向尼罗河（Nile）上游迁移，然而之后干旱阻断了他们身后的道路，他们不能再重返故土。除了北上，他们或许别无选择。

大约在180万年前，"开拓者"们已经抵达了非洲西北

下图

因纽特猎人在酷寒的环境中追踪猎物，与其他居住在寒冷气候中的人相似的粗壮身材有利于其保存更多的热量。相比之下，生活在热带地区的人类进化出又瘦又高的体型，皮肤与空气的接触面积更大。

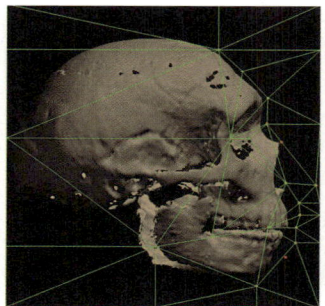

本页图

研究人员使用图像处理软件在尼安德特人头骨（中图）上获取关键的解剖点，以便利用现代人的模板（左图）转换出尼安德特人的样貌（右图）。这时，我们可以看到尼安德特人与现代人之间的外貌差异非常明显。

部。在阿尔及利亚的阿伊恩哈涅克（Aïn Hanech）遗址，他们发现了一片草木茂盛的广阔平原，溪流交错穿过其间，附近还散布着沼泽、灌木丛和森林。在东北方向，这些古人类占据了高加索山脉（Caucasus Mountains）脚下湿润的河谷和森林，还有混杂其间的开阔林地、草地和嶙峋的岩层。在印度中北部的大部分地区以及中国南部，可供动物种群繁衍生息的草原非常普遍，林地与森林的分布也相对密集。在170万—160万年前，古人类已经从位于北纬40°的中国泥河湾盆地附近寒冷干燥的森林和草原，一路扩散到位于南纬7°的爪哇岛上的温暖潮湿的平原以及森林湿地。这些"开拓者"在沿着东南亚狭窄的半岛和陆桥勇敢探险时，还曾遭遇过潟湖、滨海三角洲和海滩等各类环境。适应多变环境的能力已被深深印刻在我们祖先的体内。

进入寒冷的地域

在130万—100万年前，古人类进入西欧并向北一直迁徙到不列颠群岛（British Isles）。他们在沿途留下了一些石器，但其中却很少见到人类的骨骸。考古学家在西班牙阿塔普尔卡山脉（Sierra de Atapuerca）的格兰多利纳（Gran Dolina）洞穴遗址，发现了100万—80万年前的化石残片，但并未找到能够充分鉴定"开拓者"属于直立人、早期海德堡人或某个我们尚不了解的人科物种的化石骨骼。我们只知道这些人类祖先每年都要熬过寒冷的冬季,尽管这时最大规模的冰川增长期尚未到来。

在 70 万—30 万年前,欧洲海德堡人的体重、四肢骨骼的强度以及骨盆的宽度都有所增长。海德堡人更高大、更壮实的身体与早期非洲直立人瘦削的体型形成了鲜明的对比。这表明海德堡人进化出了可抵御寒冷气候的体型,他们极其强健的骨骼彰显出海德堡人具有古人类以及现代人无法匹敌的力量。

随着海德堡人在欧洲逐渐密集,直立人仍留在非洲继续发展。总体而言,在 60 万—25 万年前,非洲古人类看上去与同时期生活在欧洲的古人类没有什么分别。然而,由于时间、距离以及对不同环境的适应等因素,欧洲和非洲的古人类最终出现了分化。欧洲这一支发展成尼安德特人,而非洲这一支演化为现代人的直系祖先——智人。

正是在 20 万—2.8 万年前的尼安德特人中,我们可以看到着重于在寒冷气候中生存下来的生活方式的明确迹象。尼安德特人略微变短的前臂和小腿以及宽厚结实的躯体能够有效地保存热量。他们还长着鼻黏膜较厚的、较大的鼻子。他们的鼻子可以使吸入的寒冷干燥的空气变得温暖湿润,而在呼出气体之前还能截留鼻腔内部空气中的水分。我们甚至可以说他们的鼻子起到了生死攸关的作用,它使得尼安德特人可以免于因不断呼吸寒冷空气而造成肺部损伤。

如同海德堡人一样,尼安德特人在冰川沿着欧洲连绵的群山向北和向低处延伸时,也曾经历过几次强烈的冰期循环。确切地说,这些循环周期是指在寒冷和温暖的气候之间的大幅波动。有一段时间的气候变得非常宜人,河马从热带地区迁徙到了目前的英格兰所在地。尼安德特人也经历过温暖的间冰期，不过他们的身体却主要适于应对寒冷季节以及较为罕见但却更加严酷的冰期的考验，这类环境是在欧洲、近东和中亚地区生活的尼安德特人不时会遇到的。

总而言之，尼安德特人似乎是一个坚韧强壮、肌肉发达的人科物种。根据一项将尼安德特人的受伤类型与现代人进行对比的研究我们发现，尼安德特人的受伤类型最接近于现代骑牛大赛选手的受伤类型，即上半身多处骨折以及头部损伤。在火塘和墓地附近发现的动物骨骼说明，尼安德特人以肉类食物为主的饮食模式需要他们捕猎野牛、犀牛、熊等可能会伤害到他们的大型动物。他们在近距离捕杀这些动物时更容易受伤，因此，骨骼强健且肌肉发达的身体是他们的显著优势。

更纤细的人科物种

尼安德特人在很大程度上继承了我们共同的祖先（现代人和尼安德特人共同的祖先）——海德堡人发达的肌肉和健壮的体格。然而，在我们归属的智人身上，却出现了一种骨骼向更

问与答
关于"哈比人"有何争议？

近年来，在印度尼西亚弗洛勒斯岛上的发现证明弗洛勒斯人（绰号为"哈比人"）这一人科物种在1.7万年前已经灭绝。这个人科物种的身材比例与露西更为接近，与图尔卡纳男孩以及现代人则相差甚远。这一现象向科学家提出了有关人类体型进化的有趣谜题。鉴于生活在岛上的物种会随着时间流逝而出现体型变小的现象，"岛屿侏儒化"是否是弗洛勒斯人体型向更早期的古人类的方向演化的原因？又或者，人类谱系中的某一支一直保留着我们以为在150万年前就已消亡的远古祖先的身材比例？要解决这一持续不断的争论，我们还需要取得更多的考古发现。

弱、更小的方向演化的明显趋势。尽管智人的平均身高明显高于尼安德特人，但是智人最终进化出了更纤细的骨骼以及不那么沉重的身体。与海德堡人和尼安德特人相比，智人是相当纤弱的。

智人的头部也显得更加轻巧。他们的脸部很小，并且没有海德堡人或尼安德特人那样突出的下颌；眉脊即使很明显，也远远不及其他人科物种粗大。如果说尼安德特人的下颌骨厚而坚固，那么智人的下颌骨则是薄而纤细，而且智人是第一个有所谓"下巴"的独特凸起部分的人科物种。当包裹着牙齿及牙根的下颌演化得相对较小时，下巴随之出现。这时，加固下颌中线的骨骼无法再像早期古人类那样向内突出，而只能向前生长，它就这样变成了下巴。

智人类似于球状的头部以及小而扁平的脸部，以及女性毛发不明显的特征，可以在被驯化的动物中找到某种对应。相较于野生祖先中的成年个体，对驯养动物的培育造就了更纤细的骨骼和如同幼崽一般的脸部。以狗为例，它就是人类将狼有效地驯化而形成的物种。我们不清楚为何人类在进化的过程中遗失了远古祖先的力量和强韧，一种可能的解释是更纤细的外表可能有助于促进他人给予关怀或抚育。

尼安德特人在生理上适应了严寒并在这样的环境中存活下来，而现代人却通过科技、狩猎策略、创新发明以及社交与商贸网络征服了严寒及全球各式各样的环境。随着现代人的生活方式出现更深刻的改变，例如，转向农业种植和活动量较少的日程安排，经过漫长的岁月，强壮的身体在演化中的优势再未出现。

本页图

将尼安德特人股骨的厚度（左）与智人股骨的厚度（右）进行对比，前者粗犷的生活方式显然需要更为强壮的骨骼。

第 8 章

大脑的进化

人脑是智慧和疯狂、创造和残忍的源泉。这个由数千亿个放电神经元组成的致密宇宙，汇聚着信仰、推理以及情感的力量。由于对古人类的生存而言至关重要，因此人类的脑容量在进化过程中增加了约 2 倍。大脑总是处于"饥饿"之中，人类消耗的能量会为它供能。随着进化，人类的脑袋变得更大，出生成为一项极为严苛的考验，人类的存活简直可以说是一个奇迹。极为幸运的是，人类的大脑从来不是单独工作的，通过后天教育和相互鼓励，我们既有蓬勃的生机，也能够冷静地行事。

在远离非洲这个被称为"人类摇篮"的地方，一个古人类的存在注定要使得科学家们重新思考有关人类起源的假说。2003 年，在印度尼西亚爪哇岛以东约 625 千米的弗洛勒斯岛上，考古学家在梁布亚（Liang Bua）洞穴遗址中挖掘出一具绰号为"哈比人"的骨骼化石。不久后，人们为自该洞穴中出土的古人类骨骼化石确立了一个新的人科物种，即弗洛勒斯人。如同露西一样，"哈比人"的骨骼化石属于一位成年女性。她的身材矮小，只有 1 米高，甚至比露西还要矮。她的脑容量与露西大致相同，约为 420 立方厘米。然而弗洛勒斯人的生存年代距离现在要近得多，他们生活在 9.5 万—1.7 万年前。

科学界为弗洛勒斯人如此矮小的体型以及极度不发达的大脑感到困惑。学者们一直认为人类在岁月的流逝中进化出了更大的大脑。那么，弗洛勒斯人为什么这么"袖珍"呢？究竟是他们的体型和大脑出于某种原因而有所退化，还是当

右页图

这些贴在一位藏族老师头上的电极可以帮助神经科学家测量人类大脑的活动。

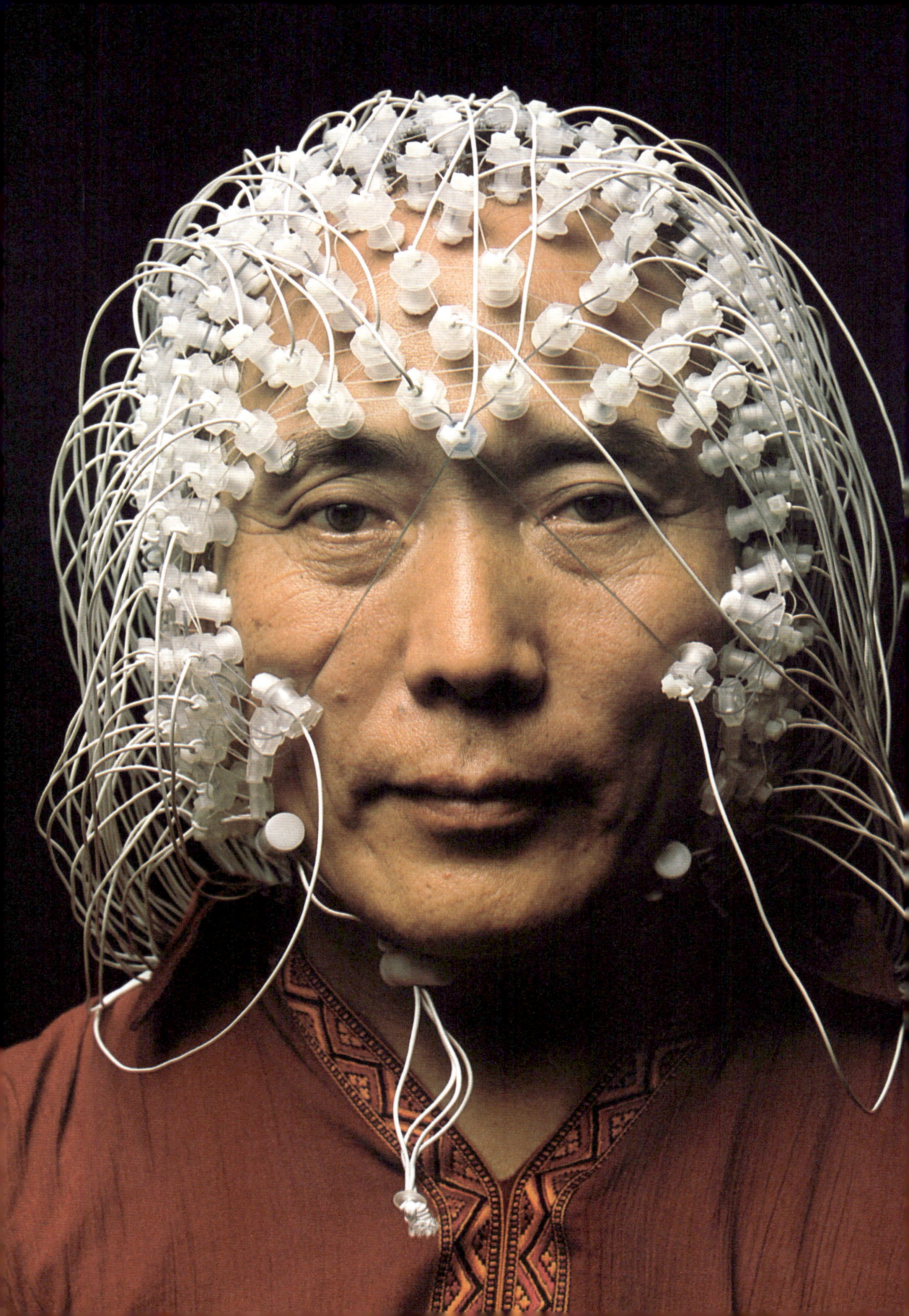

人类大脑演化时间轴

- **植物和动物的驯化** — 1.05 万年前
- **用符号交流** — 25 万年前
- **火塘旁的集会** — 80 万年前
- **制作工具并且食用大型动物的肉** — 260 万年前
- **依靠较短的下肢直立行走** — 600 万年前

- **脑容量快速增长** — 50 万年前
- **脑容量和体型的增大** — 200 万—80 万年前
- **脑容量的平稳增长** — 600 万—200 万年前

时间轴刻度：现今、100 万年前、200 万年前、300 万年前、400 万年前、500 万年前、600 万年前（远古）

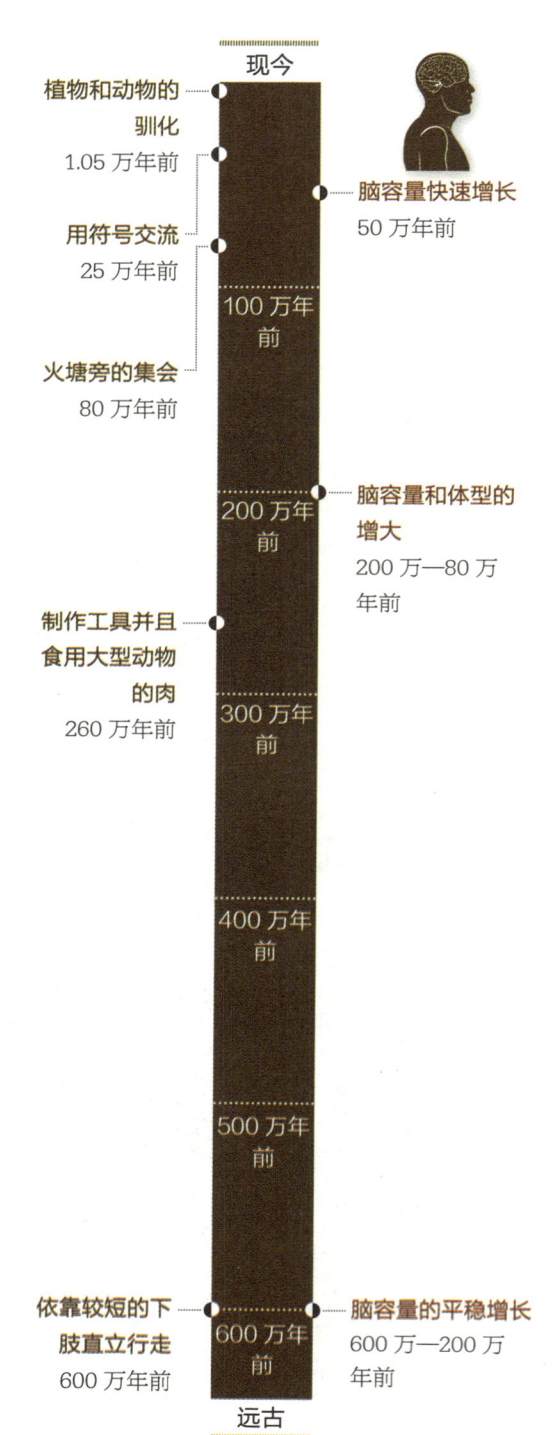

他们来到这个岛上时就是这么"袖珍",后来一直维持这种状态?"哈比人"可以制造工具、控制火、狩猎以及抵御大型捕食性蜥蜴,这些行为远远超出了人们认为脑容量较小的人的能力范围。弗洛勒斯人是怎样完成这些工作的?他们要运用多少脑容量来为这些活动赋能?"哈比人"之谜令学者们重新开始关注人类大脑的构造以及它的演化过程。

黑猩猩的脑容量约为 400 立方厘米,而人类的脑容量约为 1350 立方厘米,是前者的 3 倍多。大脑的外层——大脑皮层,是造成人类与其他灵长类动物之间脑容量巨大差异的主因。外表面清晰可见的沟回将大脑皮层划分为几个主要的分区(又称脑叶),这些分区可以根据神经元及其之间的联结进行进一步划分。灰质是神经元胞体的聚集之处,色泽较为暗淡,而白质由联结神经元的神经纤维组成,构建了大脑的通信网络。相对于其他灵长类动物,人类大脑内部的联结十分独特。人类增大的新皮质(neocortex)是脑部进化中最晚出现的结构,与黑猩猩相比表现出更多的神经细胞之间的联结。这一点通过皮质重要分区中白质的扩张表现得非常明显。在人类大脑里,与较高级心智运作能力有关的部分被联结得更好，处理信息的速度也更快。人脑内部多达 75% 的联结分布在大脑皮层中，它因此既能处理新的信息并在瞬间交付输出，也能整合数十年中值得存储的信息，还可以构建图像、进行阐释和抽象化处理信息。因此，神经元之间的联结在人类大脑的演化中非常重要——这一点或许能有助于解释，为何弗洛勒斯人的生活方式乍看远比其脑容量所能允许的更为复杂。

下图

弗洛勒斯人"哈比人"式的身体比例令许多学者感到惊诧，因为有关这一人科物种的发现表明人类脑容量的演化并不总是从小变大的。

大脑的意义

19 世纪的神经学家发现，特定的大脑分区控制特定的行为，这些行为也包括说话和理解语言的能力。自此之后，科学家们一直试图研究大脑的构造及其运作原理。现代科技的融合为揭示人脑解剖结构、脑部活动以及人类特有精神活动的定位之间的联系开辟了新的可能。正电子发射断层成像

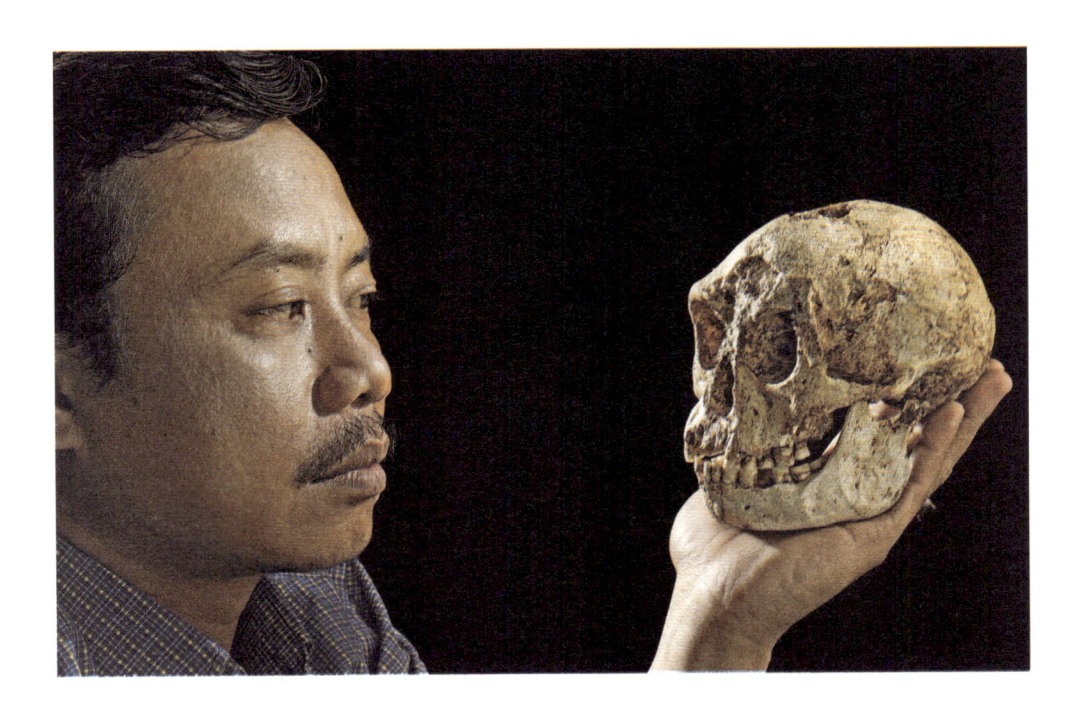

（PET）和功能性磁共振成像（MRI）都能够测量脑部活动的增加或衰减，前者为脑部的新陈代谢提供了一份三维的记录，而后者则可以显示在进行特定精神活动期间大脑中的血流分布。随着我们对大脑的进一步了解，"大脑功能运行"（brain functioning）有一天或许会取代"智力"，成为衡量人类素质的新标准。

作为具有自我意识的生物，我们可能很难将人类自我的内核与一些离散的灰质和白质联系在一起。然而，一次又一次的研究证明事实就是如此。大脑皮层的额叶可以被视为一个很好的例证，原因有如下两点。额叶在人类进化过程中有显著的增大，因此非常适合我们在这里寻找人类特质的基础。由于位于颅骨的正前方，额叶也是最常受伤的脑部区域。额叶的损伤和伤后的行为表明，额叶关乎人类对环境的感知和规划的能力。它对情绪反应、记忆和肌动活动有重要的影响，所谓肌动活动包括控制手部、手指和面部肌肉完成微小的复杂动作。额叶中一个明确的分区与语言的表达息息相关。由于它具有上述的多种功能，额叶损伤可能会导致大量的问题，例如，无法冲制咖啡或找不到回家的路。额叶受损通常由中风引起，患者会表现出社交行为方面的巨大变化，如情绪转变、幽默感丧失、同情心或同理心丧失、性欲丧失、社交角度上的不当性行为，以及无法识别欺骗。

我们所定义的自我核心的一大部分，例如，我们的记忆、与他人互动的能力，甚至开玩笑的能力，都取决于大脑的功能运行。倘若没有大脑，人类的整个文化领域——信仰和价值观、复杂的社会生活、经济领域和科学领域中大量的复杂计算、艺术和创意领域中创造力的繁荣，以及所有令人惊叹而独特的人类品质都将不复存在。

脑容量的大小

尽管大脑内部的联结以及特定分区的功能运作非常重要，但有关人脑演化的研究主要依靠认识颅骨化石的内部来获得信息。如果将所有现已发现的颅骨化石的容积（脑容量）绘制成图表，我们就会形成这样一种印象——在人类的进化过程中，大脑总体而言是向着变大的趋势不断发展的。

根据 600 万—300 万年前的古人类化石得知，他们的脑容量基本介于 350～500 立方厘米，这个数字大致与预期中大猿的脑容量相当。为了能更好地理解此处的数字，我们可以借用水果来作比喻。最早期的古人类的大脑与橙子的体积

下图

气候变化与脑容量大小的关系

大约始自 80 万年前的气候波动（上图）与人类脑容量（下图）的快速增长相互对应。容量更大、结构更复杂的大脑使这一时期的古人类能够以一种全然不同的方式与其他古人类及周围的环境进行互动。

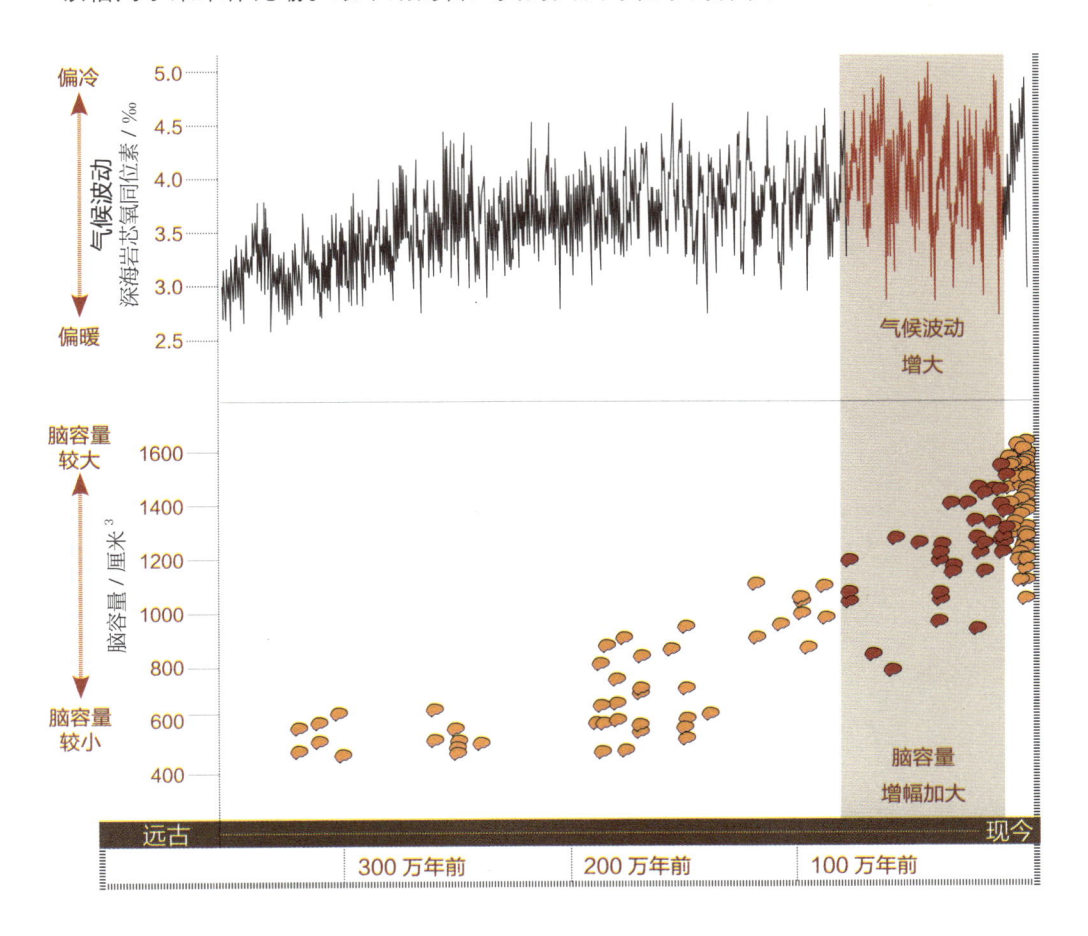

南方古猿阿法种	鲁道夫人	早期直立人
年代为 310 万年前	年代为 190 万年前	年代为 180 万年前
脑容量 500 立方厘米	脑容量 775 立方厘米	脑容量 850 立方厘米

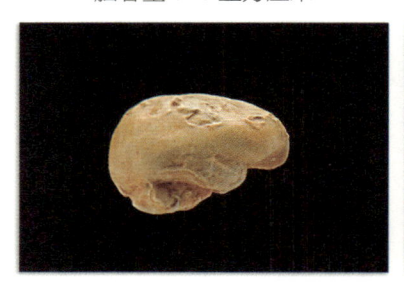

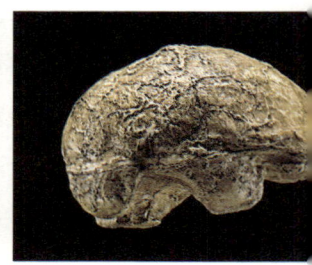

相当。撒海尔人乍得种的脑容量为 350 立方厘米。南方古猿和傍人属的脑容量有所增加，为 400 立方厘米～500 立方厘米。不过，一位体型魁梧的南方古猿惊奇种成年男性的脑容量经测算达到了 550 立方厘米。尽管 350 立方厘米的脑容量与 500 立方厘米的脑容量有着不小的差距，但它对应的时间跨度可是超过了 300 万年。绝大多数研究者一致认为这些古人类的脑容量并未出现迅速的演变。

古人类的大脑运作方式，与最后一批人与猿的共同祖先乃至现生大猿相比，是否存在着显著的差异？这是一个很难回答的问题。研究人员通过脑容量与正常体型（以体重来衡量）的比值，来估算动物的认知能力。根据这一实验体系，大型动物被认为应该具有较大的脑容量，而小型动物的脑容量则相对较小。如果一只动物的脑容量低于与其体型相对应的期待值，那么它的智力就会被测评为低于正常水平。相反，如果另一只动物的脑容量高于与其体型相对应的期待值，那么根据我们的测试，它很可能会表现得十分聪明。以海牛为例，它是一种行动迟缓的海洋哺乳动物，具有较大的身体和较小的脑容量；与之相比，宽吻海豚拥有相对于其体型来说较大的脑容量。具有较大脑容量的古人类在大约 200 万年前

海德堡人
年代为 35 万—15 万年前
脑容量 1200 立方厘米

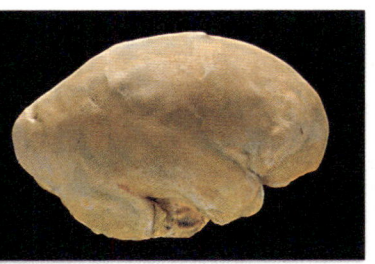

智人
年代为 2.6 万年前
脑容量 1322 立方厘米

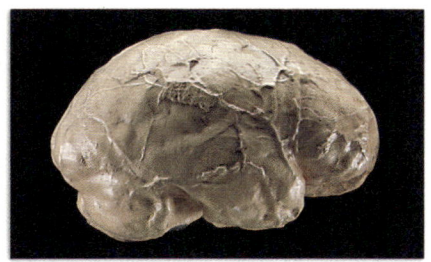

左页及本页图
研究者根据这些颅骨化石的颅腔可以确切地知道人类祖先脑容量的大小以及大脑皮层的某些细节。

刚刚出现,而在这之前,海豚一直拥有动物界最高的脑容量与体重比。这个数字有助于解释为什么宽吻海豚能够完成使用工具等多种复杂行为,而海牛显然无法进行特别复杂的脑力活动。

但棘手的是,我们很难将这种方法应用于已经灭绝的古人类,因为我们无法直接测量其体重。因此,学者们参照现代人与现生大猿建立了一些公式,以便根据骨骼化石来估算他们的体型及体重。这类估值的准确性取决于骨骼化石是否完整,不过迄今为止的计算表明,早在 250 万年前,人类的脑容量就已略微大于同等体型的大猿的脑容量。这些研究还表明,自最早期的古人类种群延续到近 100 万年前的傍人属成员,脑容量与体重的比值有了轻微地上升。

在 200 万—150 万年前,脑容量的增长十分明显。在此期间,伴随着人属的早期进化,大脑呈葡萄柚大小的古人类获得了发展。这些古人类的脑容量出现了本质性的变化,从与更早期的古人类差不多的 500 立方厘米,发展到早期直立人的 800 多立方厘米。这一数字区间的最大值相当于直径为 12 厘米的葡萄柚的体积。在此期间,早期人属的体重也有所增加,最高可能增长了 60%。截至 150 万年前,相对于 300

万年前的南方古猿阿法种的脑容量观测值，古人类的平均脑容量至少增长了 80%。通过这些数字，我们可以看出人类脑容量的增幅略微大于体型的增幅。此时，通过使用石器、寻找猎物和食用更多样的食物，直立人获得了新的机遇。这些直面和适应新环境的策略可能都受到了脑容量迅速增长的驱动。

早期直立人的体型已经很符合现代人的身体比例，因此，自 150 万年前开始，脑容量的明显增长强化了神经系统和精神力。脑容量扩张最快的时期出现在 80 万—20 万年前。这一时期的爆发增长使晚期直立人和海德堡人获得了相当于哈密瓜大小的大脑，并为脑容量更大的尼安德特人和现代人奠定了基础。脑容量在这一时期增加了 50% ~ 70%，具体数值取决于我们所审视的是哪一个人属物种。这一次的脑容量扩张仅用了 60 万年，而且古人类在保持身强体健的同时，身高和总体重的变化趋势在此期间还渐渐趋于平稳。

晚期直立人典型的脑容量为 1025 立方厘米 ~ 1225 立方厘米，而海德堡人的脑容量则为 1100 立方厘米 ~ 1325 立方厘米。在 20 万年前，海德堡人分裂出两个支系——尼安

解读远古的大脑

完整的颅骨化石是很少见的，然而一旦被发现，它就可以提供一座富含信息的宝库。大脑几乎不会转化为化石，但颅骨的内部会留下大脑皮层的痕迹。颅骨内部的"复制品"又被称为脑颅内模，显示出大脑皮层上微弱的沟回，并指示出大脑不同部位的相对比例。我们还可以根据脑颅内模估算脑容量。

在形成化石的过程中，沉积物可能会渗入大脑原来所在的颅腔，形成天然的脑颅内模。科学家也可以通过为颅骨内部建模的方式来制作人工的脑颅内模。计算机断层扫描术等医学成像技术现在经常被用于颅骨化石的研究，为计算脑容量，观察和测量其内部结构并构建大脑的数字模型提供便利。

德特人和现代人,二者的平均脑容量均在 1450 立方厘米左右。不过,在以色列阿穆德(Amud)出土的尼安德特人的脑容量达到了 1740 立方厘米,而一位生活在法国克罗马农(CroMagnon)的智人的脑容量也高达 1730 立方厘米。与早期的化石标本相比,现代人的平均脑容量和体重都有轻微的下降。

"嗷嗷待哺"的大脑

当然,正如大多数的演化发展一样,人类脑容量增大这件事也有其优点和缺点,代价和收益。事实上,最大的代价就是大脑的发育及其功能的维护要消耗非常多的能量。成年人的大脑约占体重的 2%,但是根据人们在休息时的血流和氧气消耗量来看,大脑消耗了全身 20% ~ 25% 的能量。婴儿出生时大脑的大小只有成人大脑的 25% 左右,但婴儿在休息期间进行新陈代谢时所消耗能量的 60% 要专供给大脑。人类有一个极度"饥饿"的大脑,它比人体内其他任何器官都更加需要能量。

那么,我们人类怎样为大脑提供能量呢?我们从哪里摄取这么多的营养,以供养自降生到童年以来大脑的快速发育,并在成年后继续维持它功能的运作?正如我们在第 6 章中曾指出的那样,脑容量的显著扩张使得寻找营养价值更高的食物变得愈加重要。富含动物脂肪和蛋白质的肉类、成熟的水果和大块的地下根茎等都是能很好地促进和维持大脑发育的食物。然而,

下图

将黑猩猩的大脑(上图)与现代人的大脑(下图)相比,二者的脑容量有着很大的差别。同时,在神经元之间联结的复杂性和紧密性方面,二者的差异更为显著。

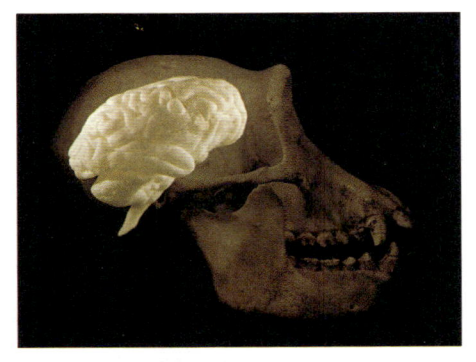

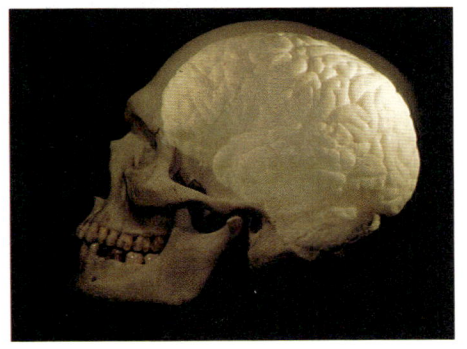

相比游牧或采集随处可见的树叶，稳定地获取以上食物要困难得多。只有用巧妙的方法获取能量回报率更高的食物，人类才能够维持这个超乎寻常的大脑。

生育大脑袋婴儿所冒的风险是又一项潜在的代价。生育有可能会危及母亲和孩子的生命。在分娩之后，大脑袋婴儿需要他人对其投入大量的时间和关爱。新生儿非常讨人喜爱，但同时也是这个世界上最无助的哺乳动物之一。婴儿激发深刻的养育之爱的能力，对于他们成长和生存的整个过程都至关重要。由于人类的大脑需要 10 多年才能发育成熟，因此，婴儿需要父母和与之有着直接关系的社会群体密集且持续地投入，才能提高其活到成年的概率。

从适应性的角度来看，现代人的大脑面临着如此之多的挑战，那么它又为何会进化到今天这般模样呢？当古人类开始利用石器获取肉类、骨髓和其他食物时，就意味着饮食结构发生了改变，这对于大脑的进化起到了至关重要的作用。

下图

通过拼图或以其他方式探索世界。一个人类小孩在其生命的最初几年里大脑会非常快速地发育，神经元网络亦相应随之倍增。

然而，它仅仅解释了大脑如何获得满足其增长的条件，却未能充分说明哪些因素最先刺激了脑容量的增长。

鉴于脑容量的增长和使用石器是人属独有的特征，因此我们不难想到大脑进化和使用工具之间存在着某种联系。然而，考古学家并未在脑容量增长与最早期的石器制作或石器技术史上的任何特定发展之间找到明确的关联。所以，使用工具不足以令人信服地解释脑容量的增长。

社交对灵长类动物的大脑进化同样起到了重要的作用。就狒狒和其他旧大陆猴来说，更大的种群规模与更大的大脑皮层之间存在一定的相关性。然而，就大多数大猿而言，种群规模的变化很大，其中的个体成员呈规律性地聚合和分散，而不是每天以稳定的组合外出觅食。社会群体的流动构成对于黑猩猩来说表现得尤为明显，但同时也是以狩猎和采集为生的人类的典型特征。实际上，大多数现代人也是如此。我们需要离开家到外面工作，送孩子上学，在下班时间告别同事并回家和家人重聚。这种分散－聚合型的社会组织意味着其成员能够保留复杂记忆并在分离后重聚时辨识出对方的精神状态，这在生存竞争中是一种相当大的优势。总之，聚合和分离的巨大弹性、群体之间的社交联盟及社交网络的广泛发展，要求大脑具有各式各样复杂的功能。

环境的复杂性是影响人类大脑进化的另一个因素。当直立人以及更晚期的古人类迁移到新的地点并拥有更大的居住范围时，他们面对着栖居和生存的新挑战。复杂的心智图像以及将过去的记忆与新的地点、时间和社会群体等信息输入相整合的能力，有助于人类找到相对稀缺的食物。这在陌生环境中是足以决定生死的大事。

只有在成功地应对潮湿和干燥、温暖和寒冷之间的季节性波动之后，有机体才会焕发出生机。只有构成物种的有机体能够适应新资源的波动性变化以及其他超出单个个体记忆的重大挑战，物种才能延续。每逢环境有所变化，大脑皮层所蕴含的积累经验、制定计划和运用想象力等重要功能，往往最有可能令人类受惠，从而进一步刺激大脑的进化。

脑容量增长最快的阶段大概始自80万年前，这时正值全球气候变化开始加剧的时期。在一些东非化石遗址的地层中我们可以看出远古环境的不稳定性；在古人类遗留有工具和骸骨的地方，大型湖泊与干旱的平原会随着时间的推移交替出现。雨季和旱季的开始时间和持续时间在有些时候是可预测且稳定的，但有些时候，由于雨季或旱季迟迟不至，这种规律性也会被打乱。

在这种变幻不定的环境里，人类所拥有的容量更大的大脑和发育良好的大脑皮层可以充当指挥中心，负责整合多种感觉、执行精细动作、判断时空关系、进行思考和组织语言表达，这给人类带来了巨大的优势。位于大脑最前端的前额

问与答
脑容量重要吗？

更大的大脑一定意味着更高的智力吗？脑容量的绝对大小会造成一定的误导。大型动物之所以拥有较大的大脑，并不是因为它们聪明，而是因为大型哺乳动物庞大的身体需要足够大的脑袋来控制。

虽然人类可以被认定是最聪明的物种，但在现存的动物中，我们的大脑远未达到最大的尺寸，鲸和大象的大脑比人类的要大得多。

但是，脑容量与体重的比值的确是有意义的。基于这一标准，大脑相对于身体越大，动物往往就越聪明。就我们的体型而言，人类拥有所有现生生物中"最大"的大脑。

皮质比大脑其他分区的增长更加明显。前额皮质与其他脑区之间密切的联系网络，促使一些研究者认为它的扩张使人类具备了更强的适应力，能够对环境变化做出新的反应。大脑在进化过程中演变成一种具有可塑性的器官，人类因而能够在一生中不断地学习新事物、制定决策并建立新的关系与记忆。正是由于古人类面临着持续变化的生存挑战，大脑才选择了赋予人类独特适应性的进化方式。

社会性的大脑

理解大脑的运作目前仍是科学界的一大挑战，人们也通过这一途径来领会生而为人的意义。回顾大脑的进化过程，我们会发现南方古猿阿法种、直立人和海德堡人等许多人类祖先都为脑容量的整体增长做出过贡献。我们是否可以将其中任何一个人科物种称作人？科学家们在过去曾一直争论大脑的进化是否存在一个转折点，而在这之后的某个物种就形成了像人类一样思考的能力。然而，脑容量最显著的增长与任何足以定义人类的演化并不同步。举例来说，在人类祖先开始制造工具很久之后，脑容量进入了增长最快的一个时期，而这个时期又远远早于考古文物所能佐证的任何复杂抽象行为出现的时间。因此，随着时间的推移，人们开始认识到人类特质的表现方式不仅仅与大脑的尺寸相关。但还有许多人在进行有关人类特性的思考时，认为脑容量的增长十分重要。

这个有关人类特性的问题再次将我们拉回到"哈比人"的谜题之中。弗洛勒斯人的脑容量很小，这让我们意识到脑容量的增长既不必然是持续的，也并非不可避免。拥有一个巨大大脑的缺点或许足以说服我们：一旦用

> 大脑在进化过程中演变成一种具有可塑性的器官，人类因而能够在一生中不断地学习新事物、制定决策并建立新的关系与记忆。

来为大脑供能的选项变少,这个令我们自豪的优势就有可能变成一种负担。绰号为"哈比人"的弗洛勒斯人在印度尼西亚弗洛勒斯岛上恰恰面临着这种情况。通常来说,体型较大的哺乳动物在抵达弗洛勒斯岛、克里特(Crete)岛和马达加斯加(Madagascar)岛等海外孤岛之后,会演化出相对较小的大脑和体型。如果可为大脑供能的食物来源是不稳定的(这种情况在孤岛上非常普遍),那么进化出"饥饿"的大脑是一件非常危险的事情。我们仍然无法回答身材矮小的"哈比人"究竟是在进化中逐渐变得更"袖珍",还是在抵达弗洛勒斯岛时就是如此。然而,这个案例确实说明,由于维护成本如此之高,脑容量的增长并不是人类进化过程中的必然选项。

在从进化视角来思考人类特性时,这一观点还将促使我们看得更远。人类行为的几个决定性因素都得自我们试图协调和管理由增长的大脑带来的一系列后果。人类要花很多年才能长大成人的事实,反映了大脑要用很长的时间才能发育成熟。因此,人类需要投入巨大的精力来养育孩子,为了获取丰富的食物而走很远的路,以此来供养经常"饥饿"的大脑。我们还会特别注意储存收集或购买来的食物,以便与他人一起分享。人类特有的这些经济和社会特征其实正是演化出更大的大脑所带来的结果。

大脑当然也会给予我们回报。许多脑容量相对较小的物种可以通过学习来适应和繁衍。黑猩猩和其他大猿将习得的传统代代相传,并由此形成了某些社会群体所独有的行为,这些行为有时被称为"大猿文化"。然而,迄今为止,最依赖文化传承的还是人类。以大脑为中介,人类借助文化传承可以迅速地建立新的思想和行为,并将它们与现有的一切进行

第二部分 | 人类独特性的开端　　143

结合。人类的文化素质常被拿来与我们的基因遗传进行对比，但这两者是紧密交织在一起的。基因遗传作用于生物变异库，只有其中很小一部分才能在每个个体遗传到的 DNA 中进行编码。鉴于这种遗传只能由父母传给后代，针对生存挑战的遗传反应通常需要很多代人才能被掌握。然而，在人类的进化过程中，基因遗传物质将我们的能力进行编码。我们将会拥有一个相对更大、适应性更强且高速运转的大脑，它可以立即孵化行为与精神层面的新的可能性。人类的基因遗传里还包括语言能力这一项。语言能力是一种复杂的编码，相对于基因的时刻表，它几乎可以在短时间内建立无限的沟通。

当基因遗传和文化传承实现了相互结合，那么以全新且多样的方式来拥抱世界的机遇便出现了指数级的增长。人类的大脑变得高度社会化，单个大脑的活动和思想不可避免地与其他许多大脑"交织"在一起。大脑不再只是嵌在颅骨内部的一个人体结构。我们的大脑不仅仅属于我们自己，更属于生活在我们周围的那些人。

上图

这个展示大脑中复杂神经联结的计算机模型具体呈现了从一个神经元到另一个神经元的信号传输。数十亿个神经元在我们每个人的大脑中形成一个网络，进而将我们链接到可以包含成千上万个体的社交网络中。

历史之窗 肯尼亚奥洛格赛利遗址（99万年前）

奥洛格赛利的一顿盛宴

自1985年起，史密森学会和肯尼亚国立博物馆在东非裂谷的奥洛格赛利遗址共同开展了多项研究。该遗址由路易斯·利基和玛丽·利基于1942年首次发起调查和研究。近年来，研究人员逐渐了解到为什么这处遗址是阿舍利手斧在非洲分布最密集的地点之一。

自从在一处受到侵蚀的山坡上发现了一件露出地面的大象股骨末端化石之后，史密森学会的研究团队就对这个地方进行了发掘，试图找到更多的大象化石。最终，他们发现了这只大象的大部分骨骼遗存以及2300多件石器。

人们在大象肋骨的表面发现了几道很深的凹槽，这意味着古人类可能使用了锋利的石片从大象的骨头上将肉切走。被石器切割过的痕迹也出现在大象的另外一些肋骨、椎骨乃至舌头肌肉附着的舌骨上。

根据散布在一处约99万年前的地层中的数十个远古遗址，我们可以勾勒出一幅无比清晰的生活场景。在某个干旱且困难的时期，一只大象给古人类带来了一场盛宴。通过制作工具和相互协作，古人类猎取到了超过自身体量150倍的猎物。然而，工具制造者会是谁呢？沿着一条通往高地的路，研究小组找到了古人类为了获取原材料而经常造访的采石场。经过一次短期的勘查，他们找到了直立人的颅骨残片。

石器制作技术和社会合作对近100万年前古人类的生存来说至关重要。

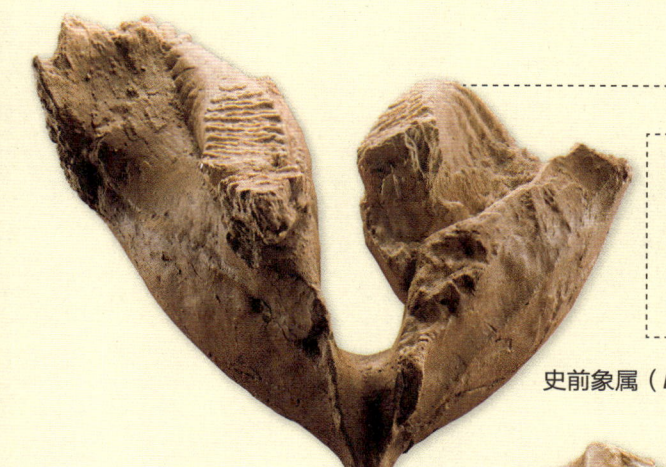

■ **史前象的下颌**：这块带牙齿的下颌来自史前象属。大约 50 万年前，史前象属灭绝，在此之前的 300 多万年里，它们一直是非洲最主要的象属。

史前象属（*Elephas recki*）

■ **史前斑马的头骨**：这个长着大而复杂的牙齿结构的大型头骨来自一种已经灭绝的斑马。除了史前斑马以及狒狒和鬣狗，考古学家在奥洛格赛利遗址还发现了很多其他种类的哺乳动物。

史前斑马（*Equus oldowayensis*）

■ **肉食者以及他们的工具**：古人类使用像右图这样的手斧（右）制造出数以千计的锋利石片（最右），并用后者切下附着在骨头上的肉。左图中的眉脊来自制造这些工具的古人类——直立人。

直立人的眉脊
编号：KNM-OG 45500

■ **食用肉类的证据**：看到大象肋骨上的两道凹槽了吗？它们是直立人从庞大的象尸上切下肋骨附近的肉时留下的切割痕迹。

切割痕迹

史前象属

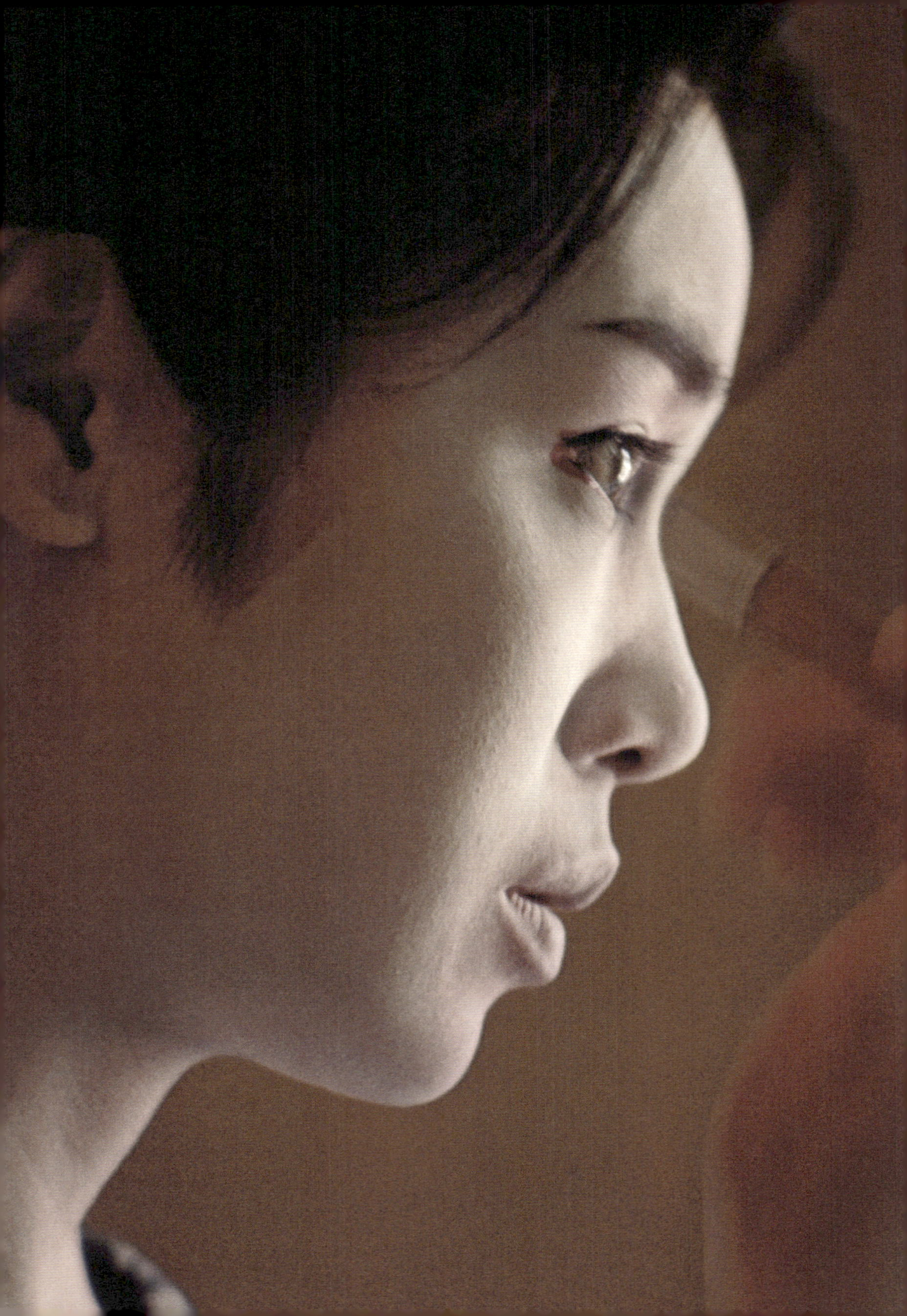

第三部分
现代人类行为的源头

第 9 章 | 人类的创新 第 10 章 | 想象力的源头
第 11 章 | 一个遍布全球的物种 第 12 章 | 历史的转折点

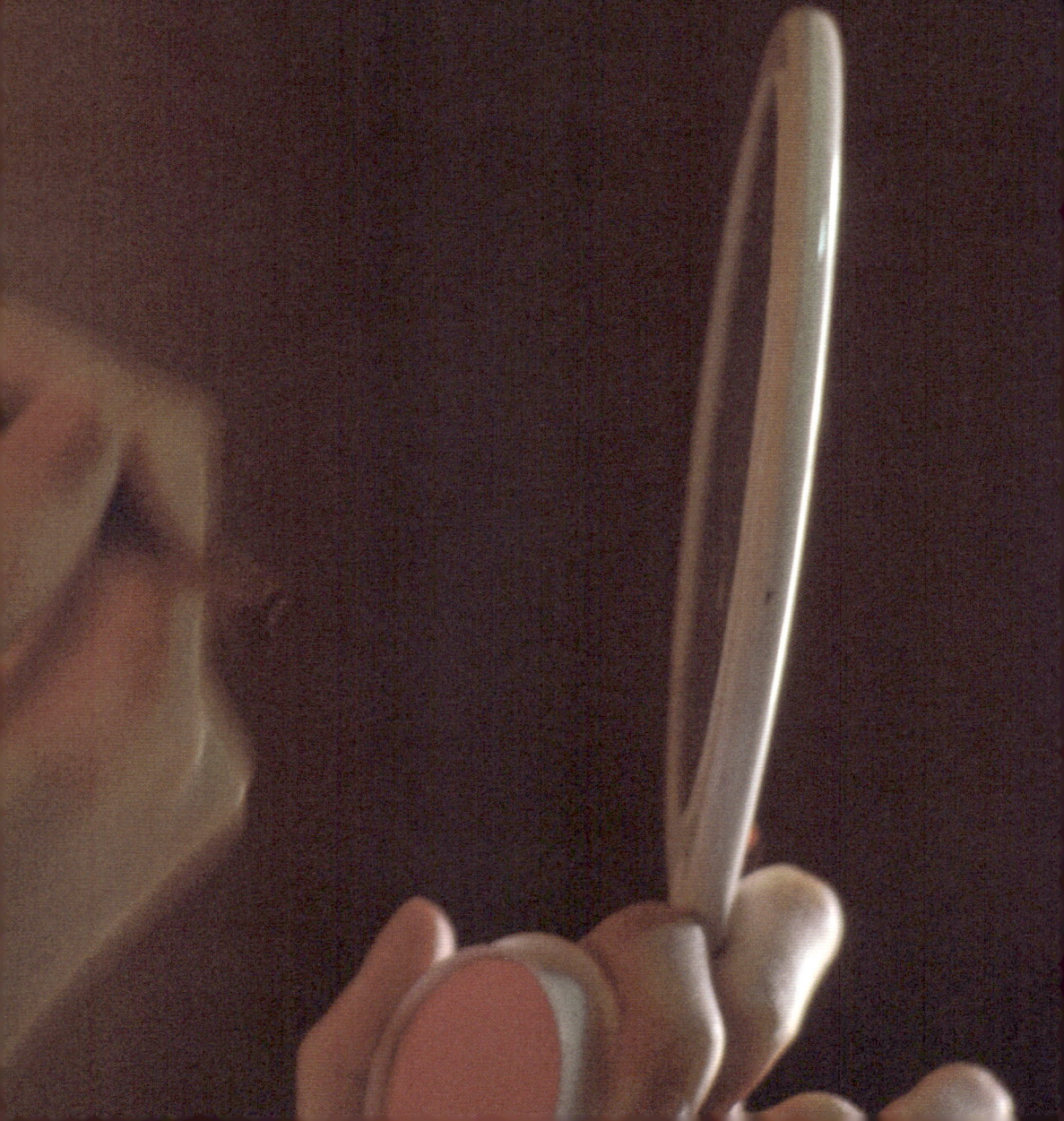

第 9 章

人类的创新

与现代社会的变化速度相比，古人类的生活方式与技术保持稳定的时间长得有些不可思议。人类累积创新的能力不断增长，使得我们可以大幅开发超越基础工具组合的技术，同时也令我们这个物种找到了除手斧之外的多种可能性工具。

石器制作的两种基本模式——奥杜威技术和阿舍利技术，从 260 万年前一直延续到 50 万年前，除了出现于约 160 万年前的手斧和其他一些大型切割工具之外，几乎没有任何创新。这两种技术模式以剥离石材等一些基本流程为特征，在很长一段时间里被我们祖先勤加利用。有意思的是，创新与变化在此之后就开始爆发，尤其是在刚刚过去的 10 万年里，创造力的发展尤为迅猛。

在制作手斧的传统逐渐式微之后，石器技术开始趋向于追求对石材进行更精细地加工，采用更多样的原材料以及制作体积更小、类型更多样的工具组合。有了这些专业化的工具和设备，我们的祖先就可以制备染料、处理谷物、储藏食物和捕猎行动敏捷的猛兽。创新速度呈现指数级的增长。更新的技术不再会持续使用上百万年，而只能延续数万年甚至短短的数千年。今天，人们对快速更新换代已经习以为常。无论是通过营火还是核反应堆来获取能量，都表明人类的生存已经离不开技术。技术创新与对技术的依赖，已经成为我们的标志性特征。

大约在 50 万年前，技术创新初现萌芽。在英格兰博克斯格罗夫（Boxgrove）遗址，人们在一匹被屠戮的马尸的

146~147 页图
一位日本艺伎正在镜子前端详自己的容颜。自我反思与理解其他社会成员的复杂思想，是人类独有的一种能力。

右页图
石油化工厂的管道是现代科技以及快节奏创新的一种体现。

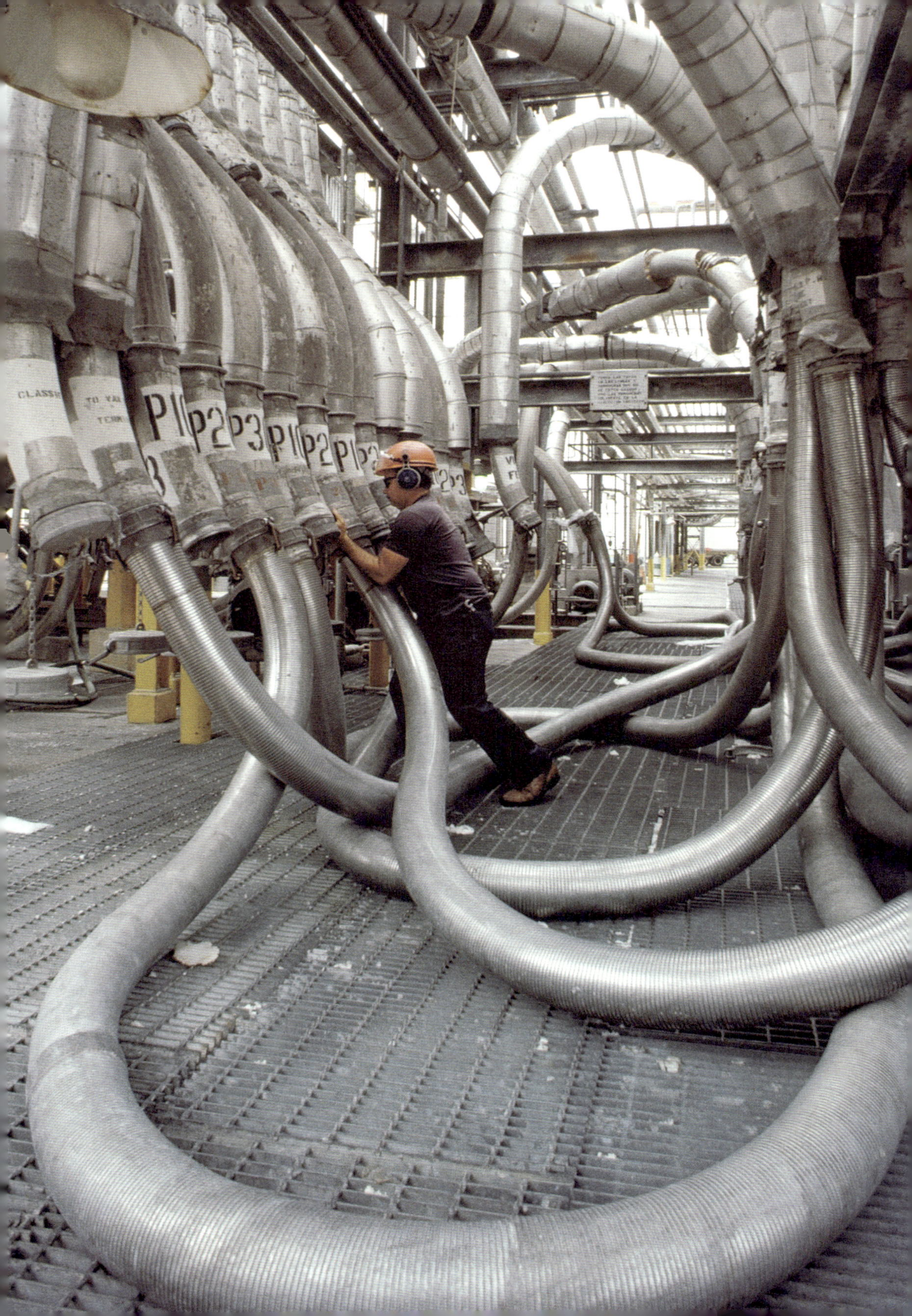
P1
P2
P3
P1
P2
P1

时间轴（由近及远）：

- 现今
- 植物和动物的驯化　1.05 万年前
- 制作篮子与陶器　2.6 万—1.8 万年前
- 制作合身的衣物　3 万—2.4 万年前
- 62 500 年前
- 出现专门的捕鱼工具　9 万—7 万年前
- 12.5 万年前
- 制造出可以捕获迅猛猎物的工具　10 万年前
- 18.75 万年前
- 用符号交流　25 万年前
- 25 万年前
- 远古

肩胛骨上发现了一处呈圆形的伤口。这一事实说明这匹马是被一根木矛杀死的。不过，目前已知最古老的木矛出现的年代要稍晚一些，它来自德国的舍宁根（Schöningen）遗址，只有 40 万年的历史。这时，人类祖先之一——海德堡人已经开始捕猎野马、犀牛以及体格较大的鹿等大型动物。我们在比海德堡人更早的人类祖先的遗迹中找不到类似的迹象。

差不多在同一时期，阿舍利文化的工具制作者开始在手斧的制作工艺中投入更多时间和努力。大型切割工具的外形发生了变化，从被击打二三十次的卵形石块，发展为高度精细且呈几何对称的器件，后者显然经过在头脑中的预先构想，并被精确地击打过数十次。经过如此用心的加工，新型手斧似乎超越了切割、屠宰的基本功能。随着时间的流逝，用来获取食物的新型工具与策略有了进一步的发展。它们开

始向研究学者所谓的"现代人类行为"靠拢,这正是智人的典型特征。从古人类的生活方式向现代行为的转变,关乎人类如何看待自身。这个话题当然会成为各种讨论的核心。

现代人类行为起源于何时何地?

当人类学家讨论现代人类行为的特征与起源时,他们往往会关注以下 4 个方向:技术、社会、环境和认知。在技术层面,现代人类行为是指通过创新以及多种方式应对自然环境变化的能力,这带来了文化、技术和器物制作风格的多样性。在社会层面,现代人类行为包含个体与群体之间社会关系网络的建立,这是实现信息、思想和资源交换的一种方式。在环境层面,现代人类行为是指开发和改变周遭环境的能力,人类因此能够扩散到新的地区并且利用这些地方改造出更多类型的居住地。以上 3 个层面的跃升当然就意味着现代人拥有着远胜于人类祖先的认知敏锐度。认知敏锐度的改变即便不是质变,也一定有着程度上的巨大变化。

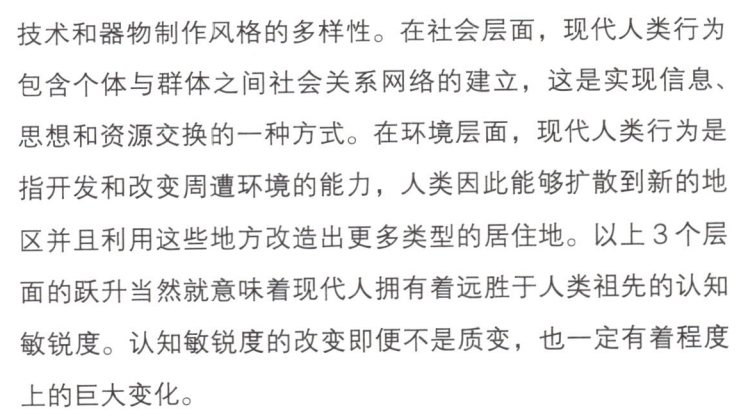

人类从何时开始,又是以怎样的方式获得这些能力的呢?有关这一问题的观点可以被分为两大阵营——"晚期及突变"假说和"早期及渐变"假说。二者反映出研究学者对人类行为特征进化的时机与节奏有着不同的理解。

"晚期及突变"假说认为,人类内在的创新能力是在 5 万—4 万年前突然出现的,并且很可能正是由促生复杂的符号语言的同一个变异所导致的。这一假说以欧洲的考古器物为基础,相关研究表明创新力的迅速提升大概始于 4 万年前,其中关键的进展包括艺术品、串珠和精致的石叶等私人饰物

上图

这些 40 万年前的长矛出土于德国舍宁根遗址,这类改良工具可以让远古的猎人们与有可能令他们受伤的大型食肉动物保持距离。

左页图

这位奥地利渔民使用的这类鱼钩和渔网是捕鱼方面较晚期的技术创新。它们的出现晚于最早期的复合骨制工具,如长矛和鱼叉。规划性的捕鱼能力与技术上的创新几乎同时出现。

的制作，以及用数吨重的猛犸象骨作为原材料的棚屋等建筑的搭建。这一时期的创新还包括以投掷型武器的出现为前提的狩猎能力的进步，以及精细繁复的丧葬与宗教仪式的建立。而要说这场"创造力大爆发"中最精彩的一项，那一定是法国和西班牙地区的洞穴壁画，它们在 3.2 万—1.8 万年前达到了巅峰。

相比之下，"早期及渐变"假说更侧重大约 4 万年前的非洲考古器物。根据这一假说，在近 30 万年前更多样化的石器以及更快速地创新已经有所显露，因此现代人类行为的特征是逐步发展来的。

要检验上述假说孰对孰错，唯一的办法就是查看日益增多的考古发现。哪些里程碑式的事件推动了人类创新能力的发展？它们究竟是散布在整个漫长的历程之中，还是只出现在这个故事的尾声？

"名不副实的革命"

最令人印象深刻的发现来自非洲，考古学家组成的团队在那里收集了数量惊人的证据。萨莉·麦克布雷蒂（Sally McBrearty）和艾利森·布鲁克斯（Alison

Brooks)在东非和南非有过数十年的考古发掘经验,他们在这一领域进行的全面梳理支持了"早期及渐变"假说,而且改变了许多研究者对"向现代人类行为转变"这一现象的思考方式。他们将其结论总结为"名不副实的革命",认为与人类进化相关的技术、社会与环境等层面上的改变需要一定时间来逐渐实现。人类的认知能力绝对不曾出现什么"革命",而且这方面的变化很可能早在智人出现以前就开始了。

精心打制的石叶和尖状器一度被认为是"晚期及突变"假说的标志性证据,但是它们在肯尼亚中部地层的考古发掘工作中居然也被找到了,并且可以被追溯到大约 28.5 万年前。处理染料的磨石标志着人类为了抽象目的而最早开始运用颜色,它的历史至少有 25 万年。在赞比亚的双子河(Twin Rivers)遗址,我们可以看到一些用来制作红赭石和黄赭石的赤铁矿石及褐铁矿石碎片。这些碎片的表面有被磨平的痕迹,说明它们曾被人类拿在手上当作蜡笔使用。

使用染料、制作配上手柄就可被当作武器的小型石叶以及开发利用贝类,在大约 16.4 万年前的南非尖峰(Pinnacle Point)遗址都能找到证据。在大约 13.5 万年前的阿尔及利亚与以色列的一些遗址中,我们发现了以标准流程钻孔并染色

左页及本页图

制作阿舍利手斧的技术(左页图·左)被传至非洲、欧洲以及亚洲的部分地区。在 50 万—20 万年前,这些手斧变得更小,制作得也更加精美(左页图·中、右)。到了 20 万年前,这些手斧被石叶、尖状器所取代(本页图),后者代表着更小巧、更便携的新技术。

的贝壳珠子，这意味着项链、手镯以及其他形式的私人饰品的起源比我们过去以为的要早得多。早在 13 万年前，古人类就已经在与远在 300 千米之外的族群交易黑曜石。根据埃塞俄比亚赫托（Herto）地区发现的经过修整和抛光的颅骨来看，古人类在 16 万年前便已开始以特殊方式处理遗体。

大约在 10 多万年前，新型捕鱼和狩猎技术的进步速度开始显著提高。埃塞俄比亚奥莫－基比什（Omo Kibish）遗址出土了约 10.4 万年前的小型尖状器，说明这一时期的古人类能够制造出由尖头、柄以及用于组装的树胶或动物筋构成的复合工具。尖状器加装柄部之后被制成矛、镖以及其他投掷类的武器，古人类利用它们来捕猎飞鸟等快速移动的猎物，或者野牛、野猪等大型猛兽。其实，狩猎活动还涉及对居住地的规划和策略性选址。例如，埃塞俄比亚的波克－埃佩克（Porc Epic）洞穴所处的地点正好可以俯瞰畜群迁移的路线。在刚果民主共和国的卡坦达（Katanda）遗址，我们发现了 9 万—8 万年前的有倒钩的骨制尖状器以及巨型鲇鱼的残骨。这意味着当时的矛或鱼叉已经能够捕获足以喂饱数十人的大型猎物。

非洲各地制作的石叶呈现出不同的风格，这说明当时文化开始向多元化发展，即古人类有了更丰富的行为选择。布隆伯斯（Blombos）洞穴出土的 7.5 万年前的磨制骨器，说明古人类已经有能力加工石头以外的原材料。自该遗址出土的骨锥可以被用于缝制简易的衣服，而十来块刻有图案的赭土板块似乎反映了某种符号或记录。

简而言之，有充足的证据表明智人时代特有的一系列技术创新、社会网络与环境适应力是逐渐显现的，而且主要集中在非洲。

自 4 万年前起，欧洲的发展显示出独特性。然而，并非是欧洲内部自发地获得快速发展；相反，直至从非洲走出的智人到达欧洲之后，相关的发展才开始出现。这时，古人类留下的遗产包括缝制贴身衣物时必不可少的骨针，雕刻骨头、象牙、鹿角和木桩的专用工具，猎杀猛犸象的长矛投掷器和捕捉海豹的精巧鱼叉，陶制塑像和维纳斯雕像所代表的长期持续的信仰体系，以及繁盛的洞穴艺术。这些令人心潮澎湃的创新标志着一个高度依赖精神世界与抽象领域的物种所能达到的智慧和想象力的巅峰。

然而，我们仍需要解答一些非常有趣的问题。人类到底有哪些与众不同之处？哪些因素造就了我们的创新能力？我们与早期的古人类又有何区别？

最早的用火与烹饪的证据

火为古人类提供了光亮、温暖，在夜里又可以保护他们免遭捕食性动物的伤害。烹饪也具有重要的意义，因为它让古人类可以获取肉食和植物性食物中更多的、用其他方式很难获取的营养成分。

一些证据显示生活在南非斯瓦特克郎斯洞穴的人类祖先可能最早于 150 万年前就已开始使用火。科学家在那里发现了被火烧过的骨头，从焚烧的温度来看，所使用的火应该是人工的营火，而非天然野火。不过，在斯瓦特克郎斯洞穴中找不到营火或火塘的痕迹，故而无法证明居住于此的古人类曾经能够控制火。

目前人类利用火塘来烹饪食物的最早证据是在有 79 万年历史的以色列盖谢尔贝诺特雅各布遗址找到的。大量的燧石碎片（有些因为受热已经变形）遍布于这处遗址之中。烧过的燧石、食物种子以及木头的集中地即为当时火塘所在的位置，而未经焚烧的燧石则圈定着火塘的外边缘。

缝制衣服

被用来在衣料上穿洞的锥子——如在法国劳格力-浩特（Laugerie Haute）遗址出土的这件一样（上图底部），可能是在非洲发明的，然后又被传入较冷的地区。晚期的古人类使用以骨骼和象牙磨制的针（上图顶部），来制作更贴身保暖的衣物。

捕鱼

在7万多年前，中非的古人类制作出最早的带钩尖状器（上图左侧），并用它来投掷和射杀巨型史前鲇鱼。后来，古人类开始使用鱼叉（上图右侧）来捕猎更大、更敏捷的海洋哺乳动物。

雕刻与塑像

雕刻工具是一种有着凿状尖端的特制石片（上图顶部和底部）。古人类用雕刻器来加工骨骼、象牙、鹿角以及木头，以完成雕刻的工艺或塑像。上图中部展示的是在西班牙埃尔潘多（El Pendo）洞穴遗址发现的骨雕，已有1.7万年的历史。

捕猎迅猛而危险的食肉动物

当古人类将石质尖状器，例如，出土于南非布隆伯斯洞穴的这些样品（上图顶部两个），与长矛或飞镖组合在一起，他们就具有了捕猎迅猛而危险的食肉动物的能力。之后，投矛器的出现（上图左侧）使得古人类可以从更远的距离将长矛和飞镖抛掷出去，大大提高其速度和命中率，而且更不容易受到猎物的伤害。

右图
在这张复原图中，古人类正用石制雕刻器在骨骼的表面进行雕刻。

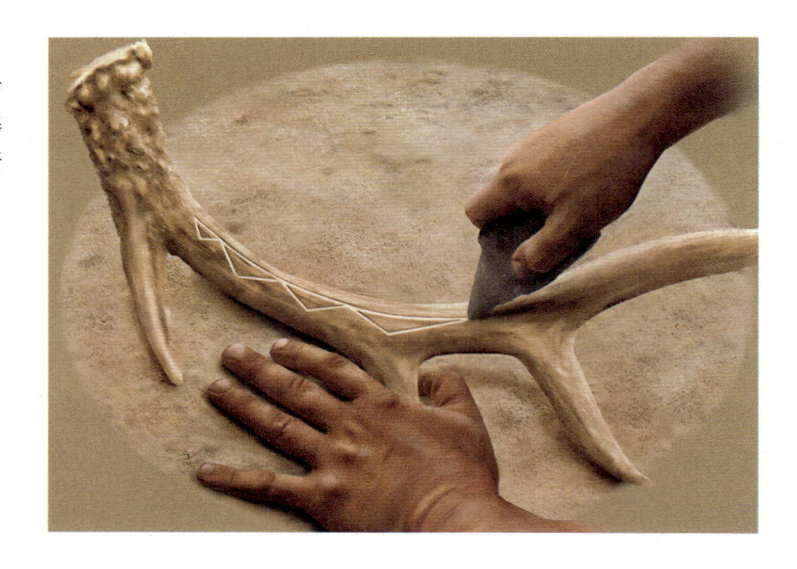

创新的累积

让我们先把考古发掘记录放在一边，来关注一下有关我们现生灵长类近亲的研究取得了哪些成果。通过耐心观察，田野研究学者发现许多灵长类动物也很善于发明创造。珍妮·古道尔在坦桑尼亚研究贡贝国家公园的黑猩猩时，就给出了许多黑猩猩个体借助偶然事件进行创造的案例，比如用木棍敲落果子，或是借助通常被用来擦拭身体的、卷曲的树叶擦掉身上叮咬的蚊虫等。它们看上去似乎相对简单，但是这说明我们的灵长类近亲可以用创新的方式解决问题、创造性地使用物件，以及开发出可以被学习和传承的新行为。

就灵长类动物的洞察能力而言，被强调得最多的案例之一是一只名叫伊莫（Imo）的年轻雌性猕猴。它最先开始将红薯带到附近的小溪里洗去上面的沙尘。不久之后，伊莫的妈妈以及伊莫族群中的许多其他年轻猕猴也开始这样做。这个方法流行开来，最终整个猴群中大

通过创造、适应、分享，以及将一个又一个的创新累加起来，人类得以不断提升其技术的复杂程度和生存能力。

部分猴子在吃红薯之前都会去小溪里洗一洗。在这个案例中，最有意思的地方不在于伊莫的天分，而在于洗红薯的方法可以被复制并在整个猴群中传播。创新是一回事，创新的传播及长久的留存则是另一回事。理解这一点，对于我们认识创新在人类进化史上起到的作用以及它对我们这个物种的潜在影响至关重要。

在一定程度上，创新的源头来自我们从灵长类祖先那里获得的遗产。至于智人，他们在创新方面的非凡特质不在于更加聪明或善于洞察，而在于对创新进行累积的能力，这种能力被证明极为重要。通过创造、适应、分享，以及将一个又一个的创新累加起来，人类得以不断提升其技术的复杂程度和生存能力。创新的累积对于人类走出阿舍利文化中石器制作者那种原始的生活方式，走向智人时代的史前晚期器物所表现出的富有蓬勃创造力的新生活至关重要。

我们在这里要强调以下两个因素。第一个因素是人口密度以及群体之间的联系。无论某些个体具有多么了不起的创新天赋，或者某项新的活动多么适于被接纳，如果被局限在

问与答
什么驱动了创新？

至少自 260 万年前起，古人类先是在 100 多万年里持续使用奥杜威石器技术，在过渡到阿舍利石器技术之后同样将它延续了 100 多万年。直至大约 10 万年前，技术的创新才开始加速。技术的改变是由古人类的适应性以及知识累积驱动的。我们硕大而复杂的大脑可以储存数十年的信息输入，并在一瞬间加以处理。书籍与电脑为人类提供了空前浩瀚的信息海洋，其中汇聚着许多代人的智慧。人类能够迅速地对事件做出反应，并且用生理或社会层面的适应手段解决问题，这正是创新的精髓所在。

一个小群体里，它们将很难有传承下去的机会。有关创新如何传播的计算机模拟实验表明，强大的社会联结网络对于新行为的广泛传播是十分重要的。一项创新若要存留足够长的时间以便进入不断增长的创新池，那么，它在多个族群之间的散播与创新本身具有同等的重要性。有关现代人类行为的"早期及渐变"假说的众多争议之一在于，尽管人类进化史上的确出现了一系列的创新，但是每一项创新延续的时间都相对较短。古人类在30万年前似乎就已具备必要的认知与社交能力，然而体现在考古器物中的各项创新却未能在智人生活过的大洲上持续地存留和传播。

第二个因素与环境的变化有关。持续时间最长的东非阿舍利石器文化，在一段气候在干与湿之间剧烈波动的时期（开始于大约36万年前）走向衰落、灭亡。这一时期持续了约30万年，地貌与自然资源很容易受到这些大规模变化的影响。正是在这一时期，人类创新的早期标志率先显示出来。一成不变的万能手斧被一种更加小巧轻便的技术所取代。创新的速度有所提高，而新事物可以存留的时间变得足够长，从而能借助考古器物留下它们的痕迹。更广泛的社交网络与群体交流时有发生，而我们也可以看到复杂的抽象行为的种种表达。这一能力组合作为对于环境变化的一种应对方式，带来了非同凡响的结果。机动性、规划力、新型工具以及群体之间的联系可以帮助古人类抵御风险，并大大提升他们在最艰难的时刻生存下去的机会。

环境变化对于人口也产生了极大影响，正如前文所述，人口在一定程度上决定着创新是否可以被快速地接纳。在70万—14万年前，非洲频频发生旱灾，致使人口密度降低到传播创新所需的最低阈值之下，而在此之前的一些创新有可能

上图
这件高约8厘米的陶罐制作于约1.8万年前的日本。它是最早期的将黏土过火烧制成的陶罐之一，见证着一直持续到今天的陶器文化。

就此失传了。在北半球，冰河时期的环境变化对人口也产生了重要影响。北半球的冰盖在约 3.3 万年前扩张到最大，但这时迁徙中的智人族群已经适应了艰难的生存环境，他们的人口没有剧跌。相反，正如大量考古遗址告诉我们的那样，这些早期的开拓者涌入到最适宜采集食物的地方。随着人口密度的上升，他们创造出有利于积累与传播创新的理想条件。欧洲大地上的"创造力大爆发"或许并不像人们以前所认为的那样，是人类进化史上的里程碑。但这一真实存在的现象却说明环境与人口双重因素的叠加能够促进创新的积累。

在智人迁徙到新的环境之后，远古时期古人类的基本石器组合终于让位于智人的复杂工具组合与文化多样性。对技术的依赖只是令人类在这一时期大获成功的众多因素之一。没有任何因素能够超越人类想象力的重要性，它使得我们能够思考自己在宇宙中的位置并对未来进行规划。

第 10 章

想象力的源头

"法国多尔多涅（Dordogne）地区是个魔法世界。童话般的城堡和法式庄园矗立在优美的石灰岩峭壁的顶端，而脚下就是蜿蜒曲折、塑造了壮阔地形的河流。"克里斯·斯隆在《国家地理》的一篇文章中写道："在喀斯特地貌的深处，我们的祖先在地下洞穴中栖居和生活。数万年前，正是在这里，他们创造了最早的展示人类能力的不朽记录——人类可以在脑海中构筑出一个世界，并以艺术的手法将它呈现出来。可这些人究竟是谁呢？见识了拉斯科（Lascaux）洞穴壁画以后，我的心中有了答案。当我的双眼逐渐适应昏暗的光线，野马和欧洲野牛的巨大影像在我头顶隐隐显现。这些精美的洞穴壁画不仅仅是对动物形态与动作的简单描绘，更展现了人类有能力使用复杂的、具有魔力和感染力的符号。'我知道这些人是谁了，'我对自己说道，'他们就是我们自己。'"

右页图
图中呈现了也门妇女双手及双脚上的复杂纹饰。对外表加以修饰和美化或许是人类抽象沟通的早期形式之一。

作为美术、音乐、语言和仪式的素材，符号与我们的生活是如此密不可分，以至于我们很难想象没有它们的生活。如果失去了符号，挑选衣服和珠宝、阅读报纸、聊天以及上学或上班等日常行为都将随之消失。我们将无法交流复杂的思想，而在个人的所闻所见之外也不再有可能获取其他的信息。

再怎么重视符号的价值都不为过。飞扬的旗帜与国歌是可以唤起我们民族认同感的符号。颜色能够传递情绪，珠宝饰品宣告婚姻状态，而钱包里的信用卡与钞票则是财富的象征。交通标志、天气图、新闻头条、电视节目以及互联网，都在

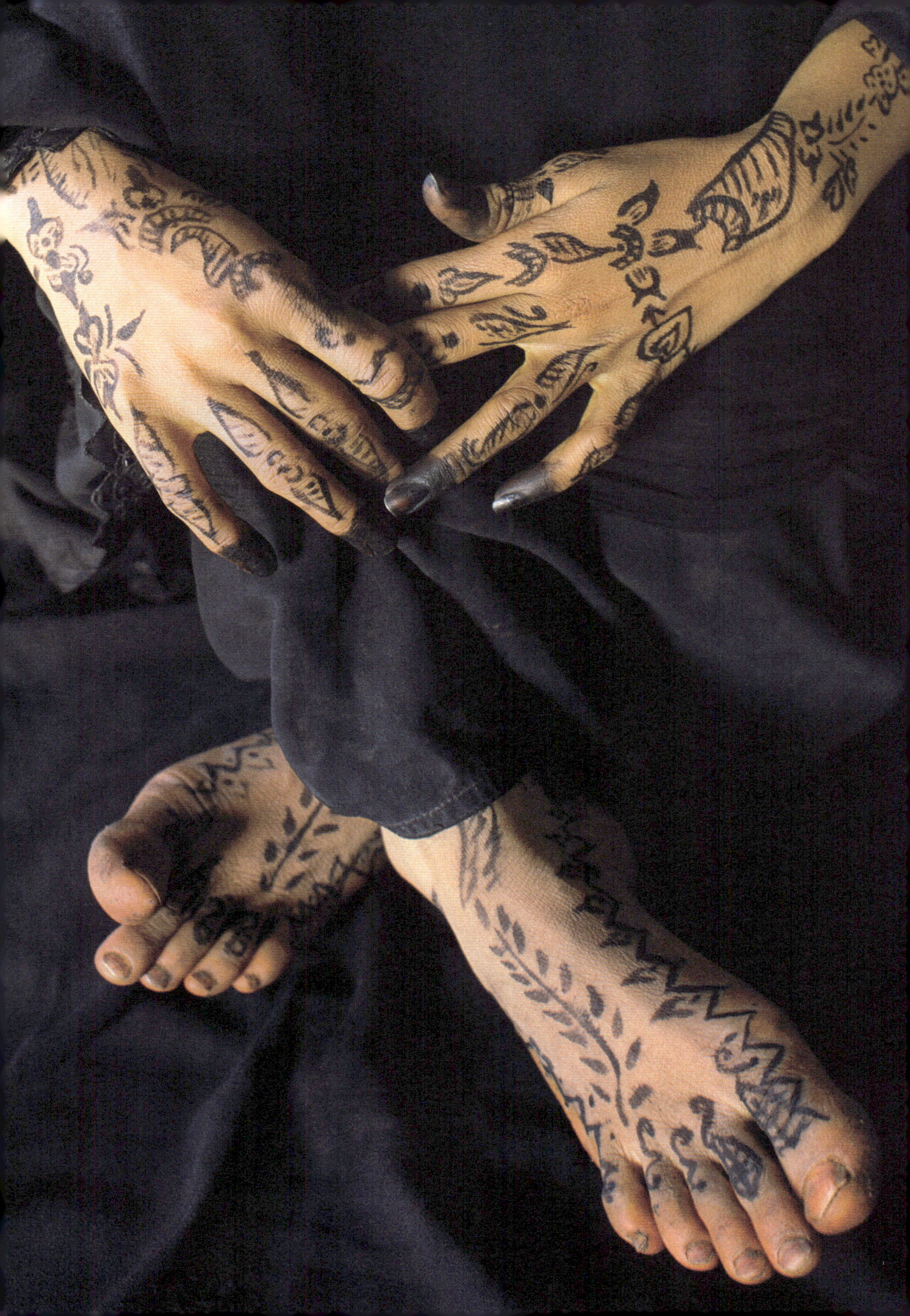

以符号或基于符号的通信手段来向我们传达某种信息。

作为现代人类行为的基本构成，符号的出现是一个渐进的过程，不过我们可以通过其历史上的3个里程碑来认识它。符号历史上的第一个里程碑是30万—25万年前的最早一批体现着抽象行为的人工制品。第二个里程碑出现在11万—7.5万年前，现代人开始有了更丰富的抽象行为，这一时期的考古遗址保存着足以令人信服的各类抽象制品。而出现在6万—3万年前的第三个里程碑以抽象行为的高度复杂化为标志，欧洲等地的岩洞壁画的繁荣是其绝好的例证。

符号语言

语言符号是最有力量的符号。任何人类群体都会使用自制符号与语言在不同个体以及代与代之间传播信息和习得性行为。语言使人类能够思考过去和未

时间轴（从现今到远古）：

- 现今
- 植物和动物的驯化 1.05万年前
- 开始用符号来表达语言和观念 0.8万年前
- 创作绘画与雕像 4万年前
- 使用私人装饰物 13.5万—10万年前
- 25万年前
- 用符号交流 25万年前
- 50万年前
- 75万年前
- 火塘旁的集会 80万年前
- 100万年前
- 远古

来、想象遥不可及的地方并描述想法等无法触摸的事物。借助语言这一关键中介，我们就可以共享见闻、知识、意义以及身份。

语言是人们就某一发声或词语的象征意义达成的共识。一旦人们就不同发音的意义达成一致，这些发音就可以被组合以及再组合，从而建立开放且灵活的沟通系统。而一旦对字词和发音的视觉符号达成了一致，如中国的象形字和腓尼基人的字母表那样，那么文字就诞生了。

有了抽象语言，我们的祖先便可以用新的方式进行交流了。现在他们不仅能够突破时空的限制，而且能够分享头脑

左图

一位日本僧人正在宣纸上泼墨题字。书法既是一种书面语言，也是具有符号意义的抽象艺术。

左页图

考古学家在南非布隆伯斯洞穴遗址发现了大量的赭石碎片。它们被制作于10万—7.5万年前，上面刻有神秘的几何线条——或许是某种早期的符号。

中的秘密，例如，希望、梦境和记忆。他们可以在抽象世界里尽情徜徉，例如，尝试解释世界的运转与自我的存在。符号沟通是人类想象力的源头。

灵长类动物与符号

人类是唯一使用符号的生物吗？许多动物都能发出各种叫声，但是我们在自然界尚未发现动物使用符号的案例。不过，在过去的数十年里，一些学者颇为成功地教会了实验室里的灵长类动物使用符号。"坎兹"（Kanzi）作为一只出生于1980年的雄性倭黑猩猩，学会了识别和使用348张图片，甚至能够理解3000多个英文单词。"可可"（KoKo）——一只出生于1971年的雌性大猩猩，可以运用美国手语中的1000余种手势进行交流。

针对灵长类动物的研究还表明，人类以外的物种可以利用符号进行交流。在一系列为研究猴子的语言能力而设计的实验中，无论讲话的人是谁，猴子们都可以区别出日语和荷兰语，而且只有当这两种语言被正确使用时，它们才能做出正确的区分。该项研究以及其他一些研究证明，除了人类，包括鸟类及其他灵长类动物在内的一些生物有能力辨别话语的具体特性，这意味着识别语言的核心机制在进化历程中早于语言的出现。

那么，人类的语言有何特殊之处呢？首先，只有人类才能在大脑里储存海量的视听符号，然后再将它们以无穷无尽的意义组合的形式呈现出来。人类的语言还具有递归性，也就是说，我们有能力在简洁的词汇组合里将一层意义包裹在另一层意义之中。于是，我们可以理解并使用如"我弟弟的妻子的叔叔"这类说法。否则，我们就只能将其拆解为以下的句子："我有个弟弟，我弟弟有个妻子，而他妻子有个叔叔。"借助这一优势，人类得以交流复杂的计划、条件(如果出现条件A及条件B,下一步该如何做)，

左图

这幅名为《预见》（*La Clairvoyance*）的画作由比利时画家勒内·马格利特（René Magritte）创作，表现了抽象的思考，即想象某种人类感官不能感知的事物的能力。

人类语言的这一独特特性甚至使得社会关系的出现成为可能。

我们很难知道简单的发音是从何时起以及如何演化成语言的，毕竟这一转变无法被记录在化石上。但我们可以推断，语言能力的进化与人类大脑相对于其他灵长类动物的容量增长和日趋复杂有关。尽管猿类生来就能学会一些符号并理解人类的部分语言，但是它们不能充分掌握使用语言的规则，而且也很难掌握大量的词汇。使用英语的幼儿一般从2岁起开始说话，每天大概能学会10个单词。到高中毕业时，一个学生的平均词汇量可以达到4万左右。大学毕业生可以掌握多达数十万的英语总词汇量中的6万~7万个单词。相对而言，黑猩猩每10天只能学会1个单词。

说话

人类语言的要诀在于我们有能力发出各式各样的声音。这可能要归功于我们喉头（或声带）的位置与其他哺乳动物

（包括黑猩猩在内）相比更低。较低的喉头位置结合我们短而圆的舌头，形成长且宽的咽部，即口腔后部与喉头之上的区域。经过拓宽的咽部，再加上嘴唇与舌头的运动，特别适宜快速地调整由声带发出的声音。

由于声道主要由软组织构成，考古学家无法在化石中找到有关我们祖先的声道结构的线索。近期的研究表明，如果想要像现代人那样说话，那么口腔与声道的长度比应该接近于1∶1。这一比例的形成似乎与面部前凸的程度相关。考虑到面部变小及后缩至前额正下方是智人（包括某些化石标本，但不包括其他类型的古人类）的典型特征，更早一些的古人类可能并不具备像现代人对话和使用语言那样控制发音或对一连串声音加以组织的能力。

仅凭声道的进化还不足以形成现代人的语言能力。大脑中掌控运动神经和认知过程的结构同样需要进化，而且这很可能是人类大脑随时间而进化出的结构与通路的一部分。有关大脑结构进化的另一组证据保存在我们的基因之中。FOXP2是一种促进与对话、语言、认知、运动能力有关的大脑结构发育的调控基因，对于人类和黑猩猩而言存在两处位点突变的差异。一项采用了分子遗传学技术的研究曾推测，人类的FOXP2基因的出现时间不早于20万年前。然而，一项较晚一些的研究考察了从尼安德特人骨骼中提取到的基因物质，并且发现尼安德特人体内也存在着人类的FOXP2基因。作为与语言形成有关的诸多基因之一，FOXP2基因有可能最早出现在现代人与尼安德特人的共同祖先（生活在约50万年前）身上。

声带这个出色的发声器要求人类付出相应的代价。因为声带的位置较低，我们在吃饭时无法彻底关闭气管。人类是唯一一种不能同时吞咽和呼吸的哺乳动物,我们始终要冒着被呛到的风险。不过,进化的历程显现出令人惊奇的平衡艺术,人类婴儿刚生下来时,声带的位置相对较高,因此他们可以同时吮吸、吞咽和呼吸。几个月后,声带的位置开始缓慢地下沉,这样,当幼儿大脑的语言分区足够成熟时,他就能开口说话了。

曙光始现

语言与抽象行为将我们祖先的生活提升到一个新的维度。抽象思考让我们得以驾驭意识,而意识正是人类最突出的特质之一。语言让我们能够加工心智图像,并为有时并不可见的物体、事件和抽象概念赋予意义。语言最惊人的特征在于它可以处理有关意识本身的感觉,在我们内心的活动刚一发生时便立即发现它们。我们可以通过抽象的方式识别和区分自己的所思所想与经历,以及他人的所思所想与经历。我们可以构想和谈论"我的想法"和"对方的思考"。我们可以思考"思考"本身以及我们自身的定位。思想、情感以及其他所有的精神体验都可以被解读,并被用作服务我们自身和他人的工具。这为人类提供了不可小觑的生存优势。

我们无法知晓人类祖先的谈话内容,但却可以略微窥见抽象符号所形容的史前社会的大概模样。符号具有如此重要的地位,因此得以深入我们祖先制造和遗留下来的事物之中,为我们考察人类抽象行为的起源提供了一条全新的证据链。

有些学者认为抽象行为最初的曙光出现在200多万年前,但另外一些学者并不同意这一看法。然而,我们有充足的证据表明,在30万—25万年前,某些抽象行为即使仍不普遍,

调色板

赤铁矿颜料棒

上图

在法国塔尔德(Tarté)洞穴中发现的史前调色板(上图·上)是一块扁平的石器,上面残留着一些约2万年前古人类艺术家使用过的赭石颜料。而出土自赞比亚的这块赤铁矿颜料棒(上图·下)有一个被磨光的平面,这说明古人类最早自25万年前就在使用这些橘红色的颜料。

但也不算罕见了，例如，使用染料以及改造自然界中的物体。

就这两种活动来说，考古学家更常见到的是对染料的使用。染料可以自多种天然物质中获取，如黑色染料取自含碳和锰的物质，白色染料取自高岭土，不过用得最多的矿物染料是赭石（或氧化铁）。赭石有红赭石（赤铁矿）与黄赭石（褐铁矿）之分。通过赭石碎片的磨损状况，我们可以看出它们曾经是被当作蜡笔来使用的，还是被研磨成粉末。在与水混合之后，赭石这种颜色鲜亮的染料可以被涂抹在任意物体表面，包括皮肤。尽管证据有限，但赭石最初很可能主要被应用于一些易腐烂的材质，例如，木头和人体。

自叙利亚戈兰高地发现的著名的贝列卡特蓝（Berekhat Ram）雕像可以被视作改造自然界中物体的一个案例。显然，古人类艺术家从这块石头的天然形态中构想出女性的形体，并人为地加深了一些沟槽以强调女性的特征。这个石像雕刻于28万—25万年前，或许曾被红赭石染料涂抹周身。

装饰与葬礼

有关人类抽象行为的上述早期例证较为简陋，与大约10万年前智人出现时更为复杂的实例形成了鲜明对比。这一关键时期抽象行为的证据不仅体现在对染料的使用上，还体现在项链、坠饰及最古老的丧葬品等的工艺上。

智人用来制作珠子的材料有150多种，其中包括野兽与人的牙齿和骨头以及蛋壳、贝壳等。显然，这些物品在当时价值很高，且被精细地加工过。在利比亚埃尔格力法（El Greifa）出土的尺寸如小鸵鸟蛋大小的珠子圆润规整，可能已有20万年的历史。它们是标准化制作流程下的产物，在几座位于地中海沿岸的遗址中发现的织纹螺贝壳项链亦是如此。

第三部分 | 现代人类行为的源头　　　　　　　171

赭石与史前的珠宝通常与人类抽象行为的另一标志——早期丧葬品有关。一些已知最早的人类丧葬遗址位于以色列的斯胡尔（Skhul）洞穴和杰贝尔卡夫泽（Jebel Qafzeh）遗址，年代为13.5万—9万年前。在斯胡尔洞穴的丧葬品中，人们发现了一些赭石、贝壳珠子以及一大块野猪下颌骨。在附近的杰贝尔卡夫泽遗址，同样可以看到赭石和贝壳，此外其中一位墓主在入葬时还被庄严地供奉了黇鹿角。

埋葬并非人类祖先唯一一种抽象的丧葬仪式，此外还有火葬、制作木乃伊等方式。在埃塞俄比亚的赫托遗址，一些19万—15.4万年前的颅骨化石上留有石器的切痕，这意味着有人将它们从尸体上割了下来，并仔细地掏空了其中的软组织。在赫托遗址发现了一个表面被磨光的幼童颅骨，这说明它可能曾被古人类长期携带，有可能被当作仪式用品。在澳大利亚发现的最古老的人类化石曾被火焚烧过并撒上了赭石，

172~173页图
在法国拉斯科洞穴，一只史前欧洲野牛（现代牛的祖先）的形象几乎占据了一整面的石壁。

下图
大约2.4万年前，两名儿童在死后被头对着头地葬在一起，他们身上装饰的赭石与珠子或许是其生前地位的象征。这两名儿童的骸骨是在俄罗斯逊基尔（Sunghir）遗址被发现的。

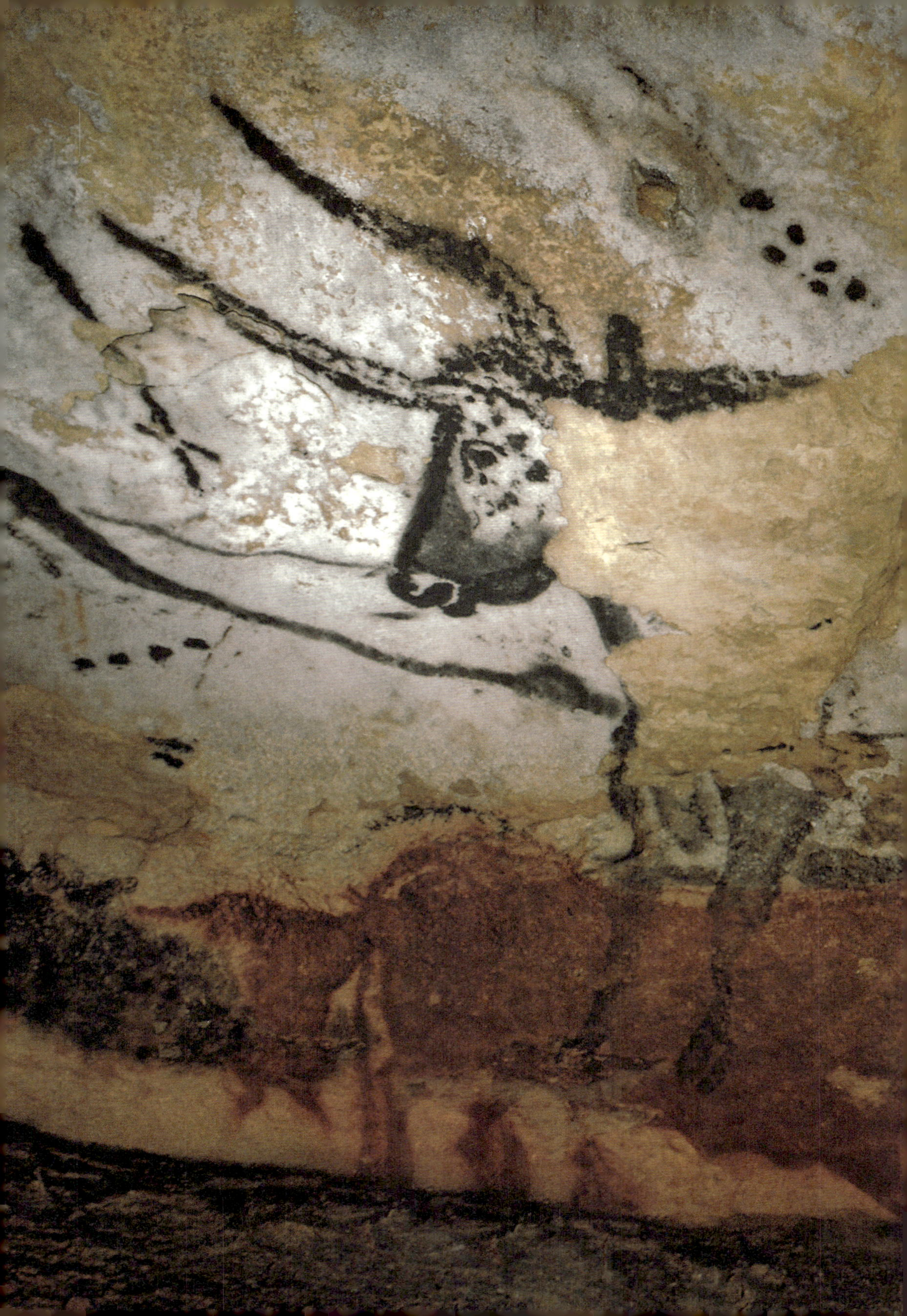

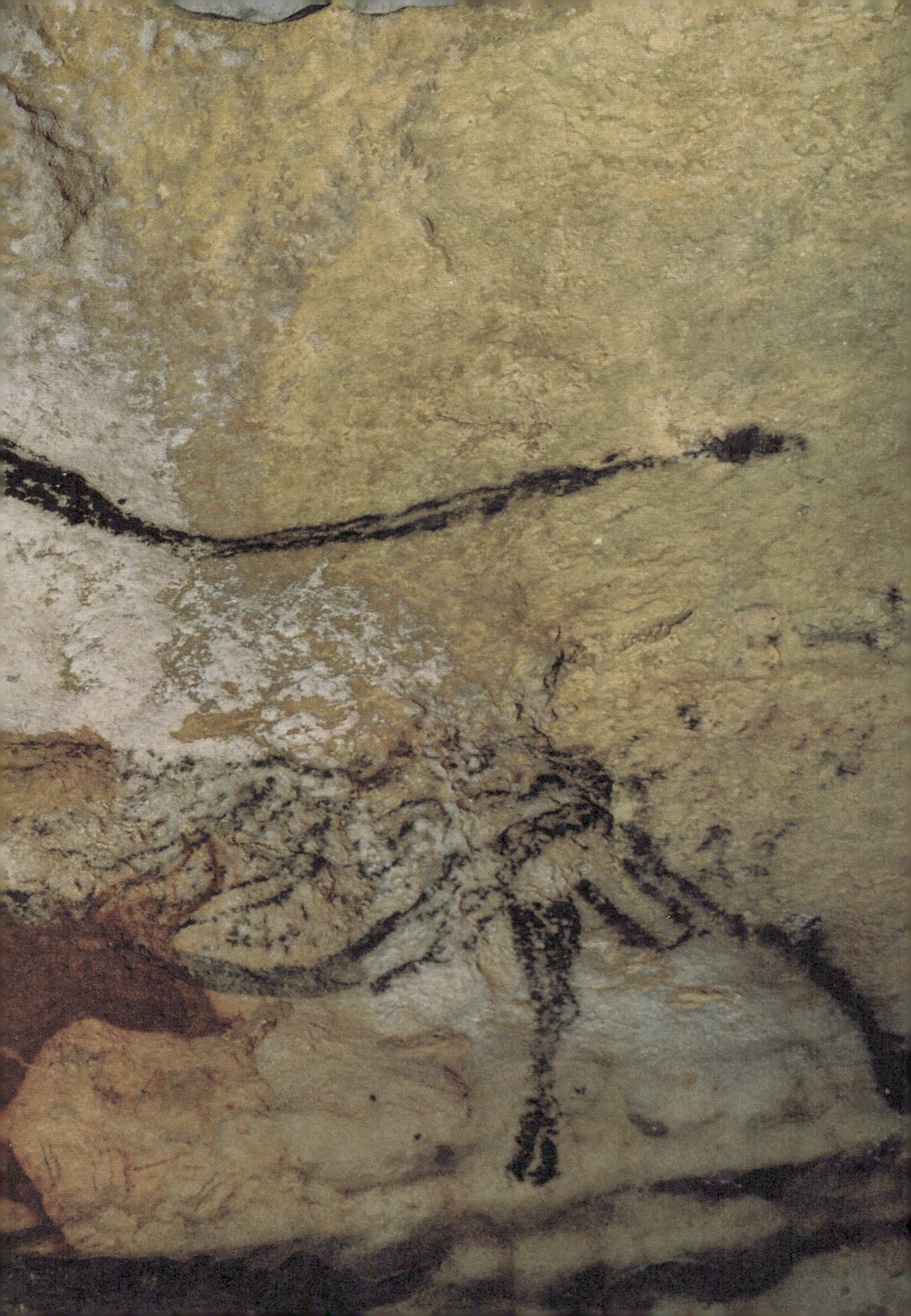

显然经过了抽象的丧葬仪式处理。这说明古人类在迁徙的过程中也将他们的抽象行为带到了世界各地。

大约在同一时期，古人类产生了计数和记录的想法，象牙、骨骼和石头上的一些网状划痕可以证明这一点。在南非布隆伯斯洞穴发现的一些有风化痕迹的红赭石（有着约7.8万年的历史）上，我们可以看到相互交错着的对角线图案。

艺术

1994年12月18日，洞穴探险家让－马里·肖韦（Jean-Marie Chauvet）和两名伙伴探索了法国一处漆黑的地下洞穴。当肖韦的同伴用一束手电光线扫过洞壁时，突然之间一幅红赭石画的小猛犸象图案赫然出现。她不禁喊道："它们在这儿！"

经过对这处后来被称为"肖韦"的岩洞的进一步仔细探查，人们发现其中存有上百幅壁画与雕刻作品，均为3.2万年前生活于此的古人类所遗留下

这个奇妙的狮头人身像说明此时的古人类可以在脑海中幻想出真实世界中并不存在的形象。

最早的葬礼

现代人和尼安德特人是已知仅有的会埋葬死者的两种人类。不过，最明确且争议最少的丧葬仪式通常都是与现代人联系在一起的。其中最早的案例是在以色列的杰贝尔卡夫泽遗址发现的，有着10多万年的历史。这个葬礼使用了大量的红赭石和被赭石涂抹过的石器，它们标志着抽象行为的出现。较晚期的丧葬仪式，如在2.4万年前的俄罗斯逊基尔遗址中发现的那样，呈现出一些与社会地位有关的早期符号。两个死去的孩子（一男一女）有可能是酋长的子女。他们的尸体被头对着头地摆放，身旁摆着一些巨大的猛犸象牙。此外，他们戴着有珠子装饰的帽子以及有雕刻图案的吊坠，身上撒满了赭石和数以千计的象牙珠子。

来的。在洞中，史前的艺术家们（可能是巫师）使用了多种染料。这些染料与水、脂肪或蛋液调和以后，就可提供与人类想象力同样丰富且多变的色彩。他们在这里刻画的大多是野马、驯鹿以及野牛等兽群，其中有些动物是受了伤或怀孕的。在另外几处洞壁，这些艺术家描画了狮子、熊、鬣狗洋洋得意的样子——它们不仅有能力与人类争抢食物，有时甚至会把人类当成猎物。

为什么我们的祖先要在洞穴深处进行这样的创作呢？这类洞穴仅仅是遮风挡雨的居所，抑或是成年礼、繁衍庆典以及狩猎祈福仪式等活动的举办地？许多学者赞成后一种观点，认为在 1.8 万—1 万年前，这类仪式在人类祖先的眼里已经变得十分重要。当时末次冰期的气候活动逐渐变得平缓，而可作为人类猎物的兽群正濒临灭绝或即将迁徙。

不管这些洞穴具有怎样的抽象意义，它们的精神力量针对的不是单一的个体，而是整个族群。我们在洞穴的沉积层中不仅发现了成人的脚印，还可以见到许多少年及儿童的脚印。而近期一项针对洞穴中赭石手印的研究表明，其中有不少女性的手印。

非洲或许是人像以及其他象形图案的起源地。纳米比亚阿波罗 11 号洞穴保存有迄今为止最古老的人像绘画。它被用木炭画在

下图
这些出土于法国克罗马农遗址的海蜗牛壳都被打过孔，以便被穿成项链。我们可以借此重现大约 3 万年前古人类的项链。这些经加工的贝壳是人类开始佩戴饰品最古老的证据。

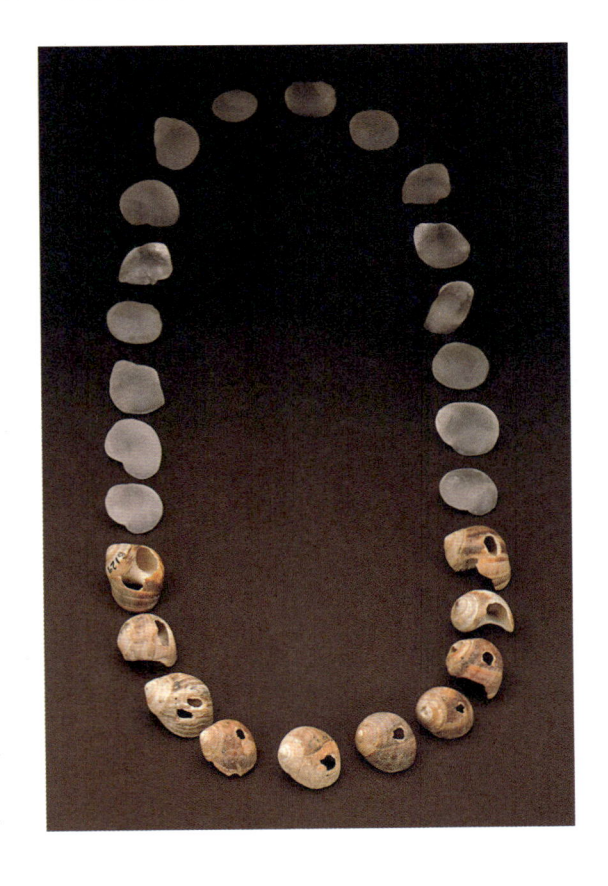

一块石板上，年代为6万—4万年前。3.2万年前的史前艺术繁盛期不再局限于石板和洞壁上的绘画与雕刻。大量以猛犸象骨、象牙、鹿角为材料的雕刻作品开始在这一时期出现。

迄今为止发现的欧洲最早的抽象艺术作品是一座3.5万年前的女性雕像，它是在德国南部的赫勒菲尔（Hohle Fels）洞穴被发现的。正如距此约1万年后出现的著名的维纳斯雕像，它有着被夸大了的胸部和外阴，这意味着它或许是某种繁衍的象征。同样在赫勒菲尔洞穴，考古学家在略晚一些的地层中发现了一个奇妙的狮头人身像，这说明此时的古人类可以在脑海中幻想出真实世界中并不存在的形象。

想象一下，约3.5万年前，在某些欧洲洞穴中，我们或许可以听到音乐在其中飘荡。那些韵律、低吟或歌声，或许伴随着某些仪式中的群体活动和舞蹈。这虽然只是我们的推测，但是与现实相差也不会太远。毕竟，在发现狮头人身像和维纳斯雕像的那些地层中，考古学家还找到了世界上最古老的乐器——用猛犸象骨和天鹅骨制成的笛子。

问与答
尼安德特人是否能表现出抽象行为？

尽管化石与考古学证据表明尼安德特人是优秀的猎人和石器制作者，但我们仍然缺少清晰的物证来论证他们是否能表现出抽象行为。一个使问题变得复杂的因素在于，尼安德特人曾与现代人的祖先共存过数万年，有时甚至在同一个洞穴里先后居住。然而，许多有力的证据表明尼安德特人埋葬死者、使用颜料、雕刻有神秘色彩的器物、制作珠宝，甚至有可能具有基本的语言能力。不过，研究尼安德特人的科学家对于这些行为能够在多大程度上反映抽象思维，以及是不是所有尼安德特人都会这么做，进行了激烈的争论。

符号的天地

我们演奏的音乐、使用的语言以及创作的艺术品，不论在现在还是过去，都是有助于构建族群身份的抽象行为的体现。人们使用私人饰品的最初目的之一或许就是借助符号来传达社会地位以及族群身份。不用说一句话，人们就可以传递一些简单信息，例如，"我是已婚人士""我是领袖""我们是一个团队"。

今天，这类象征符号通常以陌生人或最亲近的社交圈以外的人为对象。或许，在人类祖先进行远距离交流或非语言性沟通为他们提供了明显的优势时，标志着族群身份与社会等级的私人饰品演化了出来。一旦非洲人口达到一定规模，类似的会面场景会变得更为普遍。有些学者认为私人饰品中的地域差异或许反映了语言方面的不同。这一推论也适用于其他类别的抽象物品，例如，维纳斯雕像与狮头人身像中的差异。

相较于人属这一物种（尤其是直立人）的第一轮扩张，抽象行为对于智人在非洲内外的成功迁移具有相当重要的意义。创造力以及强化群体认同的能力令我们祖先得以发展出多样化的文化，并且根据所处的新环境来调整生活方式以及相应的身份。人类有多种手段建立抽象且具有文化内涵的世界，它不仅能够反映当下的生存环境，而且充满着各种可能性。人类随时可以将特有的天赋应用于想象和创新，我们因而被联结起来并扩散至这颗星球的每一个角落。

上图

这件制作于 3.5 万年前的、象牙材质的"狮头人身像"喻示着古人类开始拥有丰富的抽象世界。它是在欧洲出土的最早的一批艺术品之一。

第 11 章

一个遍布全球的物种

鉴于地球人口已超过 78 亿，我们很难相信智人这个物种曾经差点灭绝。现代人基因的高度近似意味着在不是很遥远的过去，人类曾经经历过一个罕见且极度危险的时期，尽管那在进化的长河中不过是短短的一瞬。当时，人类直系祖先只剩下寥寥数千人，而不是几百万或几十亿人。现代人的所有个体同属于一个物种——这个物种经历了 600 万年的进化，只剩下一个支系，但却有着多样化的文化、迥然相异的语言以及思想观念大不相同的众多个体。

在 20 世纪 80 年代，加州大学伯克利分校的生物化学家艾伦·C. 威尔逊（Allan C. Wilson）和学生们的一项研究获得了海内外同行的高度认可。他们在细胞核与线粒体的 DNA 中找到了智人的"分子档案"，这两类 DNA 是每个人从一代又一代的祖先那里继承下来的。于是，加州大学伯克利分校及其他机构的各大实验室开始比对个体之间的 DNA 遗传标记，借此考察生活在世界各地的人们的亲缘关系。基因学家试图回答那些化石无法解答的进化谜题，即智人最初是在什么时候出现的，以及这一转变发生在什么地方？

近些年来，我们注意到化石与基因所揭示的人类进化历程似乎是矛盾的。自 20 世纪 60 年代初期起，人类与其他现生灵长类动物就分子水平的对比研究显示，人类自共同的猿类祖先中分化出来的时间点与化石研究的结果并不一致，相关争论一度很激烈。化石专家认为研究人类分支出现的时间是他们的专业领域，而不是基因专家该管的事。然而，20 世

右页图

纽约时代广场的新年集会吸引了数以万计的民众。全球各地上百万人通过电视或网络观看这场盛典。

Kodak
pricey
ink
stinks
Marriott
NEW YORK MARQUIS
Bank of
ARGENT
DELICIOUS NIGHT
DKNY
in every pour.
Prudential
HSBC
SAMSUNG
Coca-Cola
Corona Light
Chaperone
2008

时间轴

- 现今
- 植物和动物的驯化 —— 1.05 万年前
- 智人成为唯一幸存的人类支系 —— 1.7 万年前
- 尼安德特人灭绝 —— 2.8 万年前
- 智人开始向全球扩散 —— 6 万年前（6.25 万年前）
- 智人的人数出现衰减 —— 8 万—6 万年前
- 12.5 万年前
- 18.5 万年前
- 智人的出现 —— 19.5 万年前
- 用符号交流 —— 25 万年前（25 万年前）
- 远古

纪 80 年代，基因学者再次介入古生物学家的工作领域，这次他们想利用现生人类基因的多样性来追踪我们这一物种的起源及其相对晚近的历史。

到后来，基因和化石分别提供的证据链都很充分，并且在不少领域达成了高度共识。将二者结合在一起，我们或许就能更深入地了解人类进化的历程。此类研究提供的证据不仅能告诉我们人类与猿类家族分化的时间点，同时也能揭示人类如何遍布全球，以及各个地区的族群之间有多么相似或多么不同。

尽管从 DNA 中得出的结果并非毫无争议，但是基因研究确实有一些独特优势，它为我们提供了极为宝贵的且独立的研究思路来调查智人的历史、最可能的起源时间点和全世界不同族群之间的关系等。这些线索主要来自细胞核 DNA（以下简称为"核 DNA"）和线粒体 DNA，其中核 DNA 又可分为 Y 染色体 DNA 和其他染色体 DNA，总计有 46 条染色体。

线粒体是细胞质中的微小结构，后者可以提供细胞所需的绝大部分化学能量。线粒体自有一套 DNA（以下简称为"mtDNA"），与细胞核里的 DNA 相互独立，并且只能通过雌性的卵子细胞质传

杰贝尔依罗 1 号
（Irhoud 1）
出土于摩洛哥
年代约为 16 万年前

柳江人
出土于中国柳江洞穴遗址
年代约为 6.8 万年前

科斯旺普 1 号
（Kow Swamp 1）
出土于澳大利亚
年代为 13000—9000 年前

上图

这里有 3 个智人的颅骨化石。尽管存在一定的形态差异，但是这些智人颅骨都具有颅腔呈圆形、面部位于眉弓和额头下方的典型特征。

递给下一代。也就是说，个体的 mtDNA 都是从母亲那儿遗传而来。因此，具有相同 mtDNA 的个体有着亲缘关系，可以被追溯至一位共同的女性祖先，有可能是他们的母亲、外婆或某个辈分更高的女性亲属。

与核 DNA 相似的是，mtDNA 也会发生基因突变，这会导致所有现生人类之间的细微变异。基因的变异是一种有助于将 mtDNA 变化史追溯至其源头的标志，这个源头即假想中拥有演变出之后所有变异的原始 mtDNA 突变的女性。这个最初的源头通常被称为"线粒体夏娃"，然而实际上 mtDNA 找到的只是数以万计的基因历史记录之一。这些历史记录源自其他的生活在不同地点及年代的许多原始男性或女性。因为 mtDNA 突变速率较快，它特别适合被用来回溯人口发展史，而且还能为人类的基因史提供一些极有价值的观点。根据以突变速率为基础的"分子钟"，最初的 mtDNA 源头，也就是"线粒体夏娃"，有可能生活在 22 万—14 万年前。

与 mtDNA 不同的是，核 DNA 遗传自父母双方，而父母双方的 DNA 在受孕时重组意味着核 DNA 反映的男女两性基因历史更为复杂，也更难整理和诠释。不过，Y 染色体中的 DNA 只能由父亲传给儿子。通过比对现生人类 Y 染色体的差异，我们可以认为 Y 染色体最初的突变源头，也就是所谓的 "Y 染色体亚当"，出现在 20 万—6 万年前。尽管"亚当"和"夏娃"出现的年代范围确有重叠，但是携带这两类最原始的 DNA 变异的个体却可能相隔数千年之久。"亚当"和"夏娃"不仅不是一对夫妻，更不是仅有的、为我们现代人基因组贡献过 DNA 的人类个体。

在过去的 20 年里，科学家们从巨大的人口样本中搜集了大量的 mtDNA 与核 DNA 数据。基因信息的综合结果显示智人是个年轻的物种，起源时间的检测平均值是大约 20 万年前。此外，DNA 数据还表明，迄今为止非洲人口基因的多样化程度最高。如果说现代人的基因源自非洲，之后少量人口离开非洲走向世界，那么这一结果刚好与之相吻合。DNA 变异的特定区段，又称单倍型，可以在现生人类体内找到。也可以从地理的角度来追踪单倍型，而结果同样显示，非洲是绝大部分古老的 DNA 变异的发源地。综上所述，人类体内的 DNA 线索指向了一个值得关注的结论：现代人所有的基因变异都可以回溯到非洲，而非洲以外的人类多样性的演化基础只是非洲人口基因变异中很小的一部分。

非洲内外

现存最古老的智人化石的年代，与基于 DNA 证据检测得出的智人起源时间一致。这些早期智人的化石与我们的直系祖先海德堡人相比存在明显的区别，后者的脑颅更接近于球形，面部较小且位于隆起的前额下方。理查德·利基（Richard Leakey，古人类学家路易斯·利基和玛丽·利基之子）率领

第三部分 | 现代人类行为的源头

的团队在埃塞俄比亚南部奥莫河（Omo River）流域发现了这些早期智人的化石样本。在 1967 年刚发现这批化石时，初步评估认为这些人类祖先大约生活在 13 万年前。不过，在 1999—2003 年，另一支考古团队对该遗址再次进行了考察，找到了更多的化石样本，并重新分析了它们所属的年代。如今，奥莫河地区的智人被认为大概生活在 19.5 万年前。

目前，手上零星的化石证据不足以帮助我们理解智人自出现之后在非洲内外的扩散史。尽管如此，基因和化石两方面的证据链能够组合在一起，让我们重构智人在全世界扩张

下图

根据基因、化石以及考古器物等方面的证据，考古学家得以重建古人类走出非洲并向其他大陆迁移的路线图。

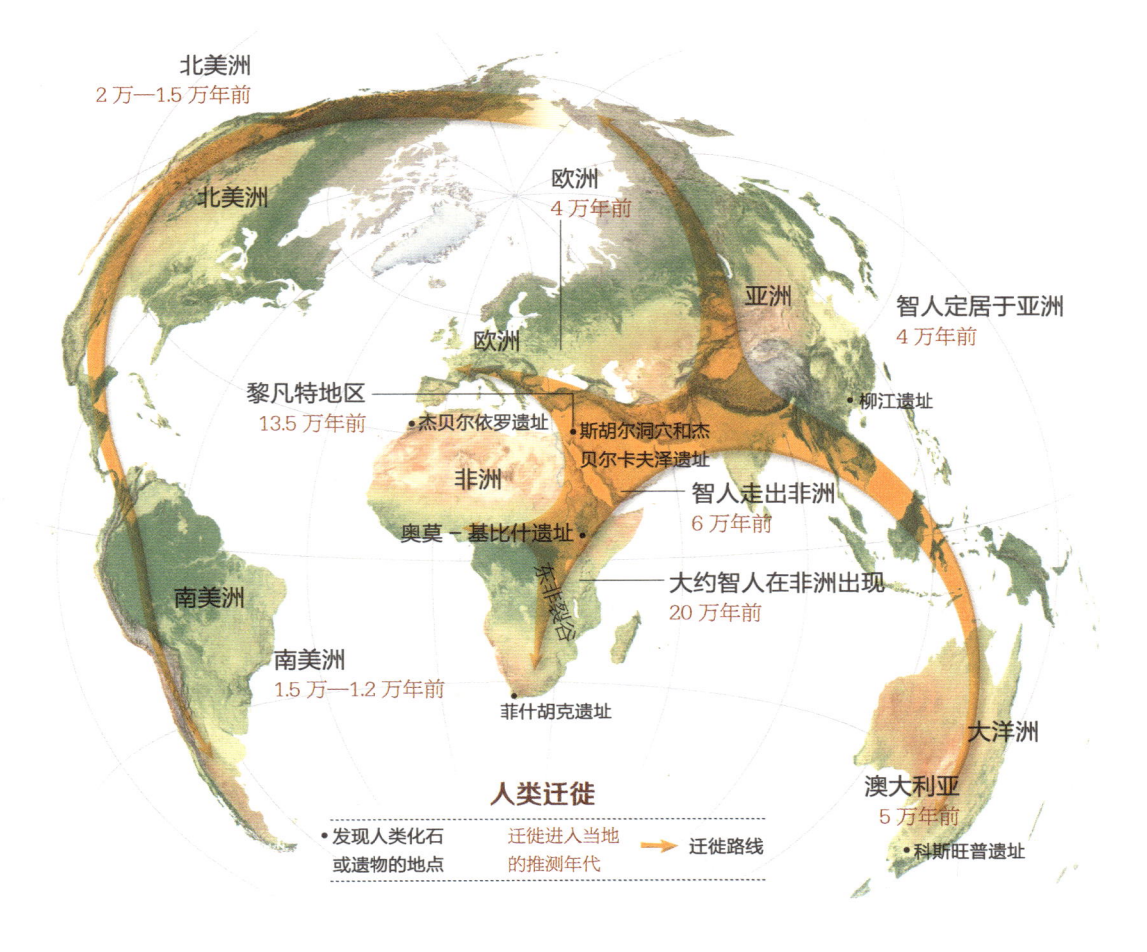

北美洲
2 万—1.5 万年前

北美洲

欧洲
4 万年前

亚洲

智人定居于亚洲
4 万年前

欧洲

• 柳江遗址

黎凡特地区
13.5 万年前

• 杰贝尔依罗遗址

斯胡尔洞穴和杰贝尔卡夫泽遗址

非洲

奥莫－基比什遗址 •

智人走出非洲
6 万年前

南美洲

大约智人在非洲出现
20 万年前

南美洲
1.5 万—1.2 万年前

• 菲什胡克遗址

大洋洲

澳大利亚
5 万年前

• 科斯旺普遗址

人类迁徙

• 发现人类化石或遗物的地点
迁徙进入当地的推测年代
→ 迁徙路线

的历史框架。从非洲人基因多样化的程度来看,在智人出现以后,非洲曾有过复杂的人口流动。大概自6万年前起,智人才开始向其他大洲迁移。非洲以外人口的基因多样性相对不那么高,但是在6万—4万年前经历过一段扩张——这反映了人口向世界其他地区的大迁徙[①]。

这里有一个较复杂的因素,智人的化石表明在略微早于10万年前的时候,他们曾居住在位于近东黎凡特(Levant)地区的斯胡尔洞穴和杰贝尔卡夫泽遗址。无独有偶,在中国的华南地区,柳江等地的古遗址也出土了智人的化石,而柳江遗址的化石至少有6.8万年以上的历史。黎凡特地区和中国南部的古人类化石有可能代表着最初的、短暂的扩张浪潮的一小部分,而大约始于6万年前的非洲人口后续的迁徙活动具有更大的规模,以至于吞没了前一次迁徙浪潮的基因痕迹。一些基于基因证据的理论假设认为后期的扩张完全取代了早期走出非洲的人口;另一些理论模型则认为在既定地区里,后一批开拓者可能在一定程度上与更早走出非洲的人口彼此通婚。

四海一家

科学观念更多地受到公众偏见的影响,而不是反过来,这种现象就发生在不久之前。人们一度认为不同地域的人群代表着各自独立的物种,又或者,即使同属于一个物种,各个现代人

---

① 学界目前对人类迁徙的年代有一定的争议。就中国境内来说,已有多处遗址发现早于10万年前的早期现代人化石,如道县福岩洞、毕节麻窝口洞、广西陆那洞等。有些国内外学者提出早期现代人在亚洲出现的时间可能早于6万年前,而且不存在13万年前左右走出非洲的"瓶颈效应"。而中国一些学者,以古人类学家吴新智院士为首,根据化石形态和旧石器考古学的证据提出,东亚地区的直立人连续演化成本土的智人,而外来基因输入的比例较小。但是,欲知晓现代人何时从何地起源、他们走出非洲的时间及后期基因交流的程度还需要科研人员不断探索。——译者注

类族群也经历了独立的进化历史。自詹姆斯·沃森（James Watson）和弗朗西斯·克里克（Francis Crick）于 1953 年发现 DNA 结构之后，基因科学一直站在种族主义的对立面。通过研究基因的总体序列，基因科学领域的科学家们彻底推翻了人类分属于不同物种或亚种的观念。所有的现代人只属于一个物种——智人。尽管现代人的身体有一些明显的生理差异，但是共同点还是远远多于相异之处。

我们对基因多样性几乎没有太大贡献。88% ~ 94% 的现有基因变异是在同一族群的个体之间发现的，这里所谓的族群根据地域和语言来定义。各大洲的人口之间的基因差异仅占人类整体基因差异的 6% ~ 9%，因此，相较于所有人类共有的漫长进化史，人们用来区分不同族群的那些生理特征有可能只是最近才进化出来的。

基因学意义上的"亚当"和"夏娃"是谁？

我们体内 DNA 的每一个片段都对应着一个特定的基因祖先。人类基因组是在数十亿年时间里被塑造出来的基因材料的拼贴物。通过比较不同生物的基因材料，科学家发现人类的每个基因都有着独特的进化史。有些基因变异出现于人类支系内部，有些则来自灵长类祖先，还有一些是从更古老的祖先那里继承来的。所谓基因学意义上的"亚当"和"夏娃"是指源于我们这一物种内部某些特定个体的基因变异。

与《圣经》里的人类始祖不同，基因学意义上的"亚当"和"夏娃"彼此并不相识，而且生活的年代至少相隔数万年。"Y 染色体亚当"和"线粒体夏娃"是理论假说中对这些个体比较形象的称谓。他们提供的 Y 染色体和线粒体的基因可以说是今天所有现代人的共同祖先。基因学意义上的"亚当"和"夏娃"并非单独存在，而是与成千上万个古人类生活在一起。这些团体中的许多成员都曾为现代人的基因库做出贡献。

人类学家和基因学家还认为现代人的基因变异表现为由不同族群之间微小渐变构成的全球网络。显著的基因变异在居住于相邻地域的族群之间非常罕见。相反，地理层面的基因变异是渐进的，而且有着因人口混杂而出现的"基因缓冲区"。这一模式在世界各地都是相同的。因此，我们无法从基因的角度观察到智人向不同人种的分化。在科学家眼中，人种并不是一个生物学概念，而只是习得性的社会概念。

濒临灭绝的人类祖先

尽管人类的外表有很大差异，但从基因的角度来说，我们是同质性很高的一个物种。相比之下，黑猩猩的数量及地理分布更加有限，它们的基因变异（包括核 DNA 与线粒体 DNA 的变异）却远远超过人类。人类较低的基因变异程度意味着以下两种可能性：现有的所有人口可能来自一个在相当长的时期里保持了极少人数的群体，也可能源自一个一度人数众多但经历了急剧缩减的群体。学术界一般将后一种过程称为"基因瓶颈"。基于 DNA 的变异率，我们能够估算各个基因突变发生的时间点（如同前文中对"线粒体夏娃"和"Y染色体亚当"所做的那样），还可以计算出参与繁殖的成年人口规模。

针对上述两种可能性，学界有着各种不同意见，不过多项 DNA 分析表明，基于来自世界各地的基因样本，现代人的基因变异都可以回溯到出现在过去 10 万年之内的一系列原始突变。这一结论更为支持智人在其进化史的晚期有过人口规模缩减的观点。有关 Y 染色体的研究数据则说明，人口锐减以及基因瓶颈可能发生于 9 万—6 万年前，当时有许多成年人死

下图

这个用冰冷冻的小瓶里装有取自克罗地亚范迪亚（Vindija）洞穴遗址中尼安德特人遗骸的 DNA 样本。我们通过它解开了"近亲"尼安德特人的基因密码，从而证实了他们并不是智人这一分支的成员。

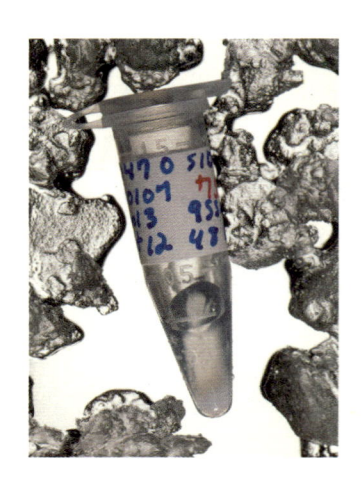

亡或出于某些原因无法进行繁衍。

有关史前人口危机至少存在以下 3 种推想：第一，处于生殖活跃期的成年人减少到了大约 1 万人；第二，人口危机延续了一段较长的时期，而繁殖人口低至 2000 人；第三，根据对 50 组不同的基因标记数据进行整合，智人的整个物种或者至少是繁衍出现代人的这一群体的人数曾最低降至 600 人。上述每一种推想，尤其是后两种，暗示着人类在过去的 10 万年里（或最迟在 7 万—6 万年前）一度走到灭绝的边缘。考虑到 2020 年的全球人口已经超过 78 亿，我们实在很难想象人类曾经身处如此不堪一击的境地。

人类几近灭绝的原因是科学家热衷争论的一个话题。学界一度认为自然灾害是人口锐减的祸首。有一种观点认为，这一切归因于大约 7.4 万年前印度尼西亚的多巴火山（Mount Toba）的猛烈喷发。火山灰与岩石碎块的灾难性喷发使东南亚的部分地区覆盖上了厚达数米的火山物质，这时又恰逢最

上图

弗洛勒斯人（左图）和尼安德特人（右图）都存活到了相对晚近的时期。2.8 万年前，尼安德特人在欧洲绝迹，而最后的"哈比人"则在印度尼西亚的一座岛屿上存活到了约 1.7 万年前。

远至欧洲的大范围气温下降。不过，我们在曾出现基因瓶颈的非洲还未找到相关的环境数据来证明多巴火山喷发的影响。另一种观点认为，在14万—7万年前，极端的气候不稳定有可能重创过部分非洲地区。这一时期出现过两次严重的沙漠化危机，东非裂谷周围的湖泊几乎彻底干涸，马拉维湖（Lake Malawi）的储水量一度下降了95%，湖泊周边的植被也大多消失。历经了7万年的剧烈波动，稳定、湿润的气候才最终得以恢复。

这一时期非洲热带地区多变的气候与极度的干旱必然给当时生活在那里的人类造成极大压力，迫使他们尽可能地寻找新的家园。巧合的是，当非洲热带地区结束干旱性气候时，非洲其他地区与黎凡特地区的干旱却开始了。在9万—7万年前，干旱性气候开始从赤道附近向北移动。有学者认为这一变化为人类走出非洲提供了绝佳的窗口期。而在非洲内部，大约6万年前出现的稳定且湿润的气候可能推动了当地剩余人口的迅速增长。

幸存者们

智人是个相对年轻的物种，不过，智人的生存年代至少与另外3种人属物种有重叠。最后一批直立人似乎只生活在东南亚，在爪哇岛可以看到最迟至7万年前的直立人化石。在1.7万年前，印度尼西亚弗洛勒斯岛的东部还居住着一批弗洛勒斯人。而最引人注目的早期人类支系还是尼安德特人。当智人在非洲一度走向衰落时，尼安德特人却在欧洲、西亚、中亚兴盛一时。近期，从尼安德特人骨骼里发现的古DNA为研究人类起源提供了令人着迷的新方向。位于德国莱比锡的马克斯·普朗克学会进化人类学研究所启动了尼安德特人基因工程，科学家们将绘制出尼安德特人支系的基因图谱，并且从基因层面寻找尼安德特人与智人的区别。将尼安德特人和现代人的DNA进行比对研究发现，在40万—35万年前，这两个支系分化自一个共同的祖先（最有可能是海德堡人）——欧洲的分支演变成尼安德特人，而非洲的分支演变成现代人。

更重要的问题是，为什么尼安德特人灭绝了？数十年前，一些考古学家认为尼安德特人在面对进入欧洲的智人时惨遭灭族，因为后者以我们这个物种所具有的文化功能为后盾。然而，我们看不到两个物种之间曾爆发战争的证据。事实上，最早的利器致死案例的证物是一根砍伤严重的肋骨。它的主人是一位4.5万年前生活在位于当今伊拉克北部沙尼达尔洞穴的尼安德特人，他被一件锐利的石器捅进了胸口。然而，这是个个案。除此之外，在尼安德特人走向灭绝的时期（3万—2.8万年前），我们并没有发现其他与之类似的受到损伤的骨骼化石。

尼安德特人能制造丰富的石器组合，并且懂得有效地利用当地的石材对工具进行更新。他们是能干的猎人，尽管高

问与答

为什么认为人类始于非洲？

化石与基因证据都强烈地支持现代人源自大约20万年前的非洲这一观点。这意味着现代人在非洲居住的时间超过了其他任何地方。已知最早的现代人骨骼化石出土于埃塞俄比亚，年代为19.5万年前左右。而在非洲之外发现的最古老的现代人骨骼化石比它"年轻"约10万年。当代非洲人的基因多样性最高，而在离非洲越远的地方，基因多样性越低。所有非洲以外人口的基因多样性都只是非洲人口的子集，这说明非洲以外人口的祖先都可以追溯到非洲的某个远古族群。

本页及右页图

这些来自美国华盛顿特区的孩子们有着各种各样的肤色，而且这些肤色表现出了一种过渡性质。正如众所周知的那样，肤色是对不同太阳辐射强度的适应性进化产物。

度依赖刺矛等近战武器。欧洲地区的尼安德特人以肉食为主，所以他们所仰赖的资源基础不及生活在较温暖地区的古人类那么多样化。尼安德特人强健的体魄可以适应寒冷气候，但他们分布的地域基本处于北纬55°以南，即从南英格兰至欧洲大陆的大部分地区，近东地区是其分布范围的最南端。尼安德特人为死者举行葬礼，不过只有最低限度的陪葬品。对染料的使用则意味着他们可以使用符号。

大约10万年前，当智人向近东地区迁徙时，他们所使用的工具和技术其实与尼安德特人差不多。实际上，根据气候的冷暖变化，现代人的祖先和尼安德特人有可能曾多次短暂进入近东地区。然而，大约6万年前，非洲人口开始扩张。这次扩张使智人这一物种在5万年前最远抵达了澳大利亚，在3万—1.5万年前进入美洲，而且在4.1万—3.8万年前进入欧洲这一曾为尼安德特人所独占的地域。新来的欧洲"殖民者"有着和尼安德特人不一样的行为方式。凭借着专业化的工具与设备，他们能够制作舒适合体的衣物，建造牢固持久的建筑，还能借助文化手段适应多变的环境。智人的遗骸表明他们的身材修长，具有适应温暖气候的典型特征，然而他们向北的扩张却超越了尼安德特人活动范围的最北边界。

智人使用的贝壳珠子与石材源自较远距离的交换，这说明其群体之间广泛的社交网络的重要性。以洞穴艺术为代表的"创造力大爆发"，充分表现了智人丰富的文化与社会生活。

　　气候因素在这里或许起到了推波助澜的作用。当智人在3.8万—3.4万年前到达西欧之时，正好遇上了漫长的寒冷期，当时的尼安德特人有可能南迁至伊比利亚半岛南部和直布罗陀（Gibraltar）。等到气候再度变暖之后，尼安德特人不得不重新进入已被智人占领的地区。然而，到了这时，智人的行为方式更有竞争优势。最终，尼安德特人在略晚于3万年前的时候走向了灭绝。

　　截至1.7万年前，智人成为一度繁盛的人类谱系中唯一的幸存者，他们的足迹已经遍布于南极洲之外的各个大洲。智人遇到过每一种可以想象得到的气候和栖息环境。我们可以假定，当各自在环境差异如此巨大、有时甚至相互隔绝的地方生活了几千年之后，不同族群在身形外貌上难免会出现一些差异。这时，地球正逐渐从最后一次大冰期中恢复过来。随着冰川的消融，低洼地区被海水淹没，新的海岸线就此形成。解除冰封的地球展现出全新的面貌，而我们是仅存下来的人类继承者。

> 截至1.7万年前，智人成为一度繁盛的人类谱系中唯一的幸存者，他们的足迹已经遍布于南极洲之外的各个大洲。

历史之窗　伊拉克沙尼达尔遗址（6.5万—4.5万年前）

一个尼安德特人的生与死

尼安德特人在伊拉克东北部多山多洞穴地区一度相当活跃。在20世纪五六十年代，伊拉克文物部门与史密森学会的联合团队发掘了其中一个洞穴，即沙尼达尔洞穴。在发掘过程中，人们找到了不少尼安德特人行为活动留下的证据，这些证据在尼安德特人的整个发展史上都显得极为特殊，并且富有争议。

数百件石器、有屠宰痕迹的动物骨骼以及可以证明火塘存在的灰烬堆积得以重见天日。尼安德特人的骸骨上则留有各式各样的伤痕与病理痕迹。科学家们甚至还发现了一些受伤部位在多年后愈合的迹象，这说明尼安德特人会照顾生病和受伤的群体成员。

居住在沙尼达尔洞穴的尼安德特人将一些死者埋葬在位于自洞顶掉落的大块石灰岩之间较浅的墓穴里。其中最特别的是引人争议的"花葬"墓穴，在我们目前发现的尼安德特人墓葬中，它是个孤例。在这个墓穴中，一名老者被放置在由冷杉与松枝搭成的花床上，周围还摆放着7种颜色的花朵。考古队还找到了花粉乃至某些花朵的花药。它们让我们得知这场葬礼是在春季举行的。

尽管一些科学家认为这些花朵遗存有着多种可能性，例如，它们可能是由鸟类或啮齿动物带进墓穴的，但是这座墓穴位于沙尼达尔洞穴的深处，所以上述假设很难成立。假如这些冷杉、松枝以及花朵确是丧葬仪式的一部分，那么它们可以相当准确地说明，尼安德特人在丧葬仪式中已表现出早期的抽象行为。

尼安德特人在墓穴上摆放植物，这说明他们关心其他群体成员，哪怕这个成员已经死去。而我们可以确定尼安德特人会为生病、受伤乃至健康的成员提供帮助。

■ **刮削石器**：尼安德特人用这类石质刮削器清理动物皮毛或完成其他工作。研究团队在沙尼达尔洞穴遗址最古老的地层中找到了670多件石器，这说明古人类不时地在这个洞穴里活动。

■ **丧葬仪式的佐证之一**：取自墓穴的土壤样本里包含不少洞中并不生长的植物的花粉。尽管它们有可能是由啮齿动物或考古工作人员不小心带入的，但是古人类也有可能出于某些特殊目的而将花朵和树枝带入洞中。

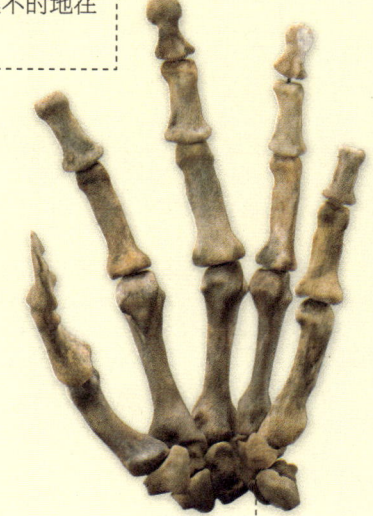

尼安德特人的手骨
沙尼达尔4号

■ **尼安德特人的骨骼**：手骨及下颌骨化石都属于一位老年尼安德特人。科学家之所以能知晓这一点，是因为这枚下颌化石的骨质已经流失，牙齿也脱落了。值得一提的是，这位老人的手骨化石是迄今为止科学家们所找到的最完整的尼安德特人手骨化石。

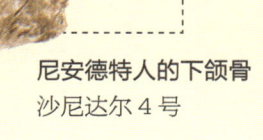

尼安德特人的下颌骨
沙尼达尔4号

第 12 章

历史的转折点

在过去的 1 万年里,人类通过焚烧、种植、灌溉、培育庄稼、饲养动物等行为活动不断地改造着周围的环境。于是乎,一种新的生活方式诞生了,农业与城镇成为生活的中心。为此付出的代价是丧失了狩猎与采集时代的一大适应性特征——流动性,它曾使得我们的祖先迁徙到食物充足的地方,并远离自身活动制造出的废物。新的生活方式令驯化的谷物成为新的蛋白质与能量来源,而且它们可以被大量种植以丰富食物供给。一旦解锁了少数几种谷物的种植方法,人类就开始令自然世界服务于其自身意志。人类的出现成为地球生物史上的转折点。

以无花果为例,人类在历史上一直有食用无花果的习惯,然而我们足足花了 600 万年才学会种植无花果树。这个例子似乎过于简单地描述了农业的起源,但是它强调了一种观点,即人类并非是从某一天突然开始农业种植的。开展农业需要有两个先决条件:其一,进化历史上生理因素、智力因素、社会因素以及技术手段的累积;其二,末次冰期以后,全球快速解冻的自然环境和随之而来的相对稳定的气候。

在动植物还没有被驯化之前,人类必须依靠采集、打猎或食腐为生。但是,仅在进化的转瞬之间,人类就开始以自身种植食物为生。很快地,我们成为一个仅靠少量人口生产食物就可供养整个族群生存的物种。智人的这种生活方式非常成功,人口数量出现了爆发式增长。人类从根本上改变了地球的生态系统,尽管这一改变的后果我们才刚刚开始有所体会。

右页图
人类根据自己的意志规划农业用地,农业为地球上的数十亿人口提供食物,但同时也对生物多样性和水资源造成了负面的影响。

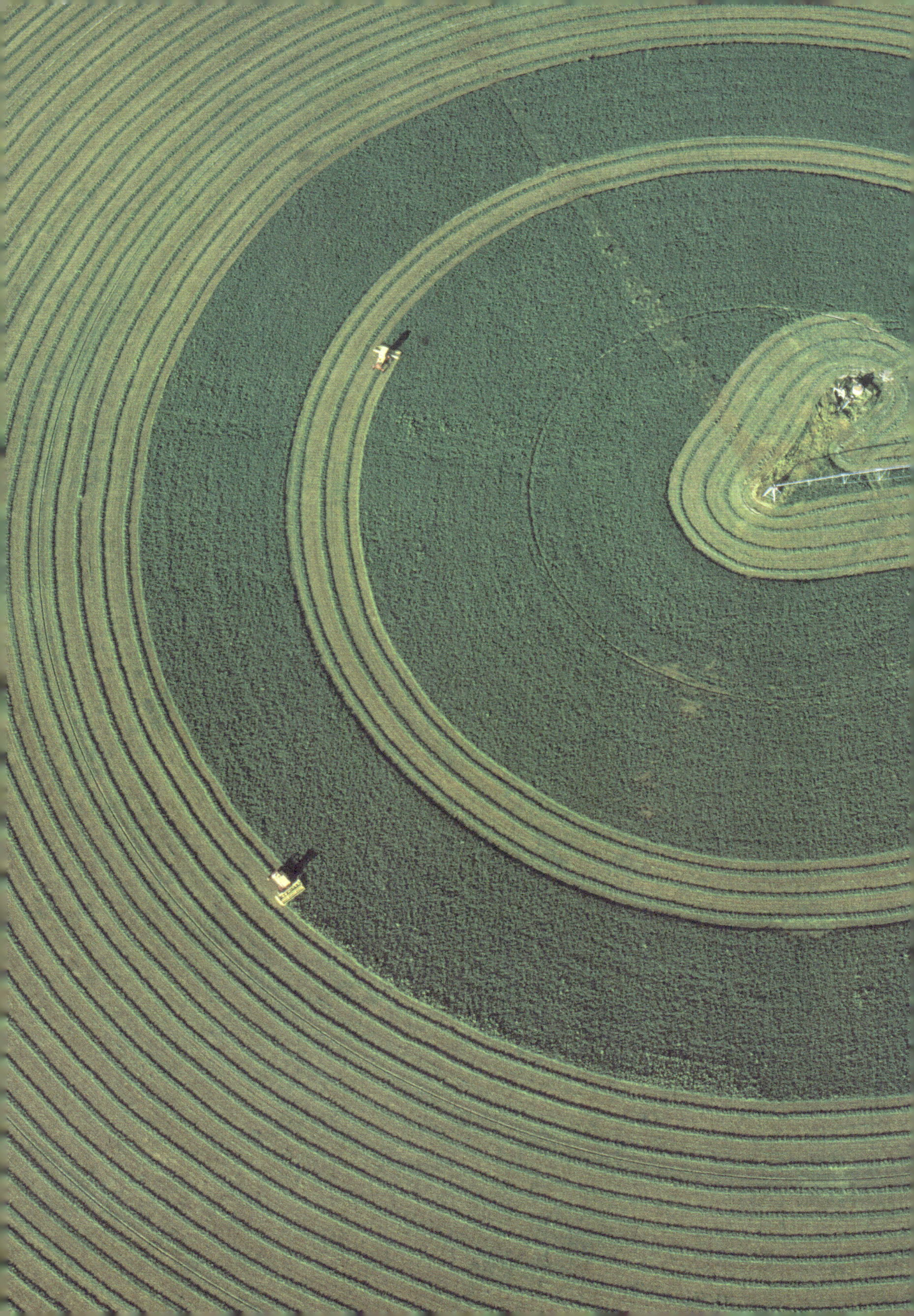

时间轴

现今
- 全球总人口已超过 78 亿
  2020 年
- 城市人口首次超过农村人口
  2007 年
- 全球人口总数约为 2 亿
  2000 年前

2750 年前

- 出现最古老的卫生系统
  5000 年前

5500 年前

- 北美人开始种植玉米
  9000 年前
- 中国人开始种植水稻
  9000 年前
- 最早的城镇开始成形
  9500 年前

8250 年前

- 中美洲人开始种植南瓜
  10000 年前
- 非洲人和中东人成功驯化了牛
  10000 年前

11000 年前

- 植物和动物的驯化
  10500 年前

远古

末次冰期的极盛期发生于 2.7 万—1.9 万年前，其间冰盖大肆扩张，极度冰冷、干燥的气候达到了数十万年来的顶峰。在这一高峰过去之后，全球逐渐变得温暖、湿润，人类获得了肥沃丰产的土地。此时，人类作为狩猎采集者对当地动植物资源的特性已十分熟悉。他们知道哪些植物和果实既美味又有营养以及它们生长于哪个季节，他们还懂得如何诱骗、捕捉和杀死兽类。不仅如此，利用烹饪技术，人类还知道怎样让它们的肉更好吃、更易消化。

前农业社会的人们已经具备了制作任何需要的手持农具的能力。他们将木棍、石头、兽骨当作挖掘工具。配上木手柄，加工过的石头可以被当作锄头、斧子或镐来使用。将燧石片插进弯曲的木头或骨头，一把镰刀就制成了。在进入农业时代的前夕，狩猎采集者的工具可能已包括用来收割野生谷物的燧石刃镰刀和狩猎用的小型箭头——它们后来发展为两种截然不同的生活方式的代表。最早可能在 25 万年前，用来处理矿物和染料的磨石就已出现，而且在至少 2.3 万年前的近东地区，它开始被用于研磨野生大麦和小麦。

农业生活方式的另一项硬性条件是"储存"，这个概念对刚刚摆脱末次冰期的人类来说并不陌生。现存最古老的陶器出现在 1.8 万—1.5 万年前，而用兽皮、动物器官盛放工具、水和食物的做法则有更久远的历史。对当时的人来说，短期储存谷物或其他植物性食物并不是个非常困难的"飞跃"。这些人可能还知道将肉放入湖水中，这样不仅可以防止其他猛兽的抢夺，还能使肉在几个月内不变质。

狩猎采集时代的人类善于操控周边的生存环境，他们制作简陋的棚子、炉子以及衣服来适应气温的变化。这种能力再加上食物储存技术，使得人们能够全年驻留在同一地点。人类此时还懂得用放火烧荒的办法清理地表的灌木丛，从而帮助新的植被生长，或进行狩猎活动。

为了交换黑曜石等石材以及制珠用的贝壳等异域物产，贸易网络被建立起来。最早期的贸易线路为日后经驯化的小麦和牛群的扩散奠定了基础，与之一同扩散开来的还有耕作土地、清理牧草、养殖动物等方面的知识。

当末次冰期进入尾声时，作为永久定居之先决条件的群体凝聚力通过语言得以建立，部落标志、仪式、服饰等强化族群认同和传达个体地位的抽象行为也——"就位"。旧石器时代出现的思想激发了另外一些对于农业生活而言不可或缺的能力——展望未来与提前规划的能力。一旦人类具备了上述这些特质，转向农业社会即使不是一种必然，至少也是可行的方向。

左页图

图中所示的石质镰刀的模型装有埃及前王朝时期的锋利石片。其他的石片则来自伊朗阿里－库什（Ali Kosh）遗址，年代为 8600—8000 年前。这些工具展示了冰河时代的狩猎技术如何适应了更晚期的农业生产。

狩猎采集者的工具可能已包括用来收割野生谷物的燧石刃镰刀和狩猎用的小型箭头——它们后来发展为两种截然不同的生活方式的代表。

蜕变

一直以来，考古学家们认为狩猎采集社会向农业社会的转变是一个快速的过程，而且是以可预料的方式逐步演进的。这个过程始于种植作物，然后过渡到发展畜牧，人口随之增长，而这又导致定居的生活方式。研磨谷物以及制作陶器标志着"新石器革命"的到来，这一突然的转变仅仅在数千年内就得以完成，并从此出现了以繁复仪式和特权统治阶层为特征的最早期的复杂社会。

但是，最新的考古研究对此有不同的看法。根据近东地区对人类走向农业及复杂社会这一过程的最完整记录，这不是一场突然的变革，而是在24000—8400年前逐渐展开的。末次冰期之后，人类与自然环境的互动建立了人与植物的相互依赖，这最终导致了植物的驯化。

最初，为了稳定食物的供应，狩猎采集者在日常的觅食活动之余种植了一些作物。为了种植更多的作物，他们开始在某些地块上投入更多的精力，而这使得狩猎采集者的迁移

农业的利与弊

农业极其深刻地影响了人类。驯化、圈养以及其他一些创新使得人类能够获得越来越多的能量，以支撑前所未有的人口增长。现代人的生活方式依赖食物生产。但是，正如人类在其他领域经历的那样，改变总是有代价的。发展农业的代价包括对人类体质、其他物种及生态环境产生的负面影响。

一旦人们以更高的密度与其他人及各种动物生活在一起，疾病的传播就变得更加容易。久坐的生活方式、高糖饮食的摄入以及高度加工食品的食用也导致了不少的健康问题。农业已经深刻地改变了整个世界。如同对土地的管理、制造垃圾以及环境改造一样，牛、羊、猪等大型家畜的总体数量，也为人类活动对地球的影响画下了重重的一笔。

生活逐渐难以为继。一旦野草一般的谷物统御了经人类干预过的居住地周围环境，对驯化食物的依赖性就开始显露端倪。较为可口且有着便于利用的种子或果实的植物成为人类种植的首选。最终，小麦、谷子、大麦和无花果树等植物被人类驯化，以至于没有人类的干预，它们便无法正常繁衍。以无花果树为例，它们没有种子，所以要想繁殖必须依靠"克隆"，也就是剪下树枝进行扦插种植。小麦在被驯化之前通过垂倒后掉落的麦粒来实现繁殖，然而在驯化之后，小麦在生长周期内保持直立。它的自我繁殖不再需要播撒种子，人类会替它完成这项工作。如果人类不主动繁育这些树木或种子，食物供应就会出现短缺。

伴随着人类与植物关系的演化，人类的着眼点开始转向提升植物产量、耐旱性、抗病性、收割便捷性和营养价值。由于人类在同一地点驻留的时间越来越久，野生植物资源的枯竭使得储存和保护粮食作物变得更有益处。而通过稳定食物供应，人类又进一步地定居下来，从事耕作，竭力使作物与养殖业的产出最大化。

人类与动物之间也逐渐发展出了类似的关系。驯化动物的动机在于获得食物和羊毛等贵重商品。此外，驯养的动物可以协助人类搬运货物、犁地和收割。当然，并不是每一种动物都能够被驯化。最适合被驯化的动物需要具有以下特点：适应由领头的个体主导的社会结构、接受圈养、没有逃跑的欲望、饮食结构有弹性、攻击性较弱、繁衍能力强、具有较快的成长速度等。这些条件大大缩小了选择范围，美洲和非洲的许多动物都不能达标。总的来看，在最常见的 20 种家畜中，没有任何一种来自非洲撒哈拉以南的地区，而且只有驴和牛是在非洲东北地区向农业与畜牧业转型的时期被驯化的。

作为人类的摇篮,非洲显然不适宜性情温顺、缺少警惕性且有一定耐力的动物进化。上述品质在饥饿的、身为狩猎者的古人类面前极可能是致命的缺陷。

驯化

植物和动物的驯化是不同时代在世界各地逐渐实现的。各个地区的族群开始各自独立地控制动植物的繁衍,改变它们的外观、营养属性和繁殖能力。这一事实进一步说明各地的狩猎采集者普遍开始加强对周边环境的开发。在全世界绝大多数地区,植物的驯化早于动物,但是非洲东北部是少数例外之一——在那里,牛的驯化早于农业的出现。

据目前所知的情况,最早被驯化的动物是狗。大约在1.6万年前,狗由狼进化而来,并且成为辅助人们狩猎和守护营地的帮手。山羊则是最早被驯化的肉用动物之一。到了1万年前,人们开始有选择地淘汰掉年轻的雄性而尽量延长雌性的寿命,这是畜牧管理中的一种典型模式。几乎在同一时间,牛也在非洲东北部和近东地区得到了驯化。

小麦、大麦、豌豆与扁豆这些谷物和豆类是农业的创始作物。大约在10500年前,它们在中东的新月沃地(Fertile Crescent)及西南亚被最早培育、驯化和种植出来。没有证据显示农业起源于单一的核心地区,它实际上是在各种不同的地理和气候条件下发展起来的。

根据分子遗传学和考古学证据,稻米的驯化历史也很久远,最早可追溯至10000—9000年前的东亚地区。在1.5万—1.2万年前中国和韩国的古人类遗址中,我们可以发现年代更早的稻米颗粒,不过它们很可能来自野生的品种。

在8000年前,小麦的种植被传播至尼罗河沿岸,而在远东地区，大片以稻子为主要作物的农田开始独立出现。到了 7000 年前，美索不达米亚地区的苏美尔人发展出大规模且全年无休的小麦种植业，建立灌溉系统并使用专业化的劳动力。苏美尔人将食物生产强化并扩张至相当可观的规模，并最终促生了史上首个城邦国家和大型社会。

在种植小麦、稻子、玉米并畜养动物的地方，人类有能力以前所未有的方式来管控能源。草本植物（包括谷物在内）富含纤维素，因此如果未经精细的处理，它们几乎无法被人类消化。通过投入时间发展加工谷物的技术，人类得以规模化地收获越来越多且仍在迅速扩张的食物资源。人类驯化了为数不多的草本植物，它们有着最佳的口味和最大的种子，而且最易于被加工。通过加速这些物种相对于其同类的传播，人类有史以来首次使得草本植物成为既可食用又便于获取的食物。

下图

现代畜牧业集中于少数几种大型家畜，美国俄克拉何马州塔尔萨的养猪场可谓是其中的代表。近几十年来，养殖动物的数量仍在持续猛增。

上图

随着村庄的建立，例如有着 9000 年历史的土耳其加泰土丘（Çatalhöyük）遗址，人类可以共享食物、劳动力和某些社会价值，但同时也更容易受困于疾病和营养不良。

至于那些没有被驯化的草本植物，人类让其他动物来替我们食用它们。然后，我们再食用这些动物的肉或以多种方式来利用它们。由此，人类就能够从周边环境中获取更多能量。定居、驯化以及发展农业极大地强化了人类开发多种草本植物的能力，而在过去的 200 万年里，草本植物是世界上最丰富、分布最广的植物。

当狩猎采集被动植物驯化取代之后，人类全面地转向农业生产，这一变化似乎永久性地改变了人类饮食的构成。如果说古人类自 260 万年前起以大型动物的肉为食代表着人类饮食结构的第一次转型，那么这第二次转型使我们开始依赖以种植方式获得的淀粉，后者从根本上改变了全球人类的饮食结构。

人口与疾病

随着农业社会数千年的发展,人类定居地的人口密度快速上涨,城市地区成为创新与文化蓬勃发展的中心。然而,这样做的一大代价是流动性的丧失,古人类在数百万年里一直靠这种方式来解决食物稀缺的问题。在某些地区,若要种植作物并养活更多人口,大规模的灌溉系统是不可或缺的,而这将以难以预估的方式改变水资源的分布以及当地的地形。当遭遇旱灾时,灌溉系统成为"救命的稻草"。在最糟糕的年头,土地上的投入、永久定居场所以及大型水利设施都没有发挥作用的空间,人们只能看着庄稼和家畜饥渴而死,饥荒随之而来。此外,将水引入耕地还将导致土地的盐碱化,一些地区的肥沃良田逐渐沦为无用荒地。

农业的成功还加速了疾病的传播。在进入农业时代之前,人们以狩猎、采集和捕鱼为生,生活在规模较小且相对分散的团体之中,所以疾病的传播受到限制。可是,人口的快速增长打破了这种天然保护。由于人类开始密集地生活在固定的地点,我们再也不能像以狩猎采集为生因而流动性强的祖先那样将废弃物丢在身后。于是乎,农民和定居者的身边聚集了越来越多的废弃物,而家畜又是病菌的携带者:牛身上有结核病菌、天花、囊虫,猪身上有流感病毒。致病性微生物通过最大化人与人之间的感染来实现自身的进化。在5000年前,印度河沿岸的城市出现了史上最早的公共浴室和排水设施。尽管如此,在世界上的许多地方,拥挤的人口、家畜以及成堆的垃圾迫使人类持续地与微生物进行着进化上的"军备竞赛"。

经改善的道路与船运以及旅客人数(例如士兵、商人、

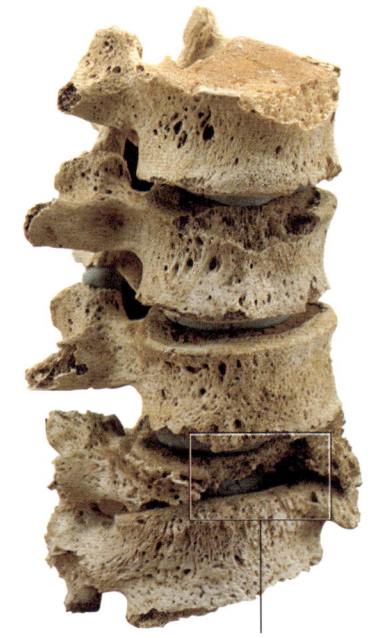

受损区域

上图
这一段古人类的脊椎出土于约旦一处约3200年前的墓葬。它的受损部分可能是结核病导致的。

移民)的增长意味着当某地有疾病暴发时,它通常会被传播到其他地方并演变成流行病,后续甚至可能发展成世界范围内的流行病。例如,在1348—1351年,欧洲三分之一的人口(约2500万人)死于鼠疫。而在1918—1919年这仅仅一年的时间里,流感杀死了2000万~4000万人。

生态系统的转变

尽管有着上述弊端,但是农业社会的生活方式最终还是传遍了全世界,并且为我们现代的社会生活奠定了基础。随着大量人口进入城市,农业活动要提供大量食物和其他供应品。将能量从田间转移至城市的动力自古有之,古人类经常将食物从某个地点搬运至另一个地点来供养其他人。不过,这一过程的现代表达与石器时代的做法已不可同日而语。

大型复杂社会逐渐依赖一种或少数几种谷物,例如,小麦、稻子或玉米,人类由此开始对自然环境进行"简化处理"。这种简化是以人类为主导的生态系统的开端,其显著特征是物种多样性的大幅下降以及按照人的意志改造地貌形态。以人类为主导的生态系统的崛起代表着人类对居住环境的全面改造。

若要了解以人类为主导的生态系统的迅速变化,我们不妨回顾一下整个生命的历程。最迟在2.5亿年前,植食性脊椎动物开始了它们的第一轮进化扩张,陆地生态系统开始出现了依靠食物链进行的能量传递。品种繁多的植物被种类相对较少的食植动物消耗,而食植动物又被种类更加稀少的食肉动物吃掉。

以人类为主导的生态系统极大地改变了这一经典的金字塔结构的食物链。最大的能量传递和对于系统最有力的控制不再在极其丰富的动植物物种之间转移，而是都指向了一个单一的物种——智人。动植物的多样性大幅缩减，因为人类只关注少数几种食物，并且用耕地、牧场以及堆放垃圾和污染物的地点替代了森林、湿地以及其他类型的栖居地。随着大型捕食性动物被捕杀殆尽，经长期进化形成的食物链顶层被清除了，而肉眼看不见的杀手——与人类、作物和家畜的数量一起激增的微生物，构成了这一新型生态系统的基础。

我们可以用许多种方式来描述人类，例如，直立行走的灵长类动物、脑袋很大的工具制造者、会使用抽象符号的物种。然而，考虑到今天面临的困境，最确切的一种描述或许是人类本身便是地球生物史的一个转折点。不计入两极冰盖的话，全球38%的土地已被用于农业生产，只有17%的土地能摆脱人类的直接干预。据估算，2000年前，全球总人口约有2亿人；1000年前，这一数字增长了1000万；而在过去40多年里，人口总数翻了一番，达到了70多亿。2007年，城市居民人口数首次超过了农村地区，全球能源消耗的

> 2007年，城市居民人口数首次超过了农村地区，全球能源消耗的四分之三是被城市居民用掉的。

问与答
我们怎样了解最早一批农民的健康？

根据有关古人类骸骨的研究，科学家发现早期的农民与狩猎采集者的健康状况大为不同。从平均水平来看，早期农民的寿命更短，身材更矮小。而且，他们深受营养不良以及感染性疾病的困扰，从骨骼表面的损伤或异常可以看到这一点。由于食物结构逐渐变成以碳水化合物（例如驯化的谷物）为主，早期的农民更容易出现龋齿。他们的下颌较小，因此造成了齿列拥挤以及相关的一些问题。尽管农业生活带来了妇女生育率的提高，但是怀孕过程造成的营养流失也损害了女性的健康。

右页图

相比于哥斯达黎加茂密的雨林，人类显得如此渺小。我们对于地球物种多样性的认识在快速地增长，然而地球上的物种却在以更快的速度走向消亡。

四分之三是被城市居民用掉的。1961—2004 年，牛、猪、绵羊、山羊的存栏量从 27 亿只上涨到 41 亿只，家禽饲养数更是从 30 亿只上涨到 160 亿只。养殖这些动物和它们所需的生产饲料需要大片土地，野生动物的基本生存环境因此受到了挑战。

有人认为，地球生态系统的根本转变反映了人类在面对不稳定的自然环境时适应力达到了巅峰。通过获取食物供应的控制权，我们已经极大地扩张了人类活动的范围。为了理解这一过程，我们最好回顾一下这一章开头的内容：刚刚走出末次冰期的人类，开启了向农业生活方式的转变。在 12800—11600 年前，全球气候一度短暂地转冷，随后便稳定了下来。在过去 8000—10000 年里，全球气候异乎寻常地稳定，根据大洋洋底和格陵兰的冰芯只能追踪到少数几次波动。正如前几章我们讲到的那样，漫长的进化之旅在人类基因中注入了一整套适应性能力，它使得我们这一分支能够适应气候或者从气候波动带来的伤害中恢复元气。然而，在过去的数千年里，人类的这类特质只能在一个极度稳定的特殊时期里得到表达。

在过去的 1 万年里，人口的增长以及文化和技术的进步速度或许只有人类改造周边环境的速度能与之匹敌。当然，有人会说人类不是在改造自然，而是在破坏和挥霍自然。然而，回首我们走过的漫长历程，我们一定要认识到一点，即自然环境终归会改变，而人类无法永远控制未来。也就是说，人类正如地球上曾经出现的许多物种一样，似乎成了自身命运的主宰者。然而，问题在于我们真的能掌控自己的命运吗？

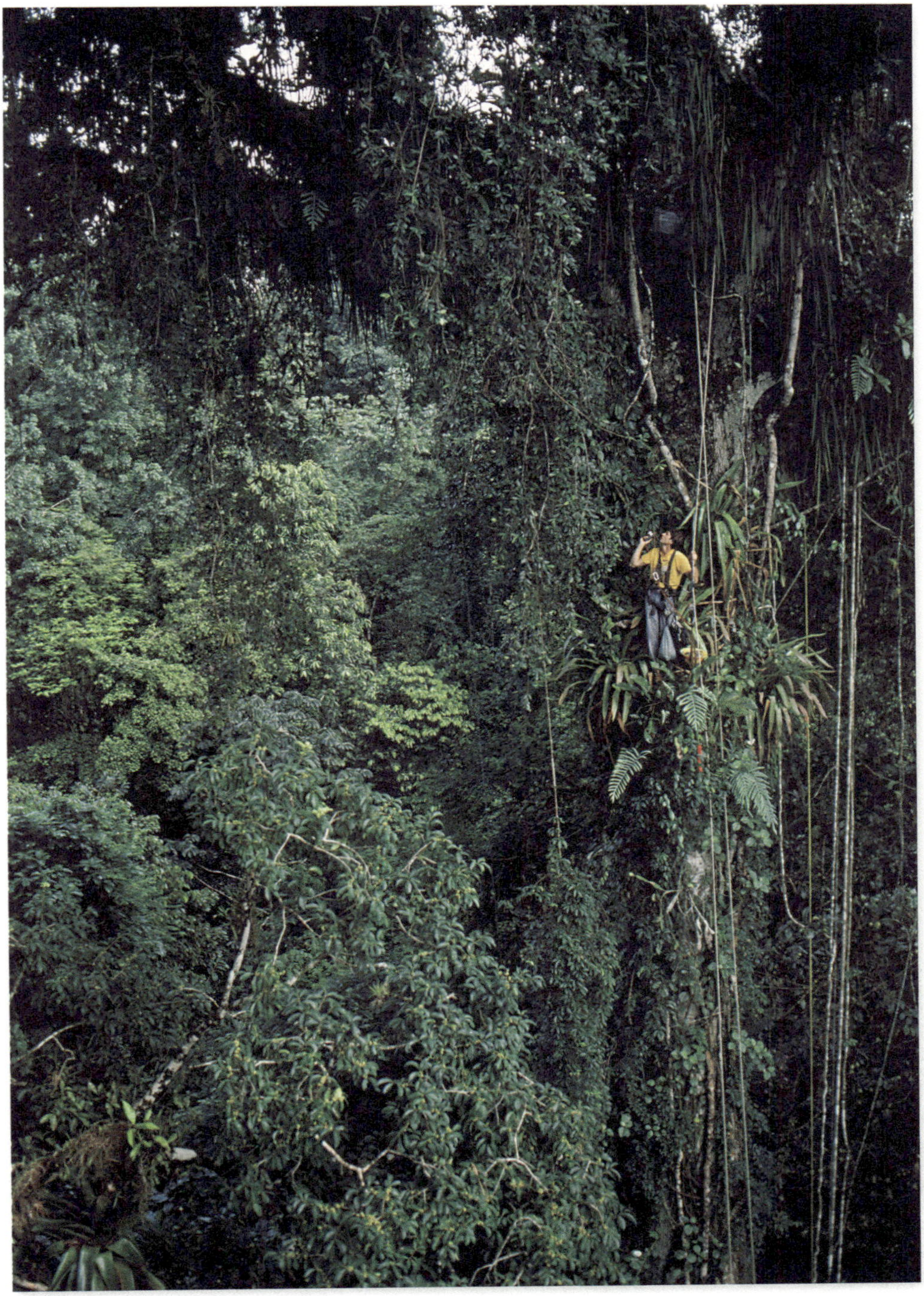

尾声

未来还属于我们吗？

我们该如何认识早期人属物种的灭绝呢？有的古人类有巨大的脑容量，而且所有分支都高度社会化；有的古人类能够精心地制作工具，拥有基本的抽象思维。人类谱系的每一个分支都曾建立、消除及整合过某些"生而为人"的本质特征。如果我们能够认识这些物种延续和灭亡的过程，或许能学到一些对了解人类自身起源和可见未来有价值的东西。

"未来还属于我们吗？"这一问题似乎有点暗示人类是生物进化的终极目标或巅峰的意味。不过，这一答题方式实际上反映了一种过时的人类起源观。人类的进化史是一场微妙的"共舞"，是帮助人类祖先生存下来的那些特质与无休止地测试着人类适应力有效性的、持续变化的自然环境之间的互动。在人类进化的历程中，有许多古老的人类支系来了又走。人类的谱系树上确有一些是现代人的直系祖先，然而它也为众多已不复存在的人类支系及其生活方式所充斥。考虑到这一点，我们便可以另一种方式来转换这个问题：我们是否是最后的人科物种，是否是灵长类动物谱系树上直立行走这一分支的终点？"未来还属于我们吗？"这一问题还引发了大家讨论智人的时代还可以持续多久，以及即使我们活下去了，人类是否还会更加繁荣昌盛的问题。

通过研究人类在进化上关系密切的这些近亲——我们只能通过化石来了解他们，我们可以发现一种模式：当面对环境变化时，仅对环境进行特化适应的那些古人类似乎最终只

右页图

人类的所有诉求都要从每一块可居住的土地上索取。在巴西的里约热内卢，有着数千万居民的大都市给周边环境造成了巨大的压力。

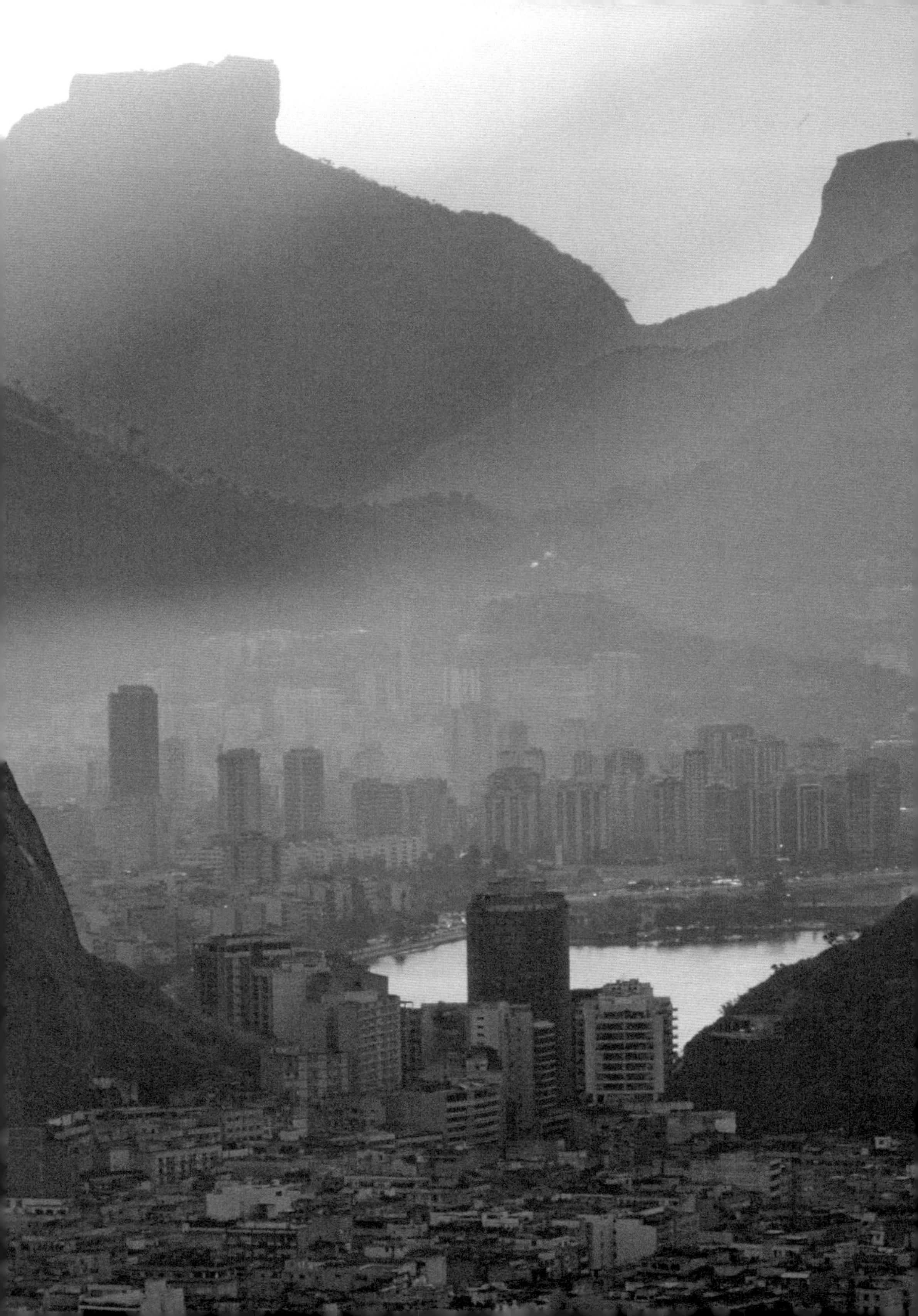

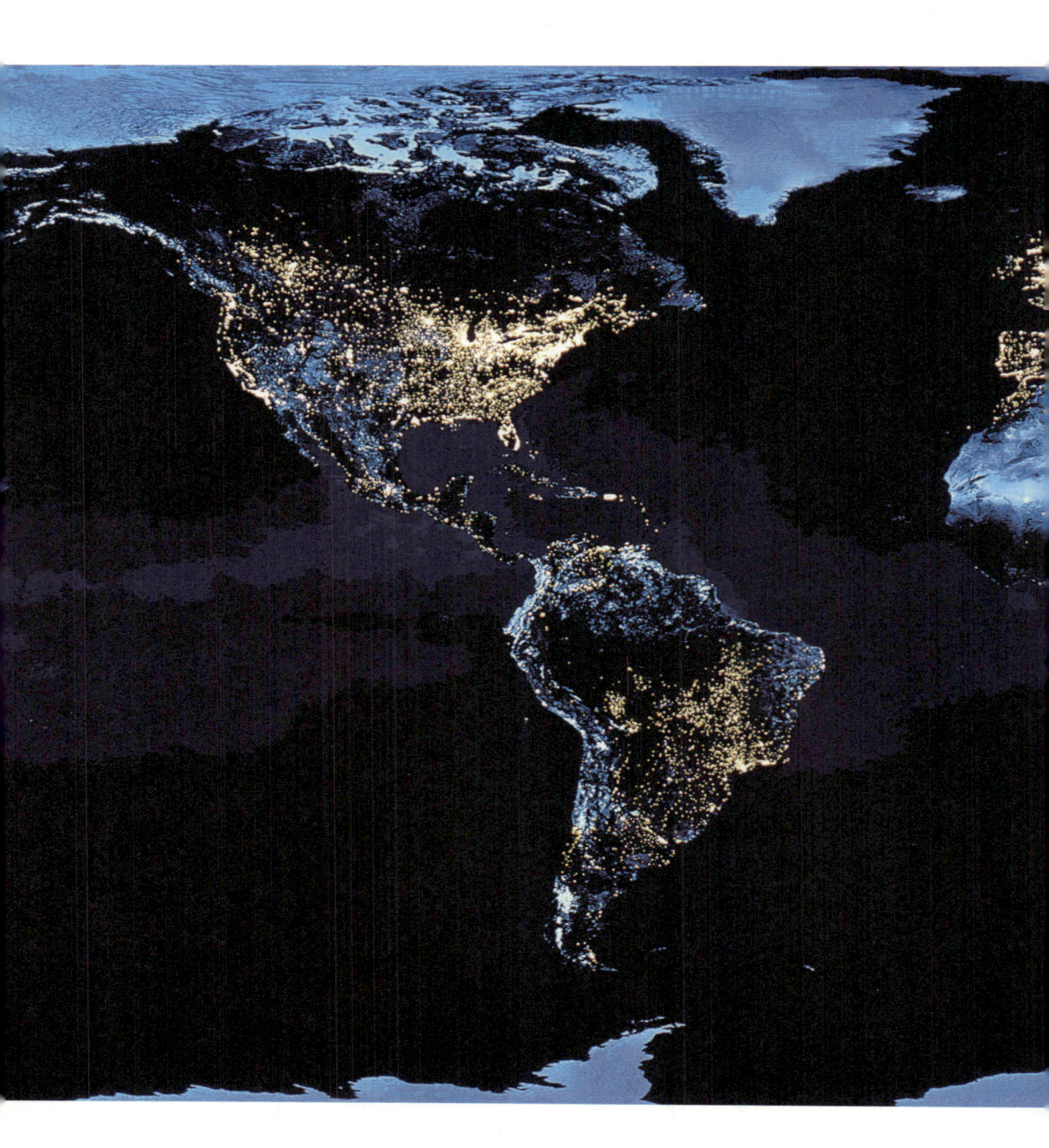

上图

根据这张由卫星和地面数据合成的图片,地球上的大都市在入夜后仍灯火通明,但人口稀少或电力不足的地方则略显阴暗,乃至一片漆黑。

尾声　　　　　　　　　　　211

会走向灭绝。他们或许非常适合生活在有限的几种环境里，又或者将自己限定在一个较小的地理区域内，几乎没有多余的空间来应付艰难时节。人类谱系树上的另一些支系可以适应较为多样的地理环境，并且食用各种各样的食物，但是最终却被某些特征所拖累，这些特征在新环境出现时削弱了他们的适应力。

我们所知道的最后一批尼安德特人的身体条件及行为方式使得他们能够利用欧洲西部寒冷且林木繁茂的栖息地。从大约 3.3 万年前开始，尼安德特人一直生活在冰川最后一次大规模扩张的边界以南，并跟随着温带森林的踪迹迁移到伊比利亚半岛和直布罗陀。在那里，尼安德特人迎来了最后的繁盛期，并可能一直持续到 2.8 万年前。这时，来自热带地区的大批智人利用文化层面的适应力，适应了连尼安德特人都无法耐受的、更加寒冷的气候。因此，现代人获得了一片他们永远不会放弃的立足之地，而这里是尼安德特人原本能够进入的地区——如果气候能够转暖，他们是可以做到的。尼安德特人不是不能适应寒冷气候，在所有人属物种之中，他们的身体最适于应对寒冷。但是，适应力强、更加灵活的智人既能适应冰河时代欧洲的酷寒地区，也能在其他地区凉爽、温暖或炎热的气候里生存。尼安德特人是仅能充分适应有限环境的古人类的一个范例。

弗洛勒斯人代表着受限于地理环境的另一类古人类，他们有可能在印度尼西亚生存了数十万年。根据我们的研究，向这些"哈比人"开放的适应性选项就是那些仅适于小岛的、有限的可能性。在弗洛勒斯岛上，这种古人类在大约 1.7 万年前走向了灭绝。正如现生物种和一些近期出现的物种一样，如果个体的数量越少、栖居空间越小，这个物种就越有可能走向灭绝。

曾在广阔地域繁衍了 150 多万年的直立人的命运与此相似,当生存范围缩小到爪哇岛之后,他们的成功就此终结。我们在那里可以发现最后一批直立人的化石,年代最晚可迟至 7 万年前。

最后,我们再以能综合代表上述现象的傍人鲍氏种为例,他们曾在东非繁衍了至少 100 万年。有关傍人鲍氏种灭绝的原因很难彻底弄清楚,不过我们或许可以注意到该种古人类的显著特征。傍人鲍氏种有着令人印象深刻的咀嚼器官,因此可以食用任何他们想要吃的东西。数项科学研究指出傍人鲍氏种的食性很杂,而且通过食用坚硬、粗糙的食物避免了挨饿。然而,这个被称为"胡桃夹子人"的物种很有可能也是被自身的适应性所拖累了。他们在吃最柔软的浆果和昆虫时,也只能动用这套"重型咀嚼装备"。鉴于他们有过的辉煌

二氧化碳排放改变了全球气候

我们终于认识到,人类不仅仅是在被动适应气候,也可以改变地球上的气候。通过燃烧化石燃料或其他活动,大量温室气体(尤其是二氧化碳)被排放到地球大气当中。相关研究已经发现,大气中二氧化碳的浓度与平均气温之间存在显著的相关性。大气中二氧化碳的浓度从前工业时代(1750 年)的 0.28‰ 上升至今天的 0.385‰。而在过去的 65 万年里,二氧化碳浓度的波动范围为 0.18‰~0.3‰。在 20 世纪,全球平均气温上升了 0.74 摄氏度。不仅如此,在接下来的 20 年,平均气温还可能再上升 0.4 摄氏度。

根据预测,不断增加的二氧化碳等温室气体将带来恶劣后果。其中,最引人注目的问题是,21 世纪的人类将不得不应对不断上升的海平面、更频繁的暴雨和干旱,以及全球气候变暖带来的其他种种威胁。

历史，傍人鲍氏种的衰落带给我们以下启示，即他们强健的下颌、有力的肌肉和粗大的牙齿最终不但未能帮助其适应新型食物，反而造成了某种限制。

我们想要谈论的主题其实是，如果有机体要成功地应对环境的变化，那么，具有一定程度的"灵活性"是相当重要的。这又引出了新的问题，即有机体的生活方式有可能会在实际上拖累它对新环境的适应。一个在诸多方面都能成功适应的物种在面临环境变化时会保有更多的选择。这条一般规律适用于人类直立行走的近亲，而且我们完全有理由认为它同样适用于智人。当今世界的种种发展是将提升还是限制人类的适应力呢？我们的灵活性的本质或者说局限性又是什么？

计划之外的实验

首先，我们应试着理解人类对当今世界的深远影响将向我们自己提出怎样的挑战。

回顾人类的进化史，我们看到智人通过改变周边环境扩散到世界各地。能人通过敲打石块的边缘，开始改造他们的栖息环境。控制火、建造火塘以及搭建遮蔽处的能力使得海德堡人可以烹煮食物，调节粗陋生活居所的温度。再晚一些的时候，人们开始用火改造室外环境。火可以驱赶兽群，且有利于更新植被。此外，人类进化出的以抽象符号交流的方式进一步强化了人类操控环境的能力。在符号和语言的协助下，社会网络得以建立，各个群体相互交换资源与信息，这一切提供了艰难时刻的缓冲和创新的路径。借助语言，人类可以规划大规模的活动、应对环境变化，以及想象超出感官之外的一切事物。

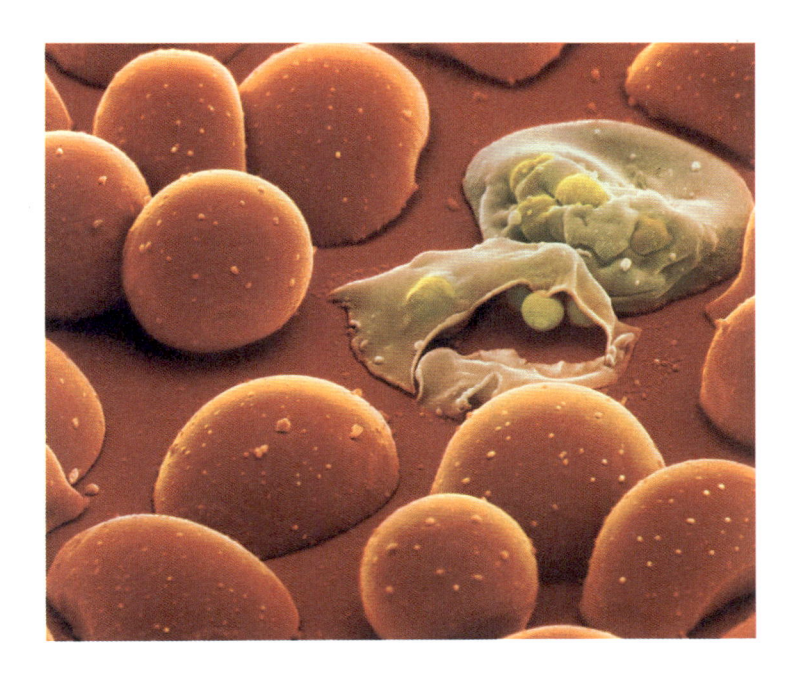

左图

被疟原虫破坏的红细胞。人类正在竭力推动医学的发展，以便摆脱疟疾和其他疾病的困扰。

一点一滴的进步最终积累成一种极为成功的生活方式，人类从此走向了全球。培育可食用的植物，将温顺的动物集中起来，这些简单的想法帮助我们稳定了地方性的食物供应，促生了驯化某些种类的动植物以及通过牺牲其他物种来提升其利用度的理性决定。上述局部的成功为遍及全球的环境变化奠定了基础，这些环境变化是人类漫长且复杂的进化史中无意带来却相当真实的后果。相对于人类长达 600 万年的进化史，所有这些后期的进展实在是太迅速了。

基本上，所有物种都会以某种方式影响周遭环境，不过，人类影响力的强度与广度将如何改变我们自身的灵活性呢？进入现代社会之后，全球人口出现爆发式的增长，我们可以看到人类活动给土地及其他物种带来的压力将会限制我们的未来。在地球上的许多地区，我们的生活方式所依赖的土壤肥力以及淡水资源正

我们可以看到人类活动给土地及其他物种带来的压力将会限制我们的未来。

在衰减。根据一份 2005 年的报告《新千年生态系统评估》（*Millennium Ecosystem Assessment*），在 1 万多种可食用植物中，不到 20 种植物为人类提供了绝大部分的食物。小麦、稻子、玉米这 3 种作物占据了全球消耗的热量的一半。关于动物的统计数据与此相似，在大约 1.5 万种哺乳动物和鸟类中，不到 14 个物种供应了全球 90% 的动物制品需求。

这代表人类只吃有限的食物，即摒弃了其他的可能性。它意味着经济决策无视构成我们食品选项基础的丰富的动植物物种，以及所有有机体赖以生存的生态系统的运转。不幸的是，被经济决策无视意味着大多数物种的基本生存条件受到威胁，甚至已被彻底破坏。耕地、篱笆、城市削弱了大多数有机体为应对环境变化而移动的能力，并由此限制了许多物种经长期进化形成的适应力。智人的影响已经延伸到海洋，鱼类、贝类以及其他海洋物种的数量已经大大减少，有些甚至濒临灭绝。根据近期的评估结果，由于人类的开发，海洋生态系统当前的不稳定性将会对海产品的供应产生全方位的影响，海洋的生物多样性大幅缩减，人类利用海洋资源的能力也将受到限制。

供养数量极为可观且仍在增长的世界人口所做的努力还将对我们提出更进一步的挑战。为自己和他人获取食物的责任放大了改造地球以满足人类私欲的需求。我们对于农业的依赖在一开始被证明是有益的，农业生产足以供养乡村和城镇的少量人口。可是现在它必须满足巨大的城市地区的需求，而这些地区的消费者人数远远超过了辛苦生产食物的人。人类改造地球的时间到目前为止不算太长，但是地球上约 83% 的可利用土地已受到人类的直接影响——它们被改造成耕地、城市、垃圾场，以及因森林砍伐、采矿和污染而改头换面的受人为干预的地区。截至 2007 年，人类建造了如此多的大坝，以至于水库中的储水量几乎是在河道中流动的水量的 6 倍。鉴于人类如此热衷于这些改造自然的方法，我们很难想象未来还有哪些空间可被利用，我们又能做出哪些选择。

大量使用化石燃料带来的温室效应对地球大气乃至气候的影响，已经得到了很好地说明。从历史上看，作为最具影响的温室气体，大气中二氧化碳浓度的波动密切地对应着地球温度的振荡以及冰盖的扩张与消融。人类活动现在已将大气中二氧化碳的浓度推到前所未有的高度，比智人诞生以来的历史峰值还高出三分之一的水平。

根据比较保守的评估，到 22 世纪，大气中二氧化碳的浓度预计将比人类诞生 600 万年来的历史峰值高出 1 倍。这

下图

格陵兰岛消融的冰川提醒着我们，全球气候变暖的现象是显而易见的。人类如何应对气候变化（包括那些可能由我们自身造成的变化），将成为左右人类未来的一个决定性因素。

> 要理解地球环境、所有物种的灵活适应性以及人类自身适应力的源头，必须从认识进化与生命演化的历史着手。

意味着气温将显著升高，而海平面至少上涨 0.5 米，居住着全世界 10% 人口的大片沿海低洼地区将沦为泽国。人类将要经历其进化史上从未遭遇过的环境变化及变化速率。

地球的气候系统不像温度计那样有着清晰的单向变化，因此我们很难准确地预测未来的气候变化。气候的反应方式更像是存在一个阈值，等到迹象开始变得明显时，变化其实已经发生了。气候变暖的警示是相当严重的，而与由可确定的趋势或可预见的问题带来的挑战相比，无论它们有多么惊人，未来的挑战可能更加令人畏惧。由于人类在不经意间输入了新的变量而使地球气候的不稳定性受到扰动，我们实际上已陷入一个巨型的实验。易变的气候及其造成的不安全状态或许将向我们提出一个异常严峻的考验，其严峻程度将远远超出我们的预料。

灵活适应性的来源

人类要如何生存下去以及能否继续当下的繁荣？对此我们无法轻易给出答案。我们仅能看到有限的"路标"，它们涵盖了决定着一些与我们最亲近的物种命运之生存、变化和灭绝的全过程，这些物种即我们通过化石记录知晓的历史上的"人类"。

现代社会的一大基本命题是，人类的核心适应力是否有助于我们解决或适应当前面临的环境变化的考验。在纠结于这一问题时，通过研究自然界的运行及人类与它的互动，我们可以获得很多启示。要理解地球环境、所有物种的灵活适应性以及人类自身适应力的源头，必须从认识进化与生命演化的历史着手。

右页图
在印尼的伐木场，一株移栽的桉树苗象征着人们重建森林的希望，以及人类为自身未来采取行动的迫切性。

尾声

我们已经知道，地球环境反复变迁，而且波动程度随着时间不断加深，人类这一物种的本质特征伴随着这一过程逐步进化。这种人类起源观认为，我们这个幸存至今的支系继承了一整套精神性和社会性的工具，它们有助于人类对变化与不稳定性的适应。在我们所生活的这个错综复杂的社会里，人类的大脑驱使我们评估各种可能性与潜力，从而创建出一个由各类观点和互动构成的世界。同时，语言的创造力赋予我们快速应对突发事件及其后果的能力。人类的创新能力为创造新的技术和机遇铺平了道路。我们在某种程度上有能力影响或引导自身的进化之路，而人类的信仰与道德力量将在这个过程中发挥一定作用。令文化呈现多样性的创新能力还带来了种类繁多的生活方式。文化多样性以及接受社会内部不同观点的倾向则将我们的可能性与潜在选项放大了许多倍。

人类适应力的进化对应着地球气候史上变化最剧烈的一段时期，这意味着对环境变化的灵活适应性其实是我们天性的一部分。生物学研究曾将人性框定为基因限制下人类可能

问与答

人类还在进化吗？

强有力的证据表明，我们人类仍然在进化。举例来说，自从畜牧业出现之后，部分人群继承了一项使得他们在婴儿期之后可以继续消化乳制品的基因突变。这一特征是在以下两个时间点独立出现的：6000—5000年前的欧洲和3000年前的非洲。

人类仍在进化的另一证据是在20世纪40年代被发现的。医生们注意到患有镰状细胞贫血的人不容易死于疟疾。同时携带一对镰状贫血基因（分别继承自双亲）会导致严重的贫血病，但如果只携带一个致病基因（只从父母中的一方继承）的话，这样的人反而能获得抵抗疟疾的特质。

性的通道。这种人性观的核心是"必然性"。不过，学界正在建立另一种人性观，它认为人类生活的一些独特品质，如脑力活动、对语言的学习和运用、创新欲望以及抽象思维能力，凝结成某种智慧以及根据当前环境做出调整的灵活性。灵活适应性是后一种人性观的要旨。

关于人类起源的科学探索告诉我们，人类能够适应变化。一旦环境有变，我们就将运用精神层面的灵活性以及社会化的倾向对变化做出回应——有时，我们激发出深层的潜力去帮助他人，而在另一些情况下，我们选择对被当作威胁或异端的对象采取暴力行动。在这两种倾向之间做出的平衡可能将在很大程度上决定我们未来的前景。人类进化出的种种特征使得我们有机会畅想未来、调整思想、施展关爱他人的独特能力，并追寻所谓的意义。这些特征曾在我们所有人的远古时代的共同祖先身上显现，并且很有可能成为我们迎接未来挑战与不幸时的希望之源。或许，这些人类的特征也将最终帮助我们解答那个最为核心的问题：未来还属于我们吗？

222~223 页图
在坦桑尼亚奥杜威峡谷（Olduvai Gorge）大量残破的羚羊骨头中发现的数以千计的石制工具，揭示了人类历史上早期的一次技术革命。

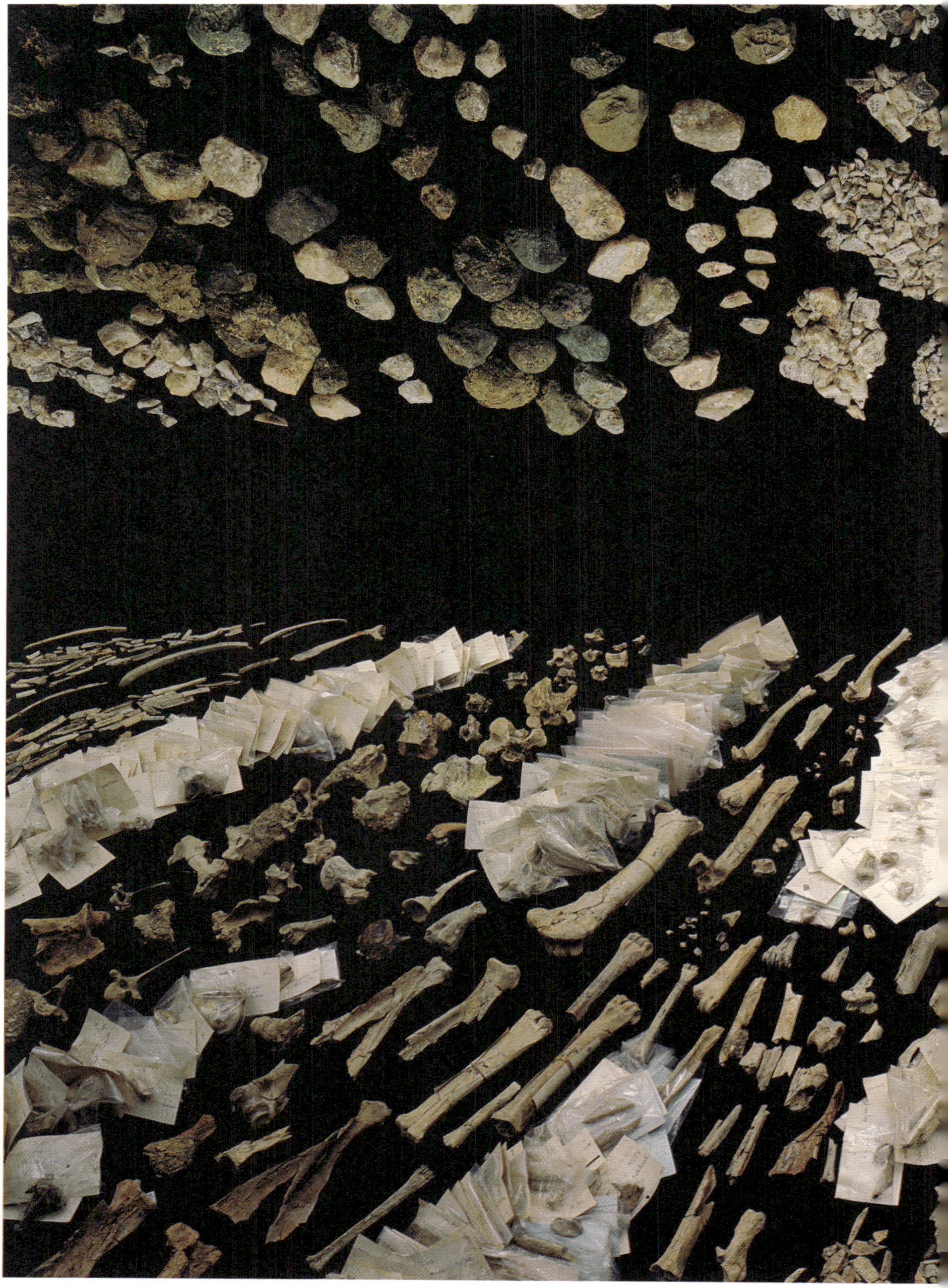

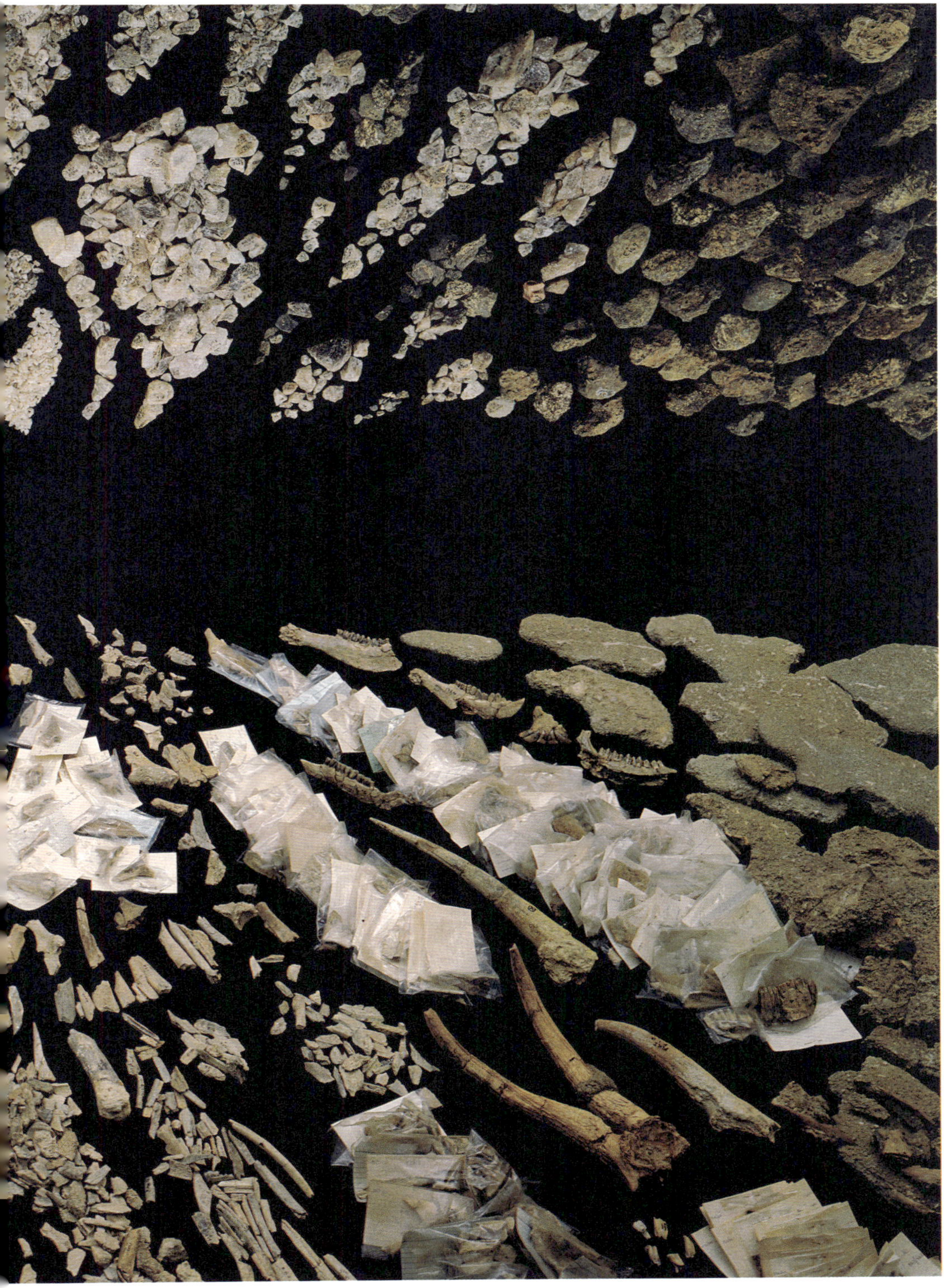

附 录

术语表

大脑：脑部最主要的结构，包括额叶、枕叶、颞叶、顶叶等。

大脑皮层：大脑的外表面，主要由灰质构成。

额叶：大脑最靠前的部位。

分子遗传学：在分子水平上研究基因的结构与功能以及遗传信息传递的学科。

钙质：指物质由碳酸钙组成。

环境变化假说：这种假说认为人类的演化过程受到了多变的环境因素的影响，而不是在稳定不变或定向改变的环境中实现的。

基因：一种遗传单位，本质上是具有特殊功能的 DNA 片段。

基因组：有机体内所有遗传信息的总和。

假说：一种有待检验的、针对特定现象的科学解释。

进化：血脉、谱系的改变。

灵长类：一类特殊的哺乳动物，包括狐猴类、懒猴类、婴猴类、眼镜猴类，以及其他各种猴类和猿类。

眉嵴：眼眶上方突出的骨性隆起。

南方古猿：南方古猿属的各种生物。

染色体：DNA 与蛋白质的组合体，出现在细胞核内部。

人族：人类演化历史上包括化石人类和现代人在内的整个人类群体。

上新世：一个地质时间段，从 530 万年前开始，结束于 180 万年前（也有些学者认为到 260 万年前这一时期就结束了）。

石锤：将石片从石核上打下来的圆石。

石核：古人类利利用石块打下石片以后，所剩下的部分。

石片：从石核上剥除的尖锐碎片。

石质：指物质由石块或岩块构成。

适应： 在自然选择过程中，生物体为了眼前需要而产生的特征。

属： 林奈分类系统中的一个层级，它比"种"的概念更高一级。

突变： DNA 序列发生的改变。

温室气体： 会积聚热量，导致地表增温的气体。

物种： 可以互相正常交配的个体所形成的集合体。

细胞核： 细胞的一部分，负责储存遗传物质。

细胞质： 充斥在细胞内的稠密的胶状物质。

下颌： 俗称下巴。

线粒体： 细胞中的一个结构，细胞所需化学能量主要由它来制造。

小头畸形： 一种神经系统发育疾病，导致个体的头颅与大脑尺寸异常小。

新陈代谢： 为了维持生命而进行的化学反应。

新皮质： 大脑半球的外层结构。

新石器时代： 石器时代的最后一个阶段，其时间持续至铁器工具的诞生。

驯化： 人工选育的过程，从而使动植物更易被控制，或干预其繁衍。

有孔虫： 具有钙质外壳的单细胞微生物。

直立行走： 习惯性地使用双腿直立行走。

中新世： 一个地质时间段，从 2300 万年前开始，结束时间为 530 万年前。

自然选择： 某一物种群体内，不同个体的生存情况与繁殖情况不同，最终改变了该群体的基因库。

图片来源

* 表示投射或扫描三维副本的样本

有关插图画家 Karen Carr 的更多信息，请访问 www.karencarr.com

有关 Chip Clark、Donald E.Hurlbert 和 James F.Di Loreto（史密森学会美国自然历史博物馆的工作人员）的具体照片的信息，请参考图片来源中列出的照片编号

2, Chip Clark; 3, Michael Nichols; 5, Erich Lessing/Art Resource, NY; 6, William Perlman/Star Ledger/CORBIS; 7, mouse: David Tipling/Getty Images; chimpanzee: Michael Nichols; gorilla: Jason Edwards/NationalGeographicStock.com; orangutan: Konrad Wothe/Minden Pictures/NationalGeographicStock. com; rhesus monkey: Richard T. Nowitz/ NationalGeographicStock.com; humans: Allen Russell/Photolibrary; Con Tanasiuk/Photolibrary;Baymler/Getty Images; Elizabeth Young/Getty Images; Dougal Waters/Getty Images; Asia Images Group/Getty Images; bananas: Chris Windsor/Getty Images; chickens: MIXA/Getty Images; 9, large torso: Robert Clark; small torso: CORBIS; ear: Paul Sutherland/NationalGeographicStock.com; finger: Joel Sartore/NationalGeographicStock.com; knees: Gallo Images/Getty Images; head: Becky Hale/NationalGeographicStock.com; 12, Ken Eward; 14, gaopinimages.com; 17, icons: Karen Carr & David Hsu;

第一部分 从古猿到智人
第 1 章

18~19, Michael Nichols; 21, Cyril Ruoso/Minden Pictures/NationalGeographicStock.com; 22, lemur: Nicole Duplaix/NationalGeographicStock.com; tarsier: Tim Laman; new world monkey: Roy Toft/NationalGeographicStock.com; old world monkey: Bates Littlehales; lesser ape: Cyril Ruoso/Minden PIctures/NationalGeographicStock.com; orangutan: Konrad Wothe/NationalGeographicStock.com; gorilla: Jason Edwards/NationalGeographicStock.com; chimpanzee: Michael Nichols; humans: Allen Russell/Photolibrary; Con Tanasiuk/Photolibrary; Baymler/Getty Images; Elizabeth Young/Getty Images; Dougal Waters/Getty Images; Asia Images Group – Getty Images; icons: Karen Carr;24, Frans Lanting; 26, Michael Poliza/NationalGeographicStock.com; 28, Karen Carr; 31, Chip Clark (*2009-41354);

第 2 章

35, David McLain; 36~37, art: Karen Carr; humans: Allen Russell/Photolibrary; Con Tanasiuk/Photolibrary; Baymler/Getty Images; Elizabeth Young/Getty Images; Dougal Waters/Getty Images; Asia Images Group/Getty Images; 41, Enrico Ferorelli; 42~43, art: John Gurche, photos: Chip Clark; 44~45, Chip Clark (*Australopithecus africanus, STS5: 2009-41330); (*Homo rudolfensis, KNM-ER 1470: 2009-41267); (*Homo erectus, Sangiran 17: 2009-41308); (*Homo heidelbergensis, Petralona: 2009-41241); (*Homo sapiens, Fish Hoek: 2009-41348; 47, Kenneth Garrett; 51, Chip Clark;

第 3 章

53, Robert W. Madden; 54, Suzi Eszterhas/NationalGeographicStock.com; 55, Chip Clark; 57, Karen Carr; 58, Jim Brandenburg/Minden Pictures/NationalGeographicStock.com; 61, Richard Potts, Smithsonian Institution; 62~63, 65, Chip Clark (*Homo neanderthalensis, Shanidar 1: 2009-41230 & 41363); (*Australopithecus africanus, Taung child: 2009-41403 & 41419); (*Homo heidelbergensis, Kabwe 1: 2009-41254 & 41429); 66, Karen Carr; 67, Chip Clark (*Papio hamadryas: 2009-41393); Donald E. Hurlbert & James F. Di Loreto (*Paranthropus robustus cranium & mandible: 2009-27200 & 2009-27204); (*tools: 2009-27220); (*Paranthropus robustus skull & Panthera pardus: 2009-27225); illustration: Jay Matternes;

第二部分 人类独特性的开端
第 4 章
68~69, Chris Johns; 71, Skip Brown/National GeographicStock.com; 72, Karen Carr; 74, Bob Campbell; 76, Chip Clark (*2009-41823); 79, art: Karen Carr; photos: Chip Clark (Sahelanthropus model: 2009-41332); (*Australopithecus anamensis: 2009-41602); (*Homo erectus: 2009-41599); 82, © John Gurche 2009

第 5 章
85, James A. Sugar; 86, Karen Carr; 88, Michael Nichols; 89, Karen Carr; 90~91, © John Gurche 1987;92, Belinda Wright; 95, Zeresenay Alemseged/Fred Spoor/Courtesy National Museum of Ethiopia; 96 (LE), Chip Clark (2009-41533); (RT), Karen Carr; 97, infant chimpanzee: Stan Osolinski/Photolibrary; adolescent chimpanzee: Dorling Kindersley/Getty Images; adult chimpanzee: Daryl Balfour/Getty Images; human baby: Hisayoshi Osawa/Getty Images; human child: Tyler Marshall/Getty Images; human teenager: Peter Augustin/Getty Images; human adult: Sheer Photo, Inc/Getty Images; human senior: Benjamin Rondel/Corbis; 98 (LE), Chip Clark (*2009-29122); (RT), Takeru Akazawa;

第 6 章
101, Wilbur E. Garrett; 102 (LE), icon: Karen Carr; (RT), Chip Clark (2009-41774)-top: courtesy of Dr. Jill Pruetz; middle: courtesy of Prof. Tetsuro Matsuzawa; bottom: courtesy of Dr. Kathelijne Koops and Dr. William McGrew; 104, Photo courtesy of Professor Tetsuro Matsuzawa, Kyoto University Primate Research Institute, Kyoto, Japan; 105 (LE), Karen Carr; (RT), Chip Clark (hammerstone: 2009-41703); (*core: 2009-41741); (*flake: 2009-41742); 108, Richard Potts; 109, David L. Brill; 111, Jason Nichols;

第 7 章
115, Sebastien Starr/Getty Images; 116, icon, Karen Carr; 117, © John Gurche 2009; 118, Chip Clark (*Australopithecus afarensis, AL 2881: 2009-41819); (*Homo erectus, KNM-WT 15000: 2009-41642); (*Homo neanderthalensis: 2009-41615); 122, Karen Carr; 123, Gordon Wiltsie/NationalGeographicStock.com; 124, Kenneth Garrett; 127, Ira Block;

第 8 章
129, Cary Sol Wolinsky; 130, Karen Carr; 131, Ira Block; 134~135, Donald E. Hurlbert & James F. Di Loreto (*Australopithecus afarensis: 2009-27252); (*Homo rudolfensis: 2009-27221); (*Homo erectus: 2009-27222); (*Homo heidelbergensis: 2009-27258); (Homo sapiens: 2009-27223); 137, Kenneth Garrett; 138, Jason Edwards/NationalGeographicStock.com; 143, Jon T. Schneeberger and Larry Kinney; 144, Karen Carr; 145, Chip Clark (*Elephas recki mandible: 2009-41362); (*Equus oldowayensis: 2009-29952); (*Homo erectus: 2009-29933); (tools: 2009-29928); (*Elephas recki rib: 2009-29914);

第三部分 现代人类行为的源头
第 9 章
146~147, Jodi Cobb/NationalGeographicStock.com; 149, Stephanie Maze; 150(LE), icon, Karen Carr; (RT), KEENPRESS; 151, Kenneth Garrett; 152~153, Chip Clark (left to right: 2009-41711; 2009-41712; 2009-41716; 2009-41719; 2009-41718); 156-157, Chip Clark (2009-41773)-(left to right: *needles-5; perforator; *barbed points-2; *harpoon; burins-3; *engraved bone; *spear thrower; *stone points-bottom 2; *stone points-top 2: Blombos Cave stone tool replicas, courtesy of Iziko Museums, Cape Town, Republic of South Africa); 158, Karen Carr; 160, Chip Clark (2009-41497);

第 10 章

163, George Steinmetz; 164 (LE), icon: Karen Carr; (RT), Chip Clark (*2009-29062)-(engraved ocher plaque replica, Blombos Cave, courtesy of Iziko Museums, Cape Town, Republic of South Africa); 165, Thomas J. Abercrombie; 167, Art Resource, NY; 169, Chip Clark (Palette: 2009-41687); (Hematite: 2009-10124-Courtesy of The Stone Age Institute); 171, Karen Carr; 172~173, KEENPRESS/NationalGeographicStock.com; 175, Chip Clark (2009-41665); 177, Kenneth Garrett;

第 11 章

179, Mike Theiss//NationalGeographicStock.com; 180, icon, Karen Carr; 181, Donald E. Hurlbert & James F. Di Loreto (*Homo sapiens, Irhoud 1: 2009-27254); (*Homo sapiens, Liujiang: 2009-27237); (*Homo sapiens, Kow Swamp: 2009-27227); 183, NG Maps; 186, David Liittschwager; 187, art: John Gurche, photos: Chip Clark; 190~191, Sarah Leen; 192, Karen Carr; 193, Chip Clark (scraper: 2009-41376); (soil: 2009-41375); (*Homo neanderthalensis, Shanidar 4 mandible: 2009-41529); (*Homo neanderthalensis, Shanidar 4 hand: 2009-41675);

第 12 章

195, Jim Richardson; 196 (LE), icon, Karen Carr; (RT), Chip Clark (2009-41691)-(* sickle; blades-10); 201, Joel Sartore; 202, Manoocher Deghati; 203, Chip Clark (2009-41494); 207, Michael Nichols;

尾声

209, Stephanie Maze; 210~211, Earth Imaging/Getty Images; 215, Albert Bonniers Forlag AB; 217, James D. Balog; 219, James P. Blair; 222~223, David L. Brill.